Treasures for Scholars Worldwide

師顧堂叢書

蔣鵬翔 沈楠 編

景宋蜀刻本

# 孟子趙注

〔漢〕趙岐 注

廣西師范大學出版社
GUANGXI NORMAL UNIVERSITY PRESS
·桂林·

Ying Song Shu Keben Mengzi Zhao Zhu

出 品 人：賓長初
策劃編輯：馬豔超
責任編輯：魯朝陽
助理編輯：肖承清　郭洋辰
責任校對：張　佳
責任技編：郭　鵬
美術編輯：楊　威

圖書在版編目（CIP）數據

景宋蜀刻本孟子趙注 /（漢）趙岐注；蔣鵬翔，沈楠編．—影印本．—桂林：廣西師範大學出版社，2018.7
（師顧堂叢書）
ISBN 978-7-5598-1037-3

Ⅰ．①景…　Ⅱ．①趙…②蔣…③沈…　Ⅲ．①儒家②《孟子》—注釋　Ⅳ．①B222.52

中國版本圖書館 CIP 數據核字（2018）第 149604 號

廣西師範大學出版社出版發行
（廣西桂林市五里店路 9 號　郵政編碼：541004
網址：http://www.bbtpress.com）
出版人：張藝兵
全國新華書店經銷
廣西廣大印務有限責任公司印刷
（桂林市臨桂區秧塘工業園西城大道北側廣西師範大學出版社集團有限公司創意産業園内　郵政編碼：541100）
開本：880 mm × 1 240 mm　1/32
印張：22.75　　字數：190 千字
2018 年 7 月第 1 版　　2018 年 7 月第 1 次印刷
定價：268. 00 元

# 師顧堂叢書編纂委員會

**叢書編委**

蔣鵬翔　沈　楠

喬秀岩　張麗娟　吴　飛　華　喆　蘇枕書

**本書編輯**（按姓氏筆畫爲序）

王耐剛　沈　楠　張　琦　蔣鵬翔

師顧堂據民國涵芬樓續古逸叢書本景印原書框高二三七毫米寬一七九毫米

# 影印説明

孟子十四卷，漢趙岐注，據續古逸叢書本影印。

趙岐，京兆長陵人（地近今陝西省咸陽市），生於漢安帝永初二年（一〇八），卒於建安六年（二〇一，據焦里堂孟子正義説）。初名嘉，因生於御史臺，故字臺卿，後以避難而改名岐，字邠卿。「岐」即岐山，在今陝西岐山縣，「邠」與「豳」通，包括今陝西旬邑縣及彬縣一帶，「岐」與「邠」都是京兆區域的標志性地名，故自改名字，「示不忘本土也」。在其漫長而曲折的一生中，有不少爲人稱道的事跡。

邠卿年過而立即因重疾而卧蓐七年，自以爲不起，乃作遺令敕兄子曰：「大丈夫生世，遁無箕山之操，仕無伊吕之勳，天不我與，復何言哉。可立一員石於吾墓前，刻之曰：漢有逸人，姓趙名嘉，有志無時，命也奈何。」足見其意氣之磊落。後幸而疾瘳，居然得享高壽至九十四歲，也因此完整地經歷了東漢末年的動亂之世。

邠卿「少明經，有才藝」，是經學大師馬季長的從妹婿（邠卿妻宗姜爲馬敦之女，季長爲馬敦兄長之子），却因其外戚豪家的身份而輕鄙之，與友人書曰：「馬季長雖有名當世，而不持士節，三輔高士未嘗以衣裾襒其門也。」但他讀周官有疑問時仍造訪季長以求教，故焦里堂稱其「虚心取善可知，雖無常師，而非不知而作者矣」。

邠卿廉直疾惡，曾與從兄趙襲數次貶議中常侍唐衡之兄唐玹。延熹元年（一五八），玹爲京兆尹，陷其家屬宗親以重法，盡殺之。邠卿遂「逃難四方，江淮海岱，靡所不歷。自匿姓名，賣餅北海市中」。又得安丘孫賓石之助，藏身於複壁中數年，至「諸唐死滅，因赦乃出」。經歷已頗具傳奇色彩，復出後「三府聞之，同時并辟」，更因其崇高的政治聲望而受到各方的重視與禮遇。如其代表獻帝宣揚國命，撫慰郡縣，所履之地百姓均喜曰：「今日乃復見使者車騎。」袁本初、曹孟德等豪强與公孫伯珪争冀州，聞邠卿到來，「皆自將兵數百里奉迎」，且因此停戰。至老病時猶得桓公雅、孔文舉之薦，官拜太常。其生平詳見後漢書本傳及孟子題辭，著述有卮屯歌、禦寇論、孟子章句、三輔决録。孟子章句是邠卿的代表作，也是漢人注孟最重要的成果。

孟子題辭云：「知命之際，嬰戚于天，遘屯離蹇，詭姓遁身，經營八紘之内，十有餘年。」乃於「息肩弛擔於濟岱之間」「困吝之中」作孟子章句，可見該書撰成於逃難期間。此前有程曾字秀升者作孟子章句，其書早佚，莫可考究。至邠卿時，一方面章句學在經官方推行盛極一時後，漸顯頹勢，其弊端招致多方批判；另一方面除章句之外的其他注書體式悉已完備，各有所長且皆對後世影響深遠。邠卿既以「章句」名書，自然面臨兩個問題，一是如何彌補傳統章句的缺陷，使之契合當時需要；一是如何自異於除章句外的其他注書體式。

傳統章句的特點是「具文飾説」，將經書分文析辭，藉以守師法、利論戰，極端時可達到「説五字之文，至於二三萬言」「一經説至百餘萬言」的地步，故漢書藝文志斥之曰「碎義逃難，便辭巧説，破壞形體」，「幼童而守一藝，白首而後能言。安其所習，毀所不見，終以自蔽。此學者之大患也」。而章句之外的注書體式，如春秋繁露自書所見，不依章句；伏生書傳雖分篇附著，而不必順文理解；康成詩箋解釋毛傳，爲後世疏義之濫觴，其説周禮乃本杜子春、鄭司農而討論，則是後人集解之先聲；邵公公羊專以明例，文辭廣博，也不必爲本句而發（五體本里堂正義説）。這五種體式的共同點是在解經過程中，經書本文并不占有重要地位，换言之，都或多或少地游離于經書本文之外。邠卿在注孟子時，針對這兩個問題，「既分其章，又依句敷衍而發明之，所謂『章句』也。章有其指，則總括於每章之末，是爲『章指』也。疊詁訓於語句之中，繪本義於錯綜之内，於當時諸家，實爲精密而條暢」。也就是説，他一方面緊扣本文，在分别章句的基礎上着重解釋字詞、典章及名物，并有意識地控制篇幅，避免重複；另一方面，在每章之末作章指引申其與儒學相關的義理，在全書之末作篇叙分析各章間的邏輯脈絡，使讀者明其主旨。經過此番改良，孟子章句在保留傳統章句特點的同時，盡可能地彌補了其浮辭繁長、破碎大道的缺陷，所以不僅成爲孟子注本中繼往開來的傑作，更在經典詮釋的學術史上具有獨特的意義。關於此問題，郜積意趙岐孟子注：章句學的運用與突破一文有精闢的分析，兹不贅述。

此次影印的底本是民國時商務印書館出版的續古逸叢書本孟子。續古逸叢書本是以清内府收藏的宋刻大字本爲底本影印而成。關於這個宋本的來歷及特點，業界同仁曾從不同角度加以探討，今擇其要，簡述如左：

傳世的孟子早期刻本，有白文本，如中國國家圖書館所藏宋刻遞修之「八經」本；有單經注本，即此内府舊藏宋刻大字本；有經注附釋文本，如臺北故宫博物院所藏元盱郡翻刻宋廖氏世綵堂本、元岳氏荆溪家塾刻本；有注疏合刻本，如臺北故宫博物院所藏宋刻元明遞修本。這個宋刻單經注本「搆」「慎」缺筆，是避南宋高、孝兩朝之諱，而光、寧、理、度各朝之諱皆不避，故孟心史以爲孝宗時刻本。其卷三首葉有「松江府儒學官□」印記，卷六首葉有「至正二十五年（一三六五）正月」印記，卷十一第十七葉有「不許借出」印記，張菊老據此定爲「元時松江儒學官書」。厥後歷經明之章丘李中麓、清之真定梁蕉林收藏，乾隆時由梁氏後人進呈於四庫館，雖然受限於四庫全書的編修體例，未被采納，但仍藏於清宮，故續古逸叢書本的牌記題爲「上海涵芬樓假内府本印行」。傅藏園云：「後忽爲人竊出，余嘗見數卷於張岱杉許，已離析矣，可惜之至。」〔一〕張岱杉是該書流傳過程的目前可考見的終點，之後散亡，不復知其去向矣。

這個宋刻單經注本字體碩大古勁，撇捺長而鋒利，與宋刻浙本之醇厚、建本之精緻均顯然有別，屬於典型的蜀本面目（關於蜀刻字體之風格，衆説不一，或以爲近顔魯公，或以爲似柳誠懸，或以爲作瘦金體，總而言之，都呈現出開張恣肆的特點，不同於浙刻、建刻的整齊平正）。張麗娟曾取續古逸叢書本與孟子之元盱郡本、孟子注疏解經之越刻八行本、元刻明修十行本、阮元刻本校勘，〔二〕結論是蜀本文字淵源甚古，與其他各本均無版本繼承關係，雖不免訛誤，但其有裨經義處亦所在多有。作爲目前可見的唯一一部單經注本孟子，其版本之可貴是不言而喻的。關於蜀本的源流得失，王耐剛兄考證極詳，特請其撰成後記，附於卷尾，供讀者參閲。

---

〔一〕藏園訂補郘亭知見傳本書目第一四〇頁上云：「孟子單趙注，真定梁氏有北宋本，後歸王侍郎之樞。」下云：「孟子注宋蜀大字本。此書清宮藏，曾借出影印，收入續古逸叢書中。後忽爲人竊出，余嘗見數卷於張岱杉許，已離析矣，可惜之至。」是自相矛盾。按上句係莫郘亭之誤判，下句才是傅藏園的補記，或有據上句懷疑此宋本後傳至王之樞處者，顯與史實牴牾，當仍以藏於清宮説爲可信。

〔二〕張麗娟宋代經書注疏刊刻研究第一〇五至一一〇頁，北京大學出版社二〇一三年版。

王靜安觀堂題跋選録（經史部分）云：「宋本（即指蜀本孟子）每半葉八行，行大字十六，小字廿一，行款版式與日本仿宋大字爾雅（即指古逸叢書本）同。爾雅末有李鶚款，乃南宋監中覆五代監本，則大字孟子亦當是南宋監本。世均以爲蜀大字本，非也。」又云：「内府藏宋刊大字本孟子章句……與日本覆宋大字本爾雅注行款正同。爾雅後有李鶚書款一行，其源出於五代監本。此本避諱至孝宗，諱『慎』字止，而字體作瘦金書，當亦南渡後所翻北宋末監本也。……則此本非出祥符本也，而行款乃與五代、北宋監本同，頗疑徽宗時監中别有刊本，此本字作宣和體，殆從彼本出也。」後來的研究者經常引用這兩段跋語，於是不得不費苦心於調停其監本蜀本之説。其實問題并不複雜，由於迭經傳抄，變形嚴重，號稱覆刻的古逸叢書本爾雅與其祖本宋監本在面目上實大相徑庭，古逸叢書本的祖本今不可見，但其祖本的補版後印本仍藏於臺北故宫博物院，比對兩本，前者筆畫瘦硬，間架跳脱，後者筆畫豐腴，間架穩重，完全是兩種風格，所以古逸叢書本爾雅與宋本孟子的字體相似，僅僅是翻刻變形後的偶合，不能被用來作爲二者同出監本的證據。至於徽宗時監中别有刊本云云，則是静安自知所謂瘦金書之字體與習見宋槧監本相去甚遠，難以自洽，故作無謂之推測而已，就更不足據了。張麗娟宋刻經書注疏刊刻研究曾比較日本静嘉堂所藏周禮、中國遼寧省圖書館所藏禮記、上海圖書館所藏春秋經傳集解與續古逸叢書本孟子，確認四本行款版式統一，字體刀法一致，都是典型的蜀刻大字本面目，果如静安之説，此孟子非蜀刻大字本，則傳世蜀刻大字本經書更無一種可信，古籍版本學對宋蜀本的定義與認知也將被徹底顛覆。

對孟子章句版本的誤判不僅出現在上述兩則跋語中。二〇一二年滬上某君發表孟子趙注版本源流考述，抄撮著録，用功亦勤，但其既將李中麓、梁蕉林先後遞藏之同一宋本誤判爲二書，又不知續古逸叢書本孟子即據李中麓舊藏之蜀大字本影印，竟以爲蜀大字本之原貌不可見，令人啼笑皆非。因知版本學雖然常被哂爲翻書皮之小技，也是暗藏風險，不宜等閑視之的。

當然，這個大字本孟子的版本源流現在仍難説「透底明白」，亡佚的宋槧蜀本、尚存的續古逸叢書本都給我們留下了懸案。根據張人鳳張元濟與續古逸叢書的介紹，續古逸叢書本孟子作爲叢書的第一種，初版於一九一九年，但他未言及這個本子内部的變化。筆者曾就孟子一書，比較江蘇古籍出版社於二〇〇一年影印的續古逸叢書與上海圖書館所藏續古逸叢書民國印本，發現後者對前者的底本進行了主動的描潤修改。最突出者，前者各葉常有墨色不匀、筆畫輕微漫漶的現象（如卷七第八葉後半葉、卷十第六葉前半葉），後者各葉則墨色均匀、筆畫清晰。前者較爲完整地保留着底本所鈐印記，後者多已抹去，如卷三首葉前者有「松江府儒學官□不許借出」印記，後者完全抹去，卷六首葉前者有「不許借出/至正……」印記，後者抹去「不許借出」一行，只保留了「至正二十五年正月」一行（這一行却比前者清晰完整），也有反例，如卷十一第十七葉前者有「不許借出/至正……」印記，僅存殘影，幾不可識，後者此處則更清晰完整。我們知道商務印書館曾將這個蜀本孟子先後收入續古逸叢書、四部叢刊初編，四部叢刊描潤底本習以爲常，不足爲奇，但續古逸叢書推崇存真，爲何内部也會出現兩種不同的孟子（一種不描潤或少描潤，一種大量描潤）？

孟心史校孟子是另一樁懸案。一九三六年一月，孟心史在北平圖書館館刊第九卷第四至五期上發表宋槧大字本孟子校記。這個校記是用蜀本校通行的阮元刻本而成，其中有幾條比較特殊。孟校：「身自織屨」，（蜀本卷六第十五葉後半葉第七行）「自」作「目」（根據孟校體例，前面的引文指阮刻，後面的異文指蜀本，下同），當是缺蝕。筆者按：續古逸叢書的廣陵本作「目」，上圖本作「自」。此條可進一步證明續古逸叢書本曾經有意描潤。孟校：「葛伯率其民」，（蜀本卷六第七葉前半葉第五行）「率」作「帥」。筆者按：廣陵本、上圖本實均作「率」。此條尤爲重要，因爲是專門出注，且後面都有補充考證，所以必定是孟心史所見原書如此，不可能是誤記或手民之失。他與故宫博物院來往密切（參見單嘉筠先父單士元從師孟森先生二三事），應該有可能目驗内府所藏宋槧蜀本原書，在宋本已佚且無法精確估量現存影印本描潤程度的情況下，此校勘記如果真的是依據宋本撰成，其文獻價值是無論如何推崇都不過分的（從孟校來看，續古逸叢書本疑似修改底本文字的地方很少），但這一結論尚缺乏完整的證據鏈支持，故衹能視爲懸案。好在此次影印已將孟校整理後附於卷末，有興趣的讀者可以藉此進行更深入的研究。

本書附録除孟校以外，還有孟子音義的士禮居覆刻本與通志堂經解本，二者與孟子趙注的關係及其彼此間的優劣得失已具載於王耐剛兄的後記中，故今略之。翻印民國時的舊影印本不能算是什麽創舉，但師顧堂的各位同仁確實爲編輯本書傾注了極大的心力，并在版本鑒别、校記整理等方面都發現了一些值得注意的新問題。面對歷經波折始臻完善的書稿，縈繞於我們心頭的，却不是反復修訂的疲倦或終得付梓的喜悦，而是想象中的商務印書館的前輩們初次取宋槧原書製版影印的樣子。希望這段跨越九十九年的書緣能夠承載我們對終身以護持古人心血爲己任的先行者的敬仰以及對那個古籍出版黄金時代的懷念。

二〇一八年四月一日　蔣鵬翔撰於湖南大學嶽麓書院

# 凡例

一 原書各章本無定名，前人所稱多異，今新編詳目，於各章章名統一取其文意完足之首句爲之。

一 本書附録之一爲孟子音義士禮居叢書本，附録之二爲孟子音義通志堂經解本。按士禮居本係覆刻宋槧蜀本而成，源流可辨，通志堂本雖亦號稱自宋本出，然來歷不明，且多校改，故編次以士禮居本居前，通志堂本殿後，望讀者毋以士禮居本之成書晚於通志堂本而生疑。

一 本書附録之三爲孟心史所撰宋槧大字本孟子校記。該校記係據民國二十四年國立北平圖書館館刊第九卷第四至五號之排印本整理而成，并用作者所引諸書覆核，凡疑誤處皆以「編者案」之名義出脚注説明。

一 校記原無出文對應之刻本葉數行數，今補於各條出文上方，以便翻檢。

一 原排印本校記之出文凡經文皆頂格，注文則降兩格，今一律平排，而於各條行數下增「經」「注」字樣，以示區别。

一 校記中引用古典之異體字悉存原排印本之舊貌，不據覆核諸書修改。

一　校記多處引用阮芸臺孟子注疏校勘記，全引或節引原文者，加引號括其首尾；意引者不加引號，而於引文後空一格以示其終，庶便讀者分辨起訖。

一　校記底本用字不一，「訛」「譌」、「誤」「悞」、「注」「註」之類時或錯見，並無深意，蓋其時鉛字有限，故用同義異體者代之，今皆統一爲通行正字。

# 目録

**卷三** 凡九章

公孫丑章句上



**卷四** 凡十四章

公孫丑章句下

## 卷七 凡二十八章

離婁章句上

## 卷八 凡三十三章

### 離婁章句下

## 卷九 凡九章

萬章章句上

## 卷十 凡九章



## 卷十一 凡二十章

## 卷十二 凡十六章

告子章句下



## 卷十三 凡四十七章

盡心章句上

## 卷十四　凡三十八章

盡心章句下

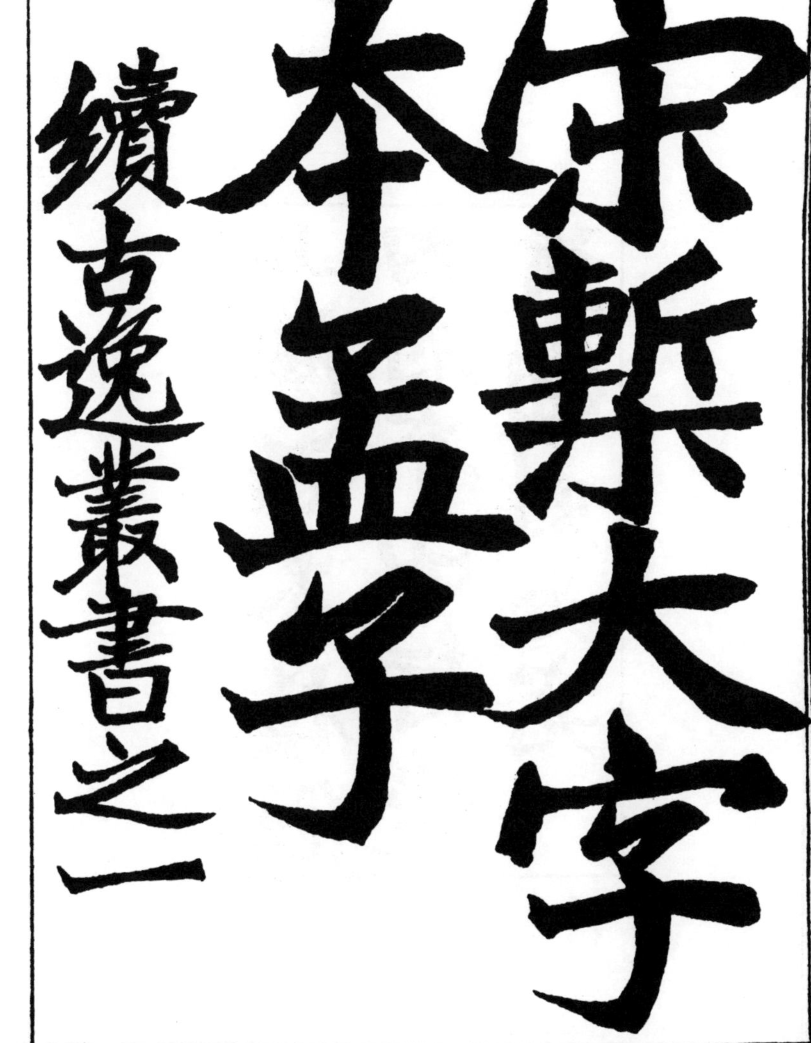
宋槧大字本孟子
續古逸叢書之一

上海涵芬樓假
内府本印行遠
近翻刻必究

# 孟子題辭

趙氏

孟子題辭者所以題號孟子之書本末指義文辭之表也孟姓也子者男子之通稱也此書孟子之所作也故摠謂之孟子其篇目則各自有名孟子鄒人也名軻字則未聞也鄒本春秋邾子之國至孟子時改曰鄒矣國近魯後爲魯所幷又言邾爲楚所幷非魯也今鄒縣是也或曰孟子魯公

族孟孫之後故孟子仕於齊喪母而歸葬於魯也三桓子孫既以衰微分適他國孟子生有淑質夙喪其父幼被慈母三遷之教長師孔子之孫子思治儒術之道通五經尤長於詩書周衰之末戰國縱橫用兵爭彊以相侵奪當世取士務先權謀以爲上賢先王大道陵遲墮廢異端並起若楊朱墨翟放蕩之言以干時惑衆者非一孟

子閔悼堯舜湯文周孔之業將遂湮微正塗壅底仁義荒怠佞僞馳騁紅紫亂朱於是則慕仲尼周流憂世遂以儒道遊於諸侯思濟斯民然由不肯枉尺直尋時君咸謂之迂闊於事終莫能聽納其說孟子亦自知遭蒼姬之訖録值炎劉之未奮進不得佐興唐虞雍熙之和退不能信三代之餘風恥沒世而無聞焉是故垂憲言以詒

後人仲尼有云我欲託之空言不如載之行事之深切著明也於是退而論集所與高第弟子公孫丑萬章之徒難疑荅問又自撰其法度之言著書七篇二百六十一章三萬四千六百八十五字包羅天地揆敘萬類仁義道德性命禍福粲然靡所不載帝王公侯遵之則可以致隆平頌清廟卿大夫士蹈之則可以尊君父立忠信守

志厲操者儀之則可以崇高節抗浮雲有
風人之託物二雅之正言可謂直而不倨
曲而不屈命世亞聖之大才者也孔子自
衛反魯然後樂正雅頌各得其所乃删詩
定書繫周易作春秋孟子退自齊梁述堯
舜之道而著作焉此大賢擬聖而作者也
七十子之疇會集夫子所言以爲論語論
語者五經之錧鎋六藝之喉衿也孟子之

書則而象之衞靈公問陳於孔子孔子荅以俎豆梁惠王問利國孟子對以仁義宋桓魋欲害孔子孔子稱天生德於予魯臧倉毀鬲孟子孟子曰臧氏之子焉能使予不遇哉旨意合同若此者衆又有外書四篇性善辯文說孝經爲正其文不能弘深不與內篇相似似非孟子本眞後世依放而託之者也孟子既沒之後大道遂絀逮

至亡秦焚滅經術坑戮儒生孟子徒黨盡矣其書號爲諸子故篇籍得不泯絕漢興除秦虐禁開延道德孝文皇帝欲廣游學之路論語孝經孟子爾雅皆置博士後罷傳記博士獨立五經而已訖今諸經通義得引孟子以明事謂之博文孟子長於譬喻辭不迫切而意已獨至其言曰說詩者不以文害辭不以辭害志以意逆志爲得

之矣斯言殆欲使後人深求其意以解其
文不但施於說詩也今諸解者往往摭取
而說之其說又多乖異不同孟子以來五
百餘載傳之者亦已衆多余生西京世尋
丕祚有自來矣少蒙義方訓涉典文知命
之際嬰戚于天遘屯離蹇詭姓遁身經營
八紘之內十有餘年心勦形瘵何勤如焉
嘗息肩弛擔於濟岱之間或有溫故知新

雅德君子矜我劬瘁睠我皓首訪論稽古慰以大道余困吝之中精神遐漂靡所濟集聊欲係志於翰墨得以亂思遺老也惟六籍之學先覺之士釋而辯之者既已詳矣儒家惟有孟子閎遠微妙緼奧難見宜在條理之科於是乃述已所聞證以經傳爲之章句具載本文章別其指分爲上下凡十四卷究而言之不敢以當達者施於

新學可以寤疑辯惑愚亦未能審於是非後之明者見其違闕儻改而正諸不亦宜乎

# 孟子卷第一　趙氏注

## 梁惠王章句上

梁惠王者魏惠王也魏國名惠謚也王號也時天下有七王皆僭號者也猶春秋之時吳楚之君稱王也魏惠王居於大梁故號曰梁王聖人及大賢有道德者王公侯伯及卿大夫咸願以爲師孔子時諸侯問疑質禮若弟子之問師也魯衛之君皆尊事焉故論語或以弟子名篇而有衛靈公季氏之篇孟子亦以大儒爲諸侯所師是以梁惠王滕文公題篇與公孫丑等爲一例也

孟子見梁惠王孟子適梁魏惠王禮請孟子見之王曰叟不遠千里而來亦將有以利吾國乎曰辭也叟長老之稱也猶父也孟子去齊老而之魏故王尊禮之曰父不遠千里之路而來至此亦將有可以爲寡人興利除害也

孟子對曰王何必曰利亦有仁義而已矣孟子知王欲以富國彊兵爲利故曰王何必以利爲名乎亦惟有仁義之道者可以爲名以利爲名則有不利之患矣因爲王陳之王曰何以利吾國大夫曰何以利吾家士庶人曰何以利吾身上下交征利而國危矣征取也從王至庶人故言上下交爭各欲利其身必至於篡弒則國危亡矣論語曰放於利而行多怨故不欲使王以利爲名也又言交爲俱也萬乘之國弒其君者必千乘之家萬乘兵車萬乘謂天子也千乘兵車千乘謂諸侯也夷羿之弒夏后是以千乘取萬乘也千乘之國弒其君者必百乘

之家天子建國諸侯立家百乘之家謂大國之卿食菜邑有兵車百乘之賦者也若齊崔衛甯晉六卿等是以其終亦皆弑其君此以百乘取千乘也上千乘當言國而言家者諸侯以國爲家亦以避萬乘稱國故稱家君臣上下之辭萬取千焉千取百焉不爲不多矣周制君十卿祿君食萬鍾臣食千鍾亦多矣不爲不多矣苟爲後義而先利不奪不饜苟誠也誠令大臣皆後仁義而先自利則不簒奪君位不足自饜飽其欲未有仁而遺其親者也未有義而後其君者也仁者親親義者尊尊人無行仁而遺棄其親行義而忽後其君者王亦曰仁義而已矣何必曰利孟子復申此者重嗟歎其禍

章指言治國之道明

當以仁義爲名然後上下和親君臣集穆天經地義不易之道故以建篇立始也

孟子見梁惠王王立於沼上顧鴻鴈麋鹿曰賢者亦樂此乎沼池也王好廣苑囿大池沼與孟子遊觀顧視禽獸之衆多心以爲娱樂夸咤孟子曰賢者亦樂此乎孟子對曰賢者而後樂此不賢者雖有此不樂也惟有賢者然後乃得樂此耳謂脩堯舜之道國家安寧故得有此以爲樂也不賢之人亡國破家雖有此當爲人所奪故不得以爲樂也詩云經始靈臺經之營之庶民攻之不日成之詩大雅靈臺之篇也言文王始經營規度此臺衆民竝來治作之不與期日自來成之也經始勿

亟庶民子來言文王不督促使之亟疾也衆民自來趣之若子來爲父使也王在靈囿麀鹿攸伏麀鹿濯濯白鳥鶴鶴麀鹿特鹿也言文王在此囿中麀鹿懷任安其所而伏不驚動也獸肥飽則濯濯鳥肥飽則鶴鶴而澤好王在靈沼於牣魚躍文王在池沼魚乃跳躍喜樂言其德及鳥獸魚鼈也文王以民力爲臺爲沼而民歡樂之謂其臺曰靈臺謂其沼曰靈沼樂其有麋鹿魚鼈孟子爲王誦此詩因曰文王雖以民力築臺鑿池民由歡樂之謂其臺沼若神靈之所爲欲使其多禽獸以養文王者也古之人與民偕樂故能樂也偕俱也言古賢之君

與民共同其所樂故能樂之湯誓曰時日害喪予及女皆亡湯誓尚書篇名也時是也時乙卯日也害大也言桀爲無道百姓皆欲與湯共伐之湯臨士衆而誓之言是日桀當大喪亡我與汝俱往亡之民欲與之皆亡雖有臺池鳥獸豈能獨樂哉孟子說詩書之義以感喻王言民皆欲與湯共亡桀雖有臺池禽獸何能復獨樂之哉復申明上言不賢者雖有此不樂也　章指言聖王之德與民共樂恩及鳥獸則忻戴其上太平化興無道之君衆怨神怒則國滅祀絕不得保守其所樂也

梁惠王曰寡人之於國也盡心焉耳矣王侯自稱孤寡言寡人於治國之政盡心欲利百姓焉耳者懇至之辭河內凶則移其

民於河東移其粟於河内河東凶亦然言凶年以此救民也魏舊在河東後爲強國兼得河内也察鄰國之政無如寡人之用心者言鄰國之君用心憂民無如己也鄰國之民不加少寡人之民不加多何也王自怪爲政有此惠而民人不增多於鄰國者何也孟子對曰王好戰請以戰喻因王好戰故以戰事喻解王意塡然鼓之兵刃既接棄甲曳兵而走或百步而後止或五十步而後止以五十步笑百步則何如塡鼓音也兵以鼓進以金退孟子問王曰今有戰者兵刃

已交其貟者棄甲曳兵而走五十步而止足以笑百步止者不曰不可直不百步耳是亦走也王曰不足以相笑也是人俱走直事不百步耳曰王如知此則無望民之多於鄰國也孟子曰王如知此不足以相笑王之政猶此也王雖有移民轉穀之善政其好戰殘民與鄰國同而獨望民之多何異於以五十步笑百步者乎

不違農時穀不可勝食也從此已下爲王陳王道也使民得三時務農不違奪其要時則五穀饒穰不可勝食數罟不入洿池魚鼈不可勝食也數罟密網也密細之網所以捕小魚鼈者也故禁之不得用魚不滿尺不得食斧斤以時入山林材木不可勝用也時謂

草木零落之時使林木茂暢故有餘穀與魚鼈不可勝食材木不可勝用是使民養生喪死無憾也憾恨也民所用者足故無恨養生喪死無憾王道之始也王道先得民心民心無恨故言王道之始五畝之宅樹之以桑五十者可以衣帛矣廬井邑居各二畝半以爲宅冬入保城二畝半故爲五畝也樹桑牆下古者年五十乃衣帛矣雞豚狗彘之畜無失其時七十者可以食肉矣言孕字不失時也七十不食肉不飽百畝之田勿奪其時數口之家可以無飢矣一夫一婦耕耨百畝百畝之田

不可以傜役奪其時功則家給人足農夫上中下所食多少各有差故揔言數口之家也謹庠序之教申之以孝悌之義頒白者不負戴於道路矣庠序者教化之宮也殷曰序周曰庠謹脩教化申重孝悌之義頒者斑也頭半白斑斑者也壯者代老心各安之故斑白者不負戴也七十者衣帛食肉黎民不飢不寒然而不王者未之有也言百姓老稚溫飽禮義脩行積之可以致王也孟子欲以風王何不行此可以王天下有率土之民何但望民多於鄰國狗彘食人食而不知檢塗有餓莩而不知發言人君但養犬彘使食人食不知以法度檢斂也塗道也餓死者曰莩詩曰莩有梅莩零落也道路之旁有餓

死者不知發倉廩以用振救之也人死則曰非我也歲也是何異於刺人而殺之曰非我也兵也人死謂餓莩死者也王政使然而曰非我殺之歲殺之也此何以異於用兵殺人而曰非我也兵自殺之也王無罪歲斯天下之民至焉戒王無歸罪於歲責己而改行則天下之民皆可致也

章指言王化之本在於使民養生喪死之用備足然後導之以禮義責己矜窮則斯民集矣

梁惠王曰寡人願安承教願安意承受孟子之教令孟子對曰殺人以梃與刃有以異乎梃杖也曰無以異也王曰杖刃殺人無以異也以刃與政有以異乎孟子欲以

孟子一　六

次喻王

曰無以異也王復曰政殺人無以異也曰庖有肥肉廄有肥馬民有飢色野有餓莩此率獸而食人也孟子言人君如此爲率禽獸以食人也獸相食且人惡之爲民父母行政不免於率獸而食人惡在其爲民父母也虎狼食禽獸人猶尚惡視之牧民爲政乃率禽獸食人安在其爲民父母之道也仲尼曰始作俑者其無後乎爲其象人而用之也如之何其使斯民飢而死也俑偶人也用之送死仲尼重人類謂秦穆公時以三良殉葬本由有作俑者也夫惡其始造故曰此人其無後

嗣乎如之何其使此民飢而死邪孟子陳此以教王愛民章指言王者爲政之道生民爲首以政殺人人君之咎猶以白刃疾之甚也

梁惠王曰晉國天下莫強焉叟之所知也韓魏趙本晉六卿當此時號三晉故惠王言晉國天下強也及寡人之身東敗於齊長子死焉西喪地於秦七百里南辱於楚寡人恥之願比死者壹洒之如之何則可王念有此三恥求策謀於孟子

孟子對曰地方百里而可以王言古聖人以百里之地以致王天下謂文王也王如施仁政於

民省刑罰薄稅斂深耕易耨壯者以暇日脩其孝悌忠信入以事其父兄出以事其長上可使制梃以撻秦楚之堅甲利兵矣易耨芸苗令簡易也制作也王如行此政可使國人作杖以捶敵國堅甲利兵何患恥之不雪也彼奪其民時使不得耕耨以養其父母父母凍餓兄弟妻子離散彼陷溺其民王往而征之夫誰與王敵彼謂齊秦楚也彼困其民願王往征之也彼失民心民不爲用夫誰與共禦王之師爲王敵乎故曰仁者無敵王請勿疑鄰國暴虐

己脩仁政則無敵矣王請行之勿有疑也　章指言以百里行仁天下歸之以政傷民民樂其亡以梃服強仁與不仁也

孟子見梁襄王出語人曰望之不似人君　襄謚也魏之嗣王也望之無儼然之威儀也　就之而不見所畏焉　就與之言無人君操秉之威知其不足畏　卒然問曰天下惡乎定　卒暴問事不由其次也問天下安所定言誰能定之　吾對曰定于一　孟子謂仁政爲一也　孰能一之　言孰能一之者　對曰不嗜殺人者能一之　嗜猶甘也言令諸侯有不甘樂殺人者則能一之　孰能與之　王言誰能與不嗜殺人者乎

對曰天下莫不與也孟子曰時人皆苦虐政如有行仁天下莫不與之王知夫苗乎七八月之閒旱則苗槁矣天油然作雲沛然下雨則苗浡然興之矣其如是孰能禦之以苗生喻人象也周七八月夏之五六月油然興雲之貌沛然下雨以潤槁苗則浡然已盛孰能止之今夫天下之人牧未有不嗜殺人者也如有不嗜殺人者則天下之民皆引領而望之矣誠如是也民歸之由水之就下沛然誰能禦之今天下牧民之君誠能行此仁政民皆延頸望

欲歸之如水就下沛然而來誰能止之章指言定天下者一道而已不貪殺人人則歸之是故文王視民如傷此之謂也

齊宣王問曰：齊桓晉文之事可得聞乎宣諡也宣王問孟子欲庶幾齊桓公小白晉文公重耳孟子冀得行道故仕於齊齊不用而去乃適於梁建篇先梁者欲以仁義首篇因言魏事章次相從然後道齊也孟子對曰仲尼之徒無道桓文之事者是以後世無傳焉臣未之聞也孔子之門徒頌述宓戲以來至文武周公之法制耳雖及五霸心賤薄之是以儒家後世無欲傳道之者故曰臣未之聞也無以則王乎既不論三皇五帝殊無所問則尚當問王道耳

不欲使王問霸事也曰德何如則可以王矣王曰德行當何如而可得
以王乎曰保民而王莫之能禦也保安也禦止也言安民則
惠黎民懷之若此以王無能止也曰若寡人者可以保民乎哉
王自恐德不足以安民故問之曰可孟子以爲如王之性可以安民也曰何由知
吾可也王問孟子何以知吾可以安民曰臣聞之胡齕曰王坐
於堂上有牽牛而過堂下者王見之曰牛
何之對曰將以釁鐘王曰舍之吾不忍其
觳觫若無罪而就死地對曰然則廢釁鐘

與曰何可廢也以羊易之不識有諸胡齕王左右近臣也觳觫牛當到死地處恐貌新鑄鍾殺牲以血塗其釁郄因以祭之曰釁周禮大祝曰墮釁逆牲逆尸令鍾鼓天府上春釁寶鍾及寶器孟子曰臣受胡齕言王嘗有此仁不知誠有之否曰有之王曰有之曰是心足以王矣百姓皆以王為愛也臣固知王之不忍也愛嗇也孟子曰王推是仁心足以至於王道然百姓皆謂王嗇愛其財臣知王見牛恐懼不欲趨死不忍故易之也王曰然誠有百姓者齊國雖褊小吾何愛一牛即不忍其觳觫若無罪而就死地故以羊易之也王曰亦誠

有百姓所言者矣吾國雖小豈愛惜一牛之財費哉即見其牛哀之釁鍾又不可廢故易之以羊耳曰王無異於百姓之以王爲愛也以小易大彼惡知之王若隱其無罪而就死地則牛羊何擇焉異怪也隱痛也孟子言無怪百姓之謂王愛財也見王以小易大故也王如痛其無罪羊亦無罪何爲獨釋牛而取羊王笑曰是誠何心哉我非愛其財而易之以羊也宜乎百姓之謂我愛也王自笑心不然而不能自免爲百姓所非乃責己之以小易大故曰宜乎其罪我也曰無傷也是乃仁術也見牛未見羊也君子之於禽

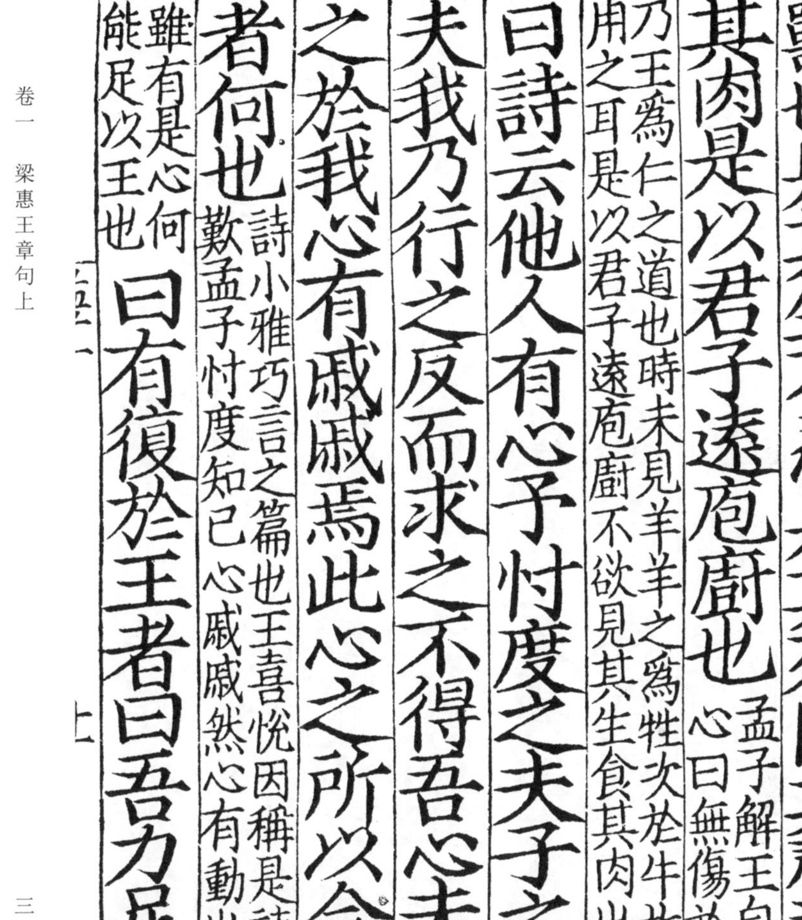

獸也見其生不忍見其死聞其聲不忍食其肉是以君子遠庖廚也孟子解王自責之心曰無傷於仁是乃王爲仁之道也時未見羊羊之爲牲次於牛故用之耳是以君子遠庖廚不欲見其生食其肉也王說曰詩云他人有心予忖度之夫子之謂也夫我乃行之反而求之不得吾心夫子言之於我心有戚戚焉此心之所以合於王者何也詩小雅巧言之篇也王喜悅因稱是詩以嗟歎孟子忖度知己心戚戚然心有動也寡人雖有是心何能足以王也曰有復於王者曰吾力足以舉

百鈞而不足以舉一羽明足以察秋毫之末而不見輿薪則王許之乎復白也許信也人有白王如此王信之乎百鈞三千斤也曰否王曰我不信也今恩足以及禽獸而功不至於百姓者獨何與然則一羽之不舉爲不用力焉輿薪之不見爲不用明焉百姓之不見保爲不用恩焉故王之不王不爲也非不能也孟子言王恩及禽獸而不安百姓若不用力不用明者也不爲耳非不能也曰不爲者與不能者之形何以異

王問其狀何以異也曰挾大山以超北海語人曰我不能是誠不能也爲長者折枝語人曰我不能是不爲也非不能也故王之不王非挾大山以超北海之類也王之不王是折枝之類也孟子爲王陳爲與不爲之形若是王則不折枝之類也折枝按摩折手節解罷枝也少者恥見役故不爲耳非不能也大山北海皆近齊故以爲喻也老吾老以及人之老幼吾幼以及人之幼天下可運於掌老猶敬也幼猶愛也敬我之老亦敬人之老愛我之幼亦愛人之幼推此心以惠民天下可轉之掌上言易也詩云刑

于寡妻至于兄弟以御于家邦言舉斯心加諸彼而已詩大雅思齊之篇也刑正也寡少也言文王正已適妻則八妾從以及兄弟御享也享天下國家之福但舉已心加於人耳故推恩足以保四海不推恩無以保妻子古之人所以大過人者無他焉善推其所爲而已矣大過人者大有爲之君也善推其心所好惡以安四海也今恩足以及禽獸而功不至於百姓者獨何與復申此言非王不能不爲之耳權然後知輕重度然後知長短物皆然心爲甚王請度之

權銓衡也可以稱輕重也度丈尺也可以量長短也凡物皆當稱度乃可知心當行之乃爲仁心比於物尤當爲之甚者也欲使王度心如度物也抑王興甲兵危士臣構怨於諸侯然後快於心與抑辭也孟子問王抑亦如是乃快邪王曰否吾何快於是將以求吾所大欲也王言不然我不快是也將欲以求我心所大欲者耳曰王之所大欲可得聞與孟子雖心知王意而故問者欲令王自道緣以陳之王笑而不言王意大而不敢正言曰爲肥甘不足於口與輕煖不足於體與抑爲采色不足視於目與聲音不足聽於耳

與便嬖不足使令於前與王之諸臣皆足以供之而王豈爲是哉孟子復問此五者欲以致王所欲也故發異端以問也曰否吾不爲是也王言我不爲是也曰然則王之所大欲可知已欲辟土地朝秦楚莅中國而撫四夷也莅臨也言王意欲庶幾王者莅臨中國而安四夷者也以若所爲求若所欲猶緣木而求魚也若順也順嚮者所爲謂搆兵諸侯之事求順今之所欲莅中國之願其不可得如緣喬木而求生魚也王曰若是其甚與王謂比之緣木求魚爲大甚曰殆有甚焉緣木

求魚雖不得魚無後災以若所爲求若所欲盡心力而爲之後必有災孟子言盡心戰鬭必有殘民破國之災故曰殆有甚於緣木求魚者也曰可得聞與王欲知其害也曰鄒人與楚人戰則王以爲孰勝言鄒小楚大也曰楚人勝王曰楚人勝也曰然則小固不可以敵大寡固不可以敵衆弱固不可以敵彊海內之地方千里者九齊集有其一以一服八何以異於鄒敵楚哉固辭也言小弱固不如彊大集會齊地可方千里譬言一州耳今

欲以一州服八州猶鄒欲敵楚蓋亦反其本矣王欲服之之道蓋當反王道之本今王發政施仁使天下仕者皆欲立於王之朝耕者皆欲耕於王之野商賈皆欲藏於王之市行旅皆欲出於王之塗天下之欲疾其君者皆欲赴愬於王其若是孰能禦之反本道行仁政若此則天下歸之誰能止之者王曰吾惛不能進於是矣願夫子輔吾志明以教我我雖不敏請嘗試之王言我情思惛亂不能進行此仁政不知所當施行也欲使孟子明言其

道以教訓之我雖不敏願嘗使少行之也曰無恒產而有恒心者惟士爲能若民則無恒產因無恒心孟子爲王陳其法也恒常也產生也恒產則民常可以生之業也恒心人常有所善心也惟有學士之心者雖窮不失道不求苟得耳凡民迫於飢寒則不能守其常善之心苟無恒心放辟邪侈無不爲已及陷於罪然後從而刑之是罔民也民誠無恒心放溢辟邪侈於姦利犯罪觸刑無所不爲乃就刑之是由張羅罔以罔民者也焉有仁人在位罔民而可爲也安有仁人爲君罔陷其民是政何可爲也是故明君制民之產必使仰足以事

父母俯足以畜妻子樂歲終身飽凶年免於死亡然後驅而之善故民之從之也輕言衣食足知榮辱故民從之教化輕易也今也制民之產仰不足以事父母俯不足以畜妻子樂歲終身苦凶年不免於死亡此惟救死而恐不贍奚暇治禮義哉言今民困窮救死恐凍餓而不給何暇脩禮行義也王欲行之則盍反其本矣五畝之宅樹之以桑五十者可以衣帛矣雞豚狗彘之畜無失其時

七十者可以食肉矣百畝之田勿奪其時八口之家可以無飢矣謹庠序之教申之以孝悌之義頒白者不負戴於道路矣老者衣帛食肉黎民不飢不寒然而不王者未之有也其說與上同八口之家次上農夫也孟子所以重言此者此乃王政之本常生之道故爲齊梁之君各具陳之當章究義不嫌其重也

章指言典籍攸載帝王道純桓文之事譎正相紛撥亂反正聖意弗珍故曰後世無傳未聞仁不施人猶不成德釁鍾易牲民不被澤王請嘗試欲踐其路荅以反本惟是爲要此蓋孟子不屈道之言也

孟子卷第一

孟子卷第二　趙氏注

梁惠王章句下　至正二十五年二月

莊暴見孟子曰暴見於王王語暴以好樂暴未有以對也曰好樂何如莊暴齊臣也不能決知之故無以對而問曰王好樂何如孟子曰王之好樂甚則齊國其庶幾乎王誠能大好古之樂齊國其庶幾治乎他日見於王曰王嘗語莊子以好樂有諸孟子問王有是語不王變乎色曰寡人非能好先王之樂也直好世俗之

樂耳 變乎色慍恚莊子道其好樂也王言我不能好先聖王之樂也直好世俗之樂謂鄭聲也 曰王之好樂甚則齊其庶幾乎今之樂猶古之樂也 甚大也謂大要與民同樂古今何異也 曰可得聞與 王問古今同樂之意寧可得聞邪 曰獨樂樂與人樂樂孰樂 孟子復問王獨自作樂樂邪與人共聽樂樂也 曰不若與人 王曰獨聽樂不如與衆共聽之樂也 曰與少樂樂與衆樂樂孰樂 孟子復問王與少人共聽樂樂邪與衆人共聽樂樂也 曰不若與衆 王言不若與衆人共聽樂樂也 臣請爲王言樂 孟子欲爲王陳獨樂與衆人樂之狀 今王鼓樂於此百姓

聞王鍾鼓之聲管籥之音舉疾首蹙頞而相告曰吾王之好鼓樂夫何使我至於此極也父子不相見兄弟妻子離散鼓樂者樂以鼓爲節也管笙籥簫或曰籥若笛短而有三孔詩云左手執籥以節衆也疾首頭痛也蹙頞愁貌言王擊鼓作樂發賦傜役皆出於民而德不加之故使百姓愁今王田獵於此百姓聞王車馬之音見羽旄之美舉疾首蹙頞而相告曰吾王之好田獵夫何使我至於此極也父子不相見兄弟妻子離散此無他

不與民同樂也（田獵無節以非時取牲也羽旄之美但飾羽旄使之美好也發民驅獸供給役使不得休息故民窮極而離散奔走也）今王鼓樂於此百姓聞王鍾鼓之聲管籥之音舉欣欣然有喜色而相告曰吾王庶幾無疾病與何以能鼓樂也（百姓欲令王康強而鼓樂也今無賦斂於民而有惠益故欣欣然而喜也）今王田獵於此百姓聞王車馬之音見羽旄之美舉欣欣然有喜色而相告曰吾王庶幾無疾病與何以能田獵也此無他與民同樂

也王以農隙而田不妨民時有愍民之心因田獵而加撫恤之是以民悅也今王與百姓同樂則王矣孟子言王何故不大好樂效古賢君與民同樂則可以王天下也何惡莊子之言王好樂也

章指言人君田獵以時鍾鼓有節發政行仁民樂其事則王道之階在於此矣故曰天時不如地利地利不如人和矣

齊宣王問曰文王之囿方七十里有諸王言聞文王苑囿方七十里寧有之孟子對曰於傳有之於傳文有是言曰若是其大乎王怪其大曰民猶以爲小也言文王之民尚以爲小也曰寡人之囿方四十里民猶以爲大

何也王以爲文王在岐豐之時雖爲西伯王地尚狹而囿以大矣今我地方千里而囿小之民以爲寡人囿大何故也曰文王之囿方七十里芻蕘者往
焉雉兔者往焉與民同之民以爲小不亦
宜乎芻蕘者取芻薪之賤人也雉兔獵人取雉兔者言文王聽民往取禽獸刈其芻薪民苦其小是
其宜也臣始至於境問國之大禁然後敢入言王
之政嚴刑重也臣聞郊關之內有囿方四十里殺其
麋鹿者如殺人之罪郊關齊四境之郊皆有關則是方四
十里爲阱於國中民以爲大不亦宜乎設陷

阱者不過丈尺之間耳今王陷阱乃方四十里民苦其大不亦宜乎 章指言譏王廣囿專利嚴刑陷民也

齊宣王問曰交鄰國有道乎問與鄰國交接之道孟子對曰有欲爲王陳古聖賢之比惟仁者爲能以大事小是故湯事葛文王事混夷葛伯放而不祀湯先助之祀詩云混夷兊矣惟其喙矣謂文王也是則聖人行仁政能以大事小者也惟智者爲能以小事大故大王事獯鬻句踐事吳獯鬻北狄彊者今匈奴也大王去邠避獯鬻越王句踐退於會稽身自官事吳王夫差是則智者用智是故以小事大而全其國也以大事小者樂天者也以小事大者畏

天者也樂天者保天下畏天者保其國詩云畏天之威于時保之聖人樂行天道如天無不蓋也故保天下湯文是也智者量時畏天故保其國大王句踐是也詩周頌我將之篇言成王尚畏天之威於是時故能安其大平之道也王曰大哉言矣寡人有疾寡人好勇王謂孟子之言大不合於其意荅之云寡人有疾疾於好勇不能行聖賢之所履也對曰王請無好小勇夫撫劒疾視曰彼惡敢當我哉此匹夫之勇敵一人者也疾視惡視也撫劒瞋目曰人安敢當我哉此一夫之勇足以當一人之敵者也王請大之詩云王赫斯怒爰整

其旅以遏徂莒以篤周祜以對于天下此文王之勇也文王一怒而安天下之民詩大雅皇矣之篇也言文王赫然斯怒於是整其師旅以遏止往伐莒者以篤周家之福以揚名於天下文王一怒而安民願王慕其大勇無論匹夫之小勇書曰天降下民作之君作之師惟曰其助上帝寵之四方有罪無罪惟我在天下曷敢有越厥志書尚書逸篇也言天生下民爲作君爲作師以助天光寵之也四方善惡皆在已所謂在予一人天下何敢有越其志者也一人衡行於天下武王恥之此武王之勇也衡橫也武

王恥天下一人有橫行不順天道者故伐紂也而武王亦一怒而安天下之民今王亦一怒而安天下之民民惟恐王之不好勇也孟子言武王好勇亦則文王一怒而安天下之民也今王好勇亦則武王一怒而安天下之民民恐王之不好勇耳王何為欲小勇而自謂有疾也　章指言聖人樂天賢者知時仁必有勇勇以討亂而不為暴則百姓安之

齊宣王見孟子於雪宮王曰賢者亦有此樂乎雪宮離宮之名也宮中有苑囿臺池之飾禽獸之饒王自多有此樂故問曰賢者亦能有此樂乎孟子對曰有人不得則非其上矣不得

而非其上者非也爲民上而不與民同樂者亦非也有人不得人有不得志者也不責己仁義不自脩而責上之不用已此非君子之道人君適情從欲獨樂其身而不與民同樂亦非在上不驕之義也樂民之樂者民亦樂其樂憂民之憂者民亦憂其憂言民之所樂君與之同故民亦樂使其君有樂也民之所憂者君助憂之故民亦能憂君之憂憂爲之赴難也樂以天下憂以天下然而不王者未之有也言古賢君樂則以己之樂與天下同之憂則以天下之憂與己共之如是未有不王者孟子以是荅王者言雖有此樂未能與人共之昔者齊景公問於晏子曰吾欲觀

於轉附朝儛遵海而南放于琅邪吾何脩而可以比於先王觀也孟子言往者齊景公嘗問其相晏子若此也轉附朝儛皆山名也又言朝水名也遵循也放至也循海而南至於琅邪琅邪齊東南境上邑也當何脩治可以比先王之觀遊乎先王先聖之王也晏子對曰善哉問也天子適諸侯曰巡狩巡狩者巡所守也諸侯朝於天子曰述職述職者述所職也無非事者春省耕而補不足秋省斂而助不給言天子諸侯出必因王事有所補助於民無非事而空行者也春省耕問耒耜之不足秋省斂助其力不足也夏諺

曰吾王不遊吾何以休吾王不豫吾何以助一遊一豫爲諸侯度晏子道夏禹之卋民之諺語也言王者巡狩觀民其行從容若遊若豫豫亦遊也春秋傳曰魯季氏有嘉樹晉范宣子豫焉吾王不遊我何以得見勞苦蒙休息也吾王不豫我何以得見振贍助不足也王者一遊一豫行恩布德應法而出可以爲諸侯之法度也今也不然師行而糧食飢者弗食勞者弗息睊睊胥讒民乃作慝今也者晏子言今時天下之民人君興師行軍皆遠轉糧食而食之有飢不得飽食者勞者致重亦不得休息在位者又睊睊側目相視更相讒惡民由是化之而作慝惡也方命虐民飲食若流流連荒亡爲諸

侯憂方猶放也放棄不用先生之命但爲虐民之政恣意飲食若水流之無窮極也謂沈湎于酒熊蹯不熟怒而殺人之類也流連荒亡皆驕君之溢行也言王道虧諸侯行霸由當相匡正故爲諸侯憂也從流下而忘反謂之流從流上而忘反謂之連從獸無厭謂之荒樂酒無厭謂之亡先王無流連之樂荒亡之行惟君所行也言驕君放遊無所不爲或浮水而下樂而忘反謂之流若齊桓與蔡姬乘舟於囿之類也連者引也使人徒引舟船上行而忘反以爲樂故謂之連書曰罔水行舟丹朱慢遊無水而行舟豈不引舟於水而上行乎此其類也從獸無厭若羿之好田獵無有厭極以亡其身故謂之荒亂也樂酒無厭若殷紂以酒喪國也故謂之亡言聖人

之行無此四者惟君所欲行也晏子之意
不欲使景公空遊於琅邪而無益於民也景公說大
戒於國出舍於郊於是始興發補不足景公
說晏子之言也戒備也大脩戒備於國出舍於郊
示憂民困始興惠政發倉廩以振貧下不足者也召大
師曰爲我作君臣相說之樂蓋徵招角招
是也大師樂師也徵招角
招其所作樂章名也其詩曰畜君何尤畜
君者好君也其詩樂詩也言臣說君謂之好君何
尤者無過也孟子所以道晏子景公
之事者欲以感喻宣王非其矜夸雪宮而欲以若賢者
章指言與天下同憂者不爲慢遊之樂不循四溢之
行是以文王不
敢盤于遊田也

齊宣王問曰人皆謂我毀明堂毀諸已乎謂泰山下明堂本周天子東巡狩朝諸侯之處也齊侵
地而得有之人勸宣王諸侯不用明堂可毀壞故疑而問於孟子當毀之乎已止也孟子對曰夫明堂者王者之堂
也王欲行王政則勿毀之矣言王能行王道者則可無毀也
王曰王政可得聞與王言王政當何施其法寧可得聞對曰昔
者文王之治岐也耕者九一仕者世祿關
市譏而不征澤梁無禁罪人不孥言往者文王爲
西伯時始行王政使岐民脩井田八家耕八百畝其百
畝者以爲公田及廬井故曰九一也紂時稅重文王復

行古法也仕者世祿賢者子孫必有土地闗以譏難非常不征稅也陂池魚梁不設禁與民共之也孥妻子也詩云樂爾妻孥罪人不孥惡惡止其身不及妻子也老而無妻曰鰥老而無夫曰寡老而無子曰獨幼而無父曰孤此四者天下之窮民而無告者文王發政施仁必先斯四者言此四者皆天下之窮民文王常恤鰥寡存孤獨也詩云哿矣富人哀此煢獨詩小雅正月之篇哿可也言居今之世可矣富人但憐愍此煢獨羸弱者耳文王行政如此也王曰善哉言乎善此王政之言曰王如善之則何爲不行孟子言王如善此王政則何爲不行也王曰寡

人有疾寡人好貨 王言我有疾疾於好貨故不能行 對曰昔者公劉好貨詩云乃積乃倉乃裹餱糧于橐于囊思戢用光弓矢斯張干戈戚揚爰方啓行故居者有積倉行者有裹囊也然後可以爰方啓行王如好貨與百姓同之於王何有 詩大雅公劉之篇也乃積穀於倉乃裹盛乾食之糧於橐囊也思安民故用有寵光也戚斧揚鉞也又以武備之四方啓道路孟子言公劉好貨若此王若則之於王何有不可也 王曰寡人有疾寡人好色 王言我有病病好色不能行也 對曰昔者

大王好色愛厥妃詩云古公亶甫來朝走馬率西水滸至于岐下爰及姜女聿來胥宇當是詩也內無怨女外無曠夫王如好色與百姓同之於王何有詩大雅緜之篇也亶甫大王名也號稱古公來朝走馬遠避狄難去惡疾也率循也滸水涯也循西方水滸來至岐山下也姜女大王妃也於其與姜女俱來相土居也言大王亦好色非但與姜女俱行而已也普使一國男女無有怨曠王如則之與百姓同欲皆使無過時之思則於王之政何有不可乎章指言夫子恂恂然善誘人誘人以進於善也齊王好貨好色孟子推以公劉大王所謂責難於君謂之恭者也

孟子謂齊宣王曰王之臣有託其妻子於其友而之楚遊者假此言以爲喻比其反也則凍餒其妻子則如之何言無友道當如之何王曰棄之言當棄之絕友道也曰士師不能治士則如之何士師獄官吏也不能治獄當如之何王曰已之已之者去之也曰四境之內不治則如之何境內之事王所當理不勝其任當如之何孟子以此動王心令戒懼也王顧左右而言他王慙而左右顧視道他事無以荅此言也

章指言君臣上下各勤其任無墮其職乃安其身也

孟子見齊宣王曰所謂故國者非謂有喬木之謂也有世臣之謂也故者舊也喬高也人所謂是舊國也者非但見其有高大樹木也當有累世脩德之臣常能輔其君以道乃爲舊國可法則也王無親臣矣今王無可親任之臣昔者所進今日不知其亡也言王取臣不詳審往日之所知今日爲惡當誅亡王無以知也王曰吾何以識其不才而舍之王言我當何以先知其不才而舍之不用也曰國君進賢如不得已將使卑踰尊疏踰戚可不愼與言國君欲進用人當留意考擇如使忽然不精心意如不得已而取備官則將使尊卑親疏相踰豈

可不重慎之左右皆曰賢未可也諸大夫皆曰賢未可也國人皆曰賢然後察之見賢焉然後用之謂選大臣防比周之譽核鄉原之徒論曰衆好之必察焉左右皆曰不可勿聽諸大夫皆曰不可勿聽國人皆曰不可然後察之見不可焉然後去之衆惡之必察焉惡直醜正寔繁有徒防其朋黨以毀忠正左右皆曰可殺勿聽諸大夫皆曰可殺勿聽國人皆曰可殺然後察之見可殺焉然後殺之故曰國人殺之

也言當愼行大辟之罪五聽三宥古者刑人於市與衆棄之如此然後可以爲民父母行此三愼之聽乃可以子畜百姓也章指言人君進賢退惡翔而後集有世賢臣稱曰舊國則四方瞻仰之以爲則矣

齊宣王問曰湯放桀武王伐紂有諸有之否乎孟子對曰於傳有之於傳文有之矣曰臣弑其君可乎王問臣何以得弑其君豈可行乎曰賊仁者謂之賊賊義者謂之殘殘賊之人謂之一夫聞誅一夫紂矣未聞弑君也言殘賊仁義之道者雖位在王公將必降爲匹夫故謂之一夫

也但聞武王誅一夫紂耳不聞弑其君也書云獨夫紂此之謂也章指言孟子云紂以崇惡失其尊名不得以君臣論之欲以深寤齊王垂戒于後也



孟子謂齊宣王曰爲巨室則必使工師求大木工師得大木則王喜以爲能勝其任也匠人斲而小之則王怒以爲不勝其任矣巨室大宮也爾雅曰宮謂之室工師主工匠之吏匠人工匠之人也將以此喻之也夫人幼而學之壯而欲行之王曰姑舍女所學而從我則何如姑且也謂人少學先王之正法壯大而仕欲施行其道而王止之曰且舍

置汝所學而從我之教命此何如也今有璞玉於此雖萬鎰必使玉人彫琢之至於治國家則曰姑舍女所學而從我則何以異於教玉人彫琢玉哉二十兩爲鎰彫琢治飾玉也詩云彫琢其章雖有萬鎰在此言衆多也必須玉人能治之耳至於治國家而令從我是爲教玉人治玉也教人治玉不得其道則玉不得美好教人治國不以其道則何由能治者乎　章指言任賢使能不違其學則功成而不墮屈人之是從己之非則人不成道玉不成圭善惡之致可不察哉

齊人伐燕勝之宣王問曰或謂寡人勿取或謂寡人取之以萬乘之國伐萬乘之國

孟子十二　十三　周石

五旬而舉之人力不至於此不取必有天殃取之何如萬乘非諸侯之號時燕國皆侵地廣大僭號稱王故曰萬乘五旬五十日也書曰歲三百有六旬言五旬未久而取之非人力乃天也天與不取懼有殃咎取之何如孟子對曰取之而燕民悅則取之古之人有行之者武王是也武王伐紂而殷民喜悅篚厥玄黃而來迎之是以取之也取之而燕民不悅則勿取古之人有行之者文王是也文王以三仁尚在樂師未奔取之懼殷民不悅故未取之以萬乘之國伐萬乘之國簞食壺漿以迎王師豈有他哉

避水火也如水益深如火益熱亦運而已矣燕人所以持簞食壺漿來迎王師者欲避水火難耳如其所患益甚則亦運行奔走而去矣今王誠能使燕民免於水火亦若武王伐紂殷民喜悅之時則可取之　章指言征伐之道當順民心民心悅則天意得天意得然後乃可以取人之國也

齊人伐燕取之諸侯將謀救燕宣王曰諸侯多謀伐寡人者何以待之宣王貪燕而取之諸侯不義其事將謀伐齊救燕宣王懼而問之　孟子對曰臣聞七十里為政於天下者湯是也未聞以千里畏人者也

成湯脩德以七十里而得天下今齊地方千里何畏懼哉書曰湯一征自葛始天下信之東面而征西夷怨南面而征北狄怨曰奚爲後我民望之若大旱之望雲霓也歸市者不止耕者不變誅其君而弔其民若時雨降民大悅書曰徯我后后來其蘇此二篇皆尚書逸篇之文也言湯初征自葛始誅其君恤其民天下信湯之德面者嚮也東嚮征西夷怨者去王城四千里夷服之國也故謂之四夷言遠國思望聖化之甚也故曰何爲後我霓虹也雨則虹見故大旱而思見之徯待也后君也待我君來則我蘇息也今燕虐其民王往

而征之民以爲將拯己於水火之中也簞食壺漿以迎王師若殺其父兄係累其子弟毀其宗廟遷其重器如之何其可也拯濟也係累猶縛結也燕民所以悅喜迎王師者謂濟救於水火之中耳今又殘之若此安可哉天下固畏齊之彊也今又倍地而不行仁政是動天下之兵也言天下諸侯素畏齊彊今復并燕一倍之地以是行暴則多所危是動天下之兵共謀齊也王速出令反其旄倪止其重器謀於燕衆置君而後去之則猶可及止也速疾

也旄老旄也倪弱小倪倪者也孟子勸王急出令先還其老小止勿徙其寶重之器與燕民謀置所欲立君而去之歸齊天下之兵猶可及其未發而止之也　章指言伐惡養善無貪其富以小王大夫將何懼也

鄒與魯鬨穆公問曰吾有司死者三十三人而民莫之死也誅之則不可勝誅不誅則疾視其長上之死而不救如之何則可也鬨鬬聲也猶構兵而鬬也長上軍率也鄒穆公忿其民不赴難而問其罰當謂何也孟子對曰凶年饑歲君之民老弱轉乎溝壑壯者散而之四方者幾千人矣而君之倉廩實

府庫充有司莫以告是上慢而殘下也言往者遭凶年之阨民困如是有司諸臣無告白於君有以振救之是上驕慢以殘賊其下也曾子曰戒之戒之出乎爾者反乎爾者也曾子有言上所出善惡之命下終反之不可不戒也夫民今而後得反之也君無尤焉尤過也孟子言百姓乃今得反報諸臣不哀矜耳君無過責之也君行仁政斯民親其上死其長矣君行仁恩憂民窮困則民化而親其上死其長矣　章指言上恤其下下赴其難惡出於己害及其身如影響自然也

滕文公問曰滕小國也間於齊楚事齊乎

事楚乎文公言我居齊楚之間非其所事不能自保也孟子對曰是謀非吾所能及也無已則有一焉鑿斯池也築斯城也與民守之效死而民弗去則是可爲也孟子以二大國之君皆不由禮我不能知誰可事者也不得已有一謀焉惟施德義以養民與之堅守城池至死使民不畔去則可爲矣章指言事無禮之國不若得民心與之守死善道也

滕文公問曰齊人將築薛吾甚恐如之何則可齊人并得薛築其城以偪於滕故文公恐也孟子對曰昔者大王居邠狄人侵之去之岐山之下居焉非

擇而取之不得已也大王非好岐山之下擇而居之迫不得已困於彊暴故避之苟爲善後世子孫必有王者矣誠能爲善雖失其地後世乃可有王者若周家也君子創業垂統爲可繼也若夫成功則天也君如彼何哉強爲善而已矣君子造業垂統貴令後世可繼續而行耳又何能必有成功成功乃天助之也君豈如彼齊何乎但當自強爲善法以遺後世也章指言君子之道正己任天強暴之來非己所招謂窮則獨善其身者也

滕文公問曰滕小國也竭力以事大國則不得免焉如之何則可問免難全國於孟子孟子對曰

昔者大王居邠狄人侵之事之以皮幣不得免焉事之以犬馬不得免焉事之以珠玉不得免焉皮狐貉之裘幣繒帛之貨也乃屬其耆老而告之曰狄人之所欲者吾土地也吾聞之也君子不以其所以養人者害人二三子何患乎無君我將去之去邠踰梁山邑于岐山之下居焉屬會也土地生五穀所以養人也會長老告之如此而去之邠人曰仁人也不可失也從之者如歸市言樂

隨大王如歸趨於市若將有得也或曰世守也非身之所能爲也效死勿去君請擇於斯二者或曰土地乃先人之之所受也世世守之非己身所能專爲至死不可去也欲令文公擇此二者惟所行也　章指言大王去邠權也效死而守業義也義權不竝故曰擇而處之也

魯平公將出嬖人臧倉者請曰他日君出則必命有司所之今乘輿已駕矣有司未知所之敢請平論也嬖人愛幸小人也公曰將見孟子平公敬孟子有德不敢請召將往就見之曰何哉君所爲輕身以先於

匹夫者以爲賢乎禮義由賢者出而孟子之後喪踰前喪君無見焉匹夫一夫也臧倉言君何爲輕千乘而先匹夫乎以爲孟子賢故也賢者當行禮義而孟子前喪父約後喪母奢君無見也公曰諾諾止不出樂正子入見曰君奚爲不見孟軻也樂正姓子通稱孟子弟子也爲魯臣問公何爲不便見孟軻曰或告寡人曰孟子之後喪踰前喪是以不往見也公言以此故也曰何哉君所謂踰者前以士後以大夫前以三鼎而後以五鼎與樂正子曰君所謂踰者前者以士禮後者以大

夫禮士祭三鼎大夫祭五鼎故也曰否謂棺椁衣衾之美也公曰不謂鼎數也以其棺椁衣衾之美惡也曰非所謂踰也貧富不同也樂正子曰此非薄父厚母今母喪踰父也喪父時爲士喪母時爲大夫大夫祿重於士故使然貧富不同也樂正子見孟子曰克告於君君爲來見也嬖人有臧倉者沮君君是以不果來也克樂正子名也果能也曰克告君以孟子之賢君將欲來臧倉者沮君故君不能來也曰行或使之止或尼之行止非人所能也吾之不遇魯侯天也臧氏之子焉能使予不遇哉

尼止也孟子之意以爲魯侯欲行天使之矣及其欲止天令嬖人止之耳行止天意非人所能爲也如使吾見魯侯寧得行道天欲使濟斯民也故曰吾之不遭遇魯侯乃天所爲也臧倉小子何能使我不遇哉一章指言讒邪搆賢賢者歸天不尤人也

孟子卷第二

# 孟子卷第三　　趙氏注

## 公孫丑章句上

公孫丑者，公孫姓，丑名，孟子弟子也。丑有政事之才，問管晏之功，猶論語子路問政，故以題篇。

公孫丑問曰：夫子當路於齊，管仲晏子之功可復許乎？夫子謂孟子。許，猶興也。如使夫子得當仕路於齊，而可以行道，管夷吾晏嬰之功寧可復興乎？孟子曰：子誠齊人也，知管仲晏子而已矣。誠，實也。子實齊人也，但知二子而已，豈復知王者之佐乎？或問乎曾西曰：吾子與子路孰賢？曾西蹵然曰：吾先子

之所畏也曾西曾子之孫蹵然猶蹵踖也先子曾子也子路在四友故曾子畏敬之曾西不敢
比曰然則吾子與管仲孰賢曾西艴然不
悅曰爾何曾比予於管仲艴然慍怒色也管何曾猶何乃也
仲得君如彼其專也行乎國政如彼其久
也功烈如彼其卑也爾何曾比予於是曾西
荅或人言管仲得遇桓公使之專國政如彼行政於國其久如彼功烈卑陋如彼謂不帥齊桓公行王道而行
霸道故言卑也重言何曾比我恥見比之甚也曰管仲曾西之所不爲
也而子爲我願之乎孟子心狹曾西曾西尚不欲爲管仲而子爲我願之

乎非丑之言小也曰管仲以其君霸晏子以其君顯管仲晏子猶不足爲與丑曰管仲輔桓公以霸道晏子相景公以顯名二子如此尚不可爲邪曰以齊王由反手也孟子言以齊國之大而行王道其易若反手耳故譏管晏不勉其君以王業也曰若是則弟子之惑滋甚且以文王之德百年而後崩猶未洽於天下武王周公繼之然後大行今言王若易然則文王不足法與丑曰如是言則弟子惑益甚也文王尚不能及身而王何謂王易然也若是則文王不足以爲法邪曰文王何可當也由湯

至於武丁賢聖之君六七作天下歸殷久矣久則難變也武丁朝諸侯有天下猶運之掌也武丁高宗也孟子言文王之時難爲功故言何可當也從湯以下賢聖之君六七興謂大甲大戊盤庚等也運之掌言易也紂之去武丁未久也其故家遺俗流風善政猶有存者又有微子微仲王子比干箕子膠鬲皆賢人也相與輔相之故久而後失之也尺地莫非其有也一民莫非其臣也然而文王猶方百里起是

以難也紂得高宗餘化又多良臣故久乃亡也微仲膠鬲皆良臣也但不在三仁中耳文王當此時故難也齊人有言曰雖有智慧不如乘勢雖有鎡基不如待時今時則易然也齊人諺言也乘勢居富貴之勢鎡基田器耒耜之屬待時三農時也今時易以行王化者也夏后殷周之盛地未有過千里者也而齊有其地矣雞鳴狗吠相聞而達乎四境而齊有其民矣地不改辟矣民不改聚矣行仁政而王莫之能禦也三代之盛封畿千里耳今齊地土民人已足矣不更辟土聚民也雞鳴狗吠相聞言

民室屋相望而衆多也以此行仁而王誰能止之也且王者之不作未有疏於此時者也民之憔悴於虐政未有甚於此時者也飢者易爲食渴者易爲飲孔子曰德之流行速於置郵而傳命言王政不興久矣民患虐政甚矣若飢者食易爲美渴者飲易爲甘德之流行疾於置郵傳書命也當今之時萬乘之國行仁政民之悅之猶解倒懸也故事半古之人功必倍之惟此時爲然倒懸喻困苦也當今所施恩惠之事半於古人而功倍之矣言今行之易也　章指言德流之速過於置郵君子得時大

行其道是以呂望觀文王而陳王圖管晏雖勤猶爲曾西所羞也

公孫丑問曰夫子加齊之卿相得行道焉雖由此霸王不異矣如此則動心否乎加猶居也丑問孟子如使夫子得居齊卿相之位行其道德雖用此臣位而輔君行之亦不異於古霸王之君矣如是寧動心畏難自恐不能行否邪丑以此爲大道不易人當畏懼之不敢欲行也孟子曰否我四十不動心孟子言禮四十強而仕我志氣已定不妄動心有所畏也曰若是則夫子過孟賁遠矣丑曰若此夫子志意堅勇過孟賁賁勇士也孟子勇於德曰是不難告子先我不動心孟子言是不難

也告子之勇未四十而不動心矣曰不動心有道乎丑問不動心之道云何曰有孟子欲爲言之北宮黝之養勇也不膚撓不目逃思以一豪挫於人若撻之於市朝不受於褐寬博亦不受於萬乘之君視刺萬乘之君若刺褐夫無嚴諸侯惡聲至必反之北宮姓黝名也人刺其肌膚不爲撓却刺其目目不轉精逃避之矣人拔一毛若見捶撻於市朝之中矣褐寬博獨夫被褐者嚴尊也無有尊嚴諸侯可敬者也以惡聲加己己必惡聲報之言所養育勇氣如是孟施舍之所養勇也曰視不勝猶勝也量敵

而後進慮勝而後會是畏三軍者也舍豈能爲必勝哉能無懼而已矣孟姓舍名也施發音也施舍自言其名則但曰舍豈能爲必勝哉要不恐懼而已也以爲量敵少而進慮勝者足勝乃會若此畏三軍之衆者耳非勇者也孟施舍似曾子北宮黝似子夏夫二子之勇未知其孰賢然而孟施舍守約也孟子以爲曾子長於孝孝百行之本子夏知道雖衆不如曾子孝之大也故以舍譬曾子黝譬子夏以施舍要之以不懼爲約要也昔者曾子謂子襄曰子好勇乎吾嘗聞大勇於夫子矣自反而不縮雖褐寬

博吾不惴焉自反而縮雖千萬人吾往矣孟施舍之守氣又不如曾子之守約也子襄曾子弟子也夫子謂孔子也縮義也惴懼也詩云惴惴其栗曾子謂子襄言孔子告我大勇之道人加惡於已已內自省有不義不直之心雖敵人被褐寬博一夫不當輕驚懼之也自省有義雖敵家千萬人我直往突之言義之強也施舍雖守勇氣不如曾子守義之為約也曰敢問夫子之不動心與告子之不動心可得聞與丑曰不動心之勇其意豈可得聞與告子曰不得於言勿求於心不得於心勿求於氣不得於心勿求於氣可不得

於言勿求於心不可不得者不得人之善心善言也求者取也告子爲人勇而無慮不原其情人有不善之言加於已不復取其心有善也直怒之矣孟子以爲不可也告子知人之有惡心雖以善辭氣來加已亦直怒之矣孟子以爲是則可言人當以心爲正也告子非純賢其不動心之事一可用一不可用也夫志氣之帥也氣體之充也志心所念慮也氣所以充滿形體爲喜怒也志帥氣而行之度其可否也夫志至焉氣次焉志爲至要之本氣爲其次故曰持其志無暴其氣暴亂也言志所嚮氣隨之當正持其志無亂其氣妄以喜怒加人也既曰志至焉氣次焉又曰持其志無暴其氣者何也丑問暴亂其氣云何曰志

壹則動氣氣壹則動志也今夫蹶者趨者是氣也而反動其心孟子言壹者志氣閉而爲壹也志閉塞則氣不行氣閉塞則志不通蹶者相動今夫行而蹶者氣閉不能自持故志氣顛倒顛倒之間無不動心而恐矣則志氣之相動也敢問夫子惡乎長丑問孟子才志所長何等曰我知言我善養吾浩然之氣孟子云我聞人言能知其情所趨我能自養育我之所有浩然之大氣也敢問何謂浩然之氣丑問浩然之氣狀如何曰難言也其爲氣也至大至剛以直養而無害則塞于天地之間言此至大至剛正直之氣也然而貫

洞纖微洽於神明故言之難也養之以義不以邪事干害之則可使滋蔓塞滿天地之間布施德教無窮極也

其爲氣也配義與道無是餒也重說是氣言此氣與道義相配偶俱行義謂仁義可以立德之本也道謂陰陽大道無形而生有形舒之彌六合卷之不盈握包落天地稟授羣生者也言能養此道氣而行義理常以充滿五藏若其無此則腹腸飢虛若人之餒餓也

是集義所生者非義襲而取之也集雜也密聲取敵曰襲言此浩然之氣與義雜生從內而出人生受氣所自有者

行有不慊於心則餒矣慊快也自省所行仁義不備干害浩氣則心腹飢餒矣

我故曰告子未嘗知義以其外之也孟子曰仁義皆出於內而告子嘗以爲仁內義外故

（言其未嘗知義也）必有事焉而勿正心勿忘勿助長也（言人行仁義之事必有福在其中而勿正但以爲福故爲仁義也但心勿忘其爲福而亦勿汲汲助長其福也汲汲則似宋人也）無若宋人然宋人有閔其苗之不長而揠之者芒芒然歸謂其人曰今日病矣予助苗長矣其子趨而往視之苗則槁矣（揠挺拔之欲亟長也病罷也芒芒罷倦之貌其人家人也其子揠苗者之子也趨走也槁乾枯也以喻人之情邀福者必有害若欲急長苗而反使之枯死也）天下之不助苗長者寡矣以爲無益而舍之者不耘苗者也

助之長者揠苗者也非徒無益而又害之天下人行善皆欲速得其福恬然者少也以為福祿在天求之無益舍置仁義不求為善是由農夫任天不復耘治其苗也其邀福欲急得之者由此揠苗之人也非徒無益於苗乃反害之言告子外義常恐其行義欲急得其福故為丑言人之行當內治善不當急欲求其福

何謂知言丑問知言之意謂何

曰詖辭知其所蔽淫辭知其所陷邪辭知其所離遁辭知其所窮孟子曰人有險詖之言引事以褒人若賓孟言雄雞自斷其尾之事能知其欲以譽子朝蔽子猛也有淫美不信之辭若麗姬勸晉獻公與申生政能知其欲以陷害之也有邪辟不正之辭若豎牛勸仲壬賜環之事能知其欲行讒毀以離之於叔孫也有隱遁之

辭若秦客之廋辭於朝能知其欲以窮晉諸大夫也若此四者之類我聞能知其所趨者也生於其心害於其政發於其政害於其事聖人復起必從吾言矣生於其心譬若人君有好殘賊嚴酷心必妨害仁政不得行之也發於其政者若出令欲以非時田獵築作宮室必妨害民之農事使百姓有飢寒之患也吾見其端欲防而止之如使聖人復興必從我言也宰我子貢善為說辭冉牛閔子顏淵善言德行孔子兼之曰我於辭命則不能也言人各有能我於辭言命教則不能如二子然則夫子既聖矣乎丑見孟子但言不能辭命不言不能德行謂孟子欲自比孔子故曰夫子既已聖矣乎

曰惡是何言也昔者子貢問於孔子曰夫子聖矣乎孔子曰聖則吾不能我學不厭而教不倦也子貢曰學不厭智也教不倦仁也仁且智夫子既聖矣夫聖孔子不居是何言也惡者不安事之歎辭也孟子荅丑言往者子貢孔子相荅如此孔子尚不敢安居於聖我何敢自謂爲聖故再言是何言也昔者竊聞之子夏子游子張皆有聖人之一體冉牛閔子顏淵則具體而微體者四肢股肱也孟子言昔日竊聞師言也丑方問欲知孟子之德故謙辭言竊聞也

體者得一肢也具體者四肢皆具微小也比聖人之體微小耳體以喻德也敢問所安丑問孟子所安比也曰姑舍是姑且也孟子曰且置是我不願比也曰伯夷伊尹何如丑曰伯夷之行何如孟子心可願比伯夷不非其君不事非其民不使治則進亂則退伯夷也非其君非己所好之君也非其民不以正道而得民伯夷不願使之故謂非其民也何事非君何使非民治亦進亂亦進伊尹也伊尹曰事非其君者何傷也使非其民者何傷也要欲爲天理物其得行道而已矣可以仕則仕可以止則止可以久則久可以速則速孔子也止處也久留也速疾

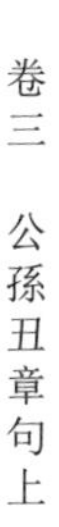

去也皆古聖人也吾未能有行焉乃所願則學孔子也此皆古之聖人我未能有所行若此乃言我心之所庶幾則願欲學孔子所履進退無常量時爲宜也伯夷伊尹於孔子若是班乎班齊等之貌也丑嫌伯夷伊尹與孔子相比問此三人之德班然而等乎曰否自有生民以來未有孔子也孟子曰不等也從有生民以來非純聖人則未有與孔子齊德也然則有同與丑曰然則此三人有同者邪曰有得百里之地而君之皆能以朝諸侯有天下行一不義殺一不辜而得天下皆不爲也是則同

孟子曰此二人君國皆能使鄰國諸侯尊敬其德而朝之不以其義得之皆不爲也是則孔子同之矣曰敢問其所以異丑問孔子與三人異謂何曰宰我子貢有若智足以知聖人汙不至阿其所好孟子曰宰我等三人之智足以識聖人汙下也言三人雖小汙不平亦不至於其所好以非其事阿私所愛而空譽之其言有可用者欲爲丑陳三子之道孔子也宰我曰以予觀於夫子賢於堯舜遠矣子宰我名也以爲孔子賢於堯舜以孔子但爲聖不王天下而能制作素王之道故美之如使當堯舜之處賢之遠矣子貢曰見其禮而知其政聞其樂而知其德由百世之後等百世

之王莫之能違也自生民以來未有夫子也見其制作之禮知其政之可以致大平也聽聞其雅頌之樂而知其德之可與文武同也春秋外傳曰五聲昭德言五音之樂聲可以明德也從孔子後百世上推等其德於前百世之聖王無能違離孔子道者自從生民以來未能備若孔子也有若曰豈惟民哉麒麟之於走獸鳳凰之於飛鳥泰山之於丘垤河海之於行潦類也聖人之於民亦類也出於其類拔乎其萃自生民以來未有盛於孔子也垤蟻封也行潦道旁流潦也萃聚也有若以爲萬類之中各有殊異至於人類卓絕未有盛美

過於孔子者也若三子之言孔子則所以異於伯夷伊尹也夫聖人之道同符合契前聖後聖其揆一也不得相踰云生民以來無有者此三人皆孔子弟子緣孔子聖德高美而盛稱之也孟子知其言大過故貶謂之汙下但不以無爲有耳因事則褒褒辭在其中矣亦以明師徒之義得相褒揚也　章指言義以行勇則不動心養氣順道無効宋人聖人量時賢者道偏是以孟子究言情理而歸之學孔子也

孟子曰以力假仁者霸霸必有大國以德行仁者王王不待大湯以七十里文王以百里言霸者以大國之力假仁義之道然後能霸若齊桓晉文等是也以巳之德行仁政於民小國則可以致王若湯文王是也以力服人者非心服也力不

贍也以德服人者中心悦而誠服也如七十子之服孔子也贍足也以己力不足而往服就於人非心服也以己德不如彼而往服從之誠心服者也如顏淵子貢等之服於仲尼心服者也詩云自西自東自南自北無思不服此之謂也詩大雅文王有聲之篇言從四方來者無思不服武王之德此亦心服之謂也　章指言王者任德霸者兼力力服心服優劣不同故曰遠人不服脩文德以懷之

孟子曰仁則榮不仁則辱今惡辱而居不仁是猶惡濕而居下也行仁政則國昌而民安得其榮樂行不仁則國

破民殘蒙其恥辱惡辱而不行仁譬若惡濕而居埤下近水泉之地也如惡之莫如貴德而尊士賢者在位能者在職諸侯如惡辱之來則當貴德以治身尊士以敬人使賢者居位官得其人能者居職人任其事也國家閒暇及是時明其政刑雖大國必畏之矣及無鄰國之虞以是閒暇之時明脩其政教審其刑罰雖天下大國必來畏服詩云迨天之未陰雨徹彼桑土綢繆牖戶今此下民或敢侮予孔子曰為此詩者其知道乎能治其國家誰敢侮之詩邠國鴟鴞之篇迨及徹取也桑土桑根也言此鴟鴞小鳥尚知及天未

陰雨而取桑根之皮以纏綿牖戶人君能治其國家誰敢侮之刺邠君曾不如此鳥孔子善之故謂此詩知道也

今國家閒暇及是時般樂怠敖是自求禍也禍福無不自己求之者般大也孟子傷今時之君國家適有閒暇且以大作樂怠惰敖遊不脩政刑是以見侵而不能距皆自求禍者也

詩云永言配命自求多福詩大雅文王之篇永長言我也長我周家之命配當善道皆內自求責故有多福也

大甲曰天作孼猶可違自作孼不可活此之謂也殷王大甲言天之妖孼尚可違避譬若高宗雊雉宋景守心之變皆可以德消去也自己作孼者若帝乙慢神震死是爲不可活也　章指言國必脩政君必行仁禍福由己不專在天

言當防患於未亂也

孟子曰尊賢使能俊傑在位則天下之士皆悅而願立於其朝矣俊美才出衆者也萬人者稱傑市廛而不征法而不廛則天下之商皆悅而願藏於其市矣廛市宅也古者無征衰世征之王制曰市廛而不稅周禮載師曰國宅無征法而不廛者當以什一之法征其地耳不當征其廛宅也關譏而不征則天下之旅皆悅而願出於其路矣言古之設關但譏禁異言識異服耳不征稅出入者也故王制曰古者關譏而不征周禮大宰曰九賦七曰關市之賦司關曰國凶札則無關

門之征猶譏王制謂文王以前也文王治岐關譏而不征周禮有征者謂周公以來孟子欲令復古去征使天下行旅悅之也耕者助而不稅則天下之農皆悅而願耕於其野矣助者井田什一助佐公家治公田不橫稅賦若履畝之類廛無夫里之布則天下之民皆悅而願爲之氓矣里居也布錢也夫一夫也周禮載師曰宅不毛者有里布田不耕者出屋粟凡民無職事者出夫家之征孟子欲使寬獨夫去里布則人皆樂爲之民矣氓民也信能行此五者則鄰國之民仰之若父母矣率其子弟攻其父母自有生民以來未有能濟者也今諸侯誠能行

此五事四鄰之民仰望而愛之如父母矣鄰國之君欲將其民來伐之譬若率勉人子弟使自攻其父母生民以來何能以此濟成其所欲者也

如此則無敵於天下無敵於天下者天吏也然而不王者未之有也

言諸侯所行能如此者何敵之有是爲天吏天吏者天使也爲政當爲天所使誅伐無道故謂之天吏也章指言脩古之道鄰國之民以爲父母行今之政自己之民不得而子是故衆夫擾擾非所常有命曰天吏明天所使也

孟子曰人皆有不忍人之心

言人人皆有不忍加惡於人之心也

先王有不忍人之心斯有不忍人之政矣以不忍人之心行不忍人之政治天下

可運之掌上先聖王推不忍害人之心以行不忍傷民之政以是治天下易於轉丸於掌上也所以謂人皆有不忍人之心者今人乍見孺子將入於井皆有怵惕惻隱之心非所以內交於孺子之父母也非所以要譽於鄉黨朋友也非惡其聲而然也乍暫也孺子未有知小子也所以言人皆有是心凡人暫見小小孺子將入井賢愚皆有驚駭之情情發於中非爲其人也非惡有不仁之聲名故怵惕也由是觀之無惻隱之心非人也無羞惡之心非人也無辭讓之心非人

也無是非之心非人也言無此四者當若禽獸非人心耳爲人則有之矣凡人但不能演用爲行耳惻隱之心仁之端也羞惡之心義之端也辭讓之心禮之端也是非之心智之端也端者首也人皆有仁義禮智之首可引用之人之有是四端也猶其有四體也有是四端而自謂不能者自賊者也自謂不能爲善自賊害其性使不爲善也謂其君不能者賊其君者也謂君不能爲善而不匡正者賊其君使陷惡也凡有四端於我者知皆擴而充之矣若火之

始然泉之始達苟能充之足以保四海苟不充之不足以事父母擴廓也凡有端在於我者知皆廓而充大之若水火之始微小廣大之則無所不至以喻人之四端也人誠能充大之可保安四海之民誠不充大之內不足以事父母言無仁義禮智何以事父母也　章指言人之行當內求諸己以演大四端充廣其道上以匡君下以榮身也

孟子曰矢人豈不仁於函人哉矢人惟恐不傷人函人惟恐傷人巫匠亦然故術不可不慎也矢箭也函鎧也周禮曰函人爲甲作箭之人其性非獨不仁於作鎧之人也術使之

然巫欲祝活人匠梓匠作棺欲其蚤售利在於人死也故治術當愼脩其善者也孔子曰里仁爲美擇不處仁焉得智里居也仁最其美者也夫簡擇不處仁爲不智夫仁天之尊爵也人之安宅也莫之禦而不仁是不智也爲仁則可以長天下故曰天所以假人尊爵也居之則安無止之者而人不能知入是仁道者何得爲智乎不仁不智無禮無義人役也若此爲人所役者也人役而恥爲役由弓人而恥爲弓矢人而恥爲矢也治其事而恥其業者惑也如恥之莫如爲仁如其恥爲人役而爲仁仁則不爲役也仁者如射射

者正己而後發發而不中不怨勝己者反求諸己而已矣以射喻人爲仁不得其報當反責己仁恩之未至章指言各治其術術有善惡禍福之來隨行而作恥爲人役不若居仁治術之忌勿爲矢人也

孟子曰子路人告之以有過則喜禹聞善言則拜子路樂聞其過過而能改也尚書曰禹拜讜言大舜有大焉善與人同舍己從人樂取於人以爲善大舜虞也孔子稱曰巍巍故言大舜有大焉能舍己從人故爲大也於子路與禹同者也自耕稼陶漁以至爲帝無非取於人者取諸人以爲善

是與人爲善者也故君子莫大乎與人爲善舜從耕於歷山及其陶漁皆取人之善謀而從之故曰莫大乎與人爲善　章指言大聖之君由采善於人故曰計及下者無遺策舉及衆者無廢功也

孟子曰伯夷非其君不事非其友不友不立於惡人之朝不與惡人言立於惡人之朝與惡人言如以朝衣朝冠坐於塗炭推惡惡之心思與鄉人立其冠不正望望然去之若將浼焉伯夷孤竹君之長子讓國而隱居者也塗泥炭墨也浼汙也思念也

與鄉人立見其冠不正望望代之慙愧之貌也去之恐其汙己也是故諸侯雖有善其辭命而至者不受也不受也者是亦不屑就已屑絜也詩云不我屑已伯夷不絜諸侯之行故不忍就見也殷之末世諸侯多不義故不就之後乃歸西伯也柳下惠不羞汙君不卑小官進不隱賢必以其道遺佚而不怨阨窮而不憫故曰爾為爾我為我雖袒裼裸裎於我側爾焉能浼我哉柳下惠魯公族大夫也姓展名禽字季柳下是其號也進不隱己之賢才必欲行其道也憫懣也云善己而已惡人何能汙我也故由由然與之

偕而不自失焉援而止之而止援而止之而止者是亦不屑去已由由浩然之貌不憚與惡人同朝並立偕俱也與之儷行於朝何傷但不失己之正心而已耳援而止之謂三黜不懟去也是柳下惠不以去爲絜也

孟子曰伯夷隘柳下惠不恭隘與不恭君子不由也伯夷隘懼人之汙來及己故無所含容言其大隘狹也柳下惠輕忽時人禽獸畜之無欲彈正之心言其大不恭敬也聖人之道不取於此故曰君子不由也先言二人之行孟子乃平之　章指言伯夷柳下惠古之大賢猶有所闕介者必偏中和爲貴純聖能終君子所由堯舜是尊

孟子卷第三

孟子卷第四　　趙氏注

公孫丑章句下

孟子曰天時不如地利地利不如人和三里之城七里之郭環而攻之而不勝夫環而攻之必有得天時者矣然而不勝者是天時不如地利也天時謂時日支干五行王相孤虛之屬也地利險阻城池之固也人和得民心之所和樂也環城圍之必有得天時之善處者然而城有不下是不如地利城非不高也池非不深也兵革非不堅利也米

粟非不多也委而去之是地利不如人和也有堅強如此而破之走者不得民心民不爲守衛懿公之民曰君其使鶴戰若是之類也故曰域民不以封疆之界固國不以山谿之險威天下不以兵革之利域民居民也不以封疆之界禁之使民懷德也不依險阻之固恃仁惠也不馮兵革之威仗道德也得道者多助失道者寡助寡助之至親戚畔之多助之至天下順之以天下之所順攻親戚之所畔故君子有不戰戰必勝矣得道之君何嚮不平君子之道貴不戰耳如其當戰

戰則勝矣　章指言民和爲貴貴於天地故曰得乎丘民爲天子也

孟子將朝王王使人來曰寡人如就見者也有寒疾不可以風朝將視朝不識可使寡人得見乎孟子雖仕於齊處師賓之位以道見敬或稱以病未嘗趨朝而拜也王欲見之先朝使人往謂孟子云寡人如就見者若言就孟子之館相見也有惡寒之病不可見風儻可來朝欲力疾臨視朝因得見孟子也不知可使寡人得相見否對曰不幸而有疾不能造朝孟子不悅王之欲使朝故稱有疾明日出弔於東郭氏公孫丑曰昔者辭以病今日弔或者不可乎

東郭氏齊大夫家也昔者昨日也丑以爲不可曰昔者疾今日愈如之何不弔孟子言我昨日病今日愈我何爲不可以弔王使人問疾醫來王以孟子實病遣人將醫來且問疾也孟仲子對曰昔者有王命有采薪之憂不能造朝今病小愈趨造於朝我不識能至否乎孟仲子孟子之從昆弟學於孟子者也權辭以對如此憂病也曲禮云有負薪之憂使數人要於路曰請必無歸而造於朝仲子使數人要告孟子君命宜敬當必造朝也不得已而之景丑氏宿焉孟子迫於仲子之言不得已而心不欲至朝因之其所知齊大夫景丑之

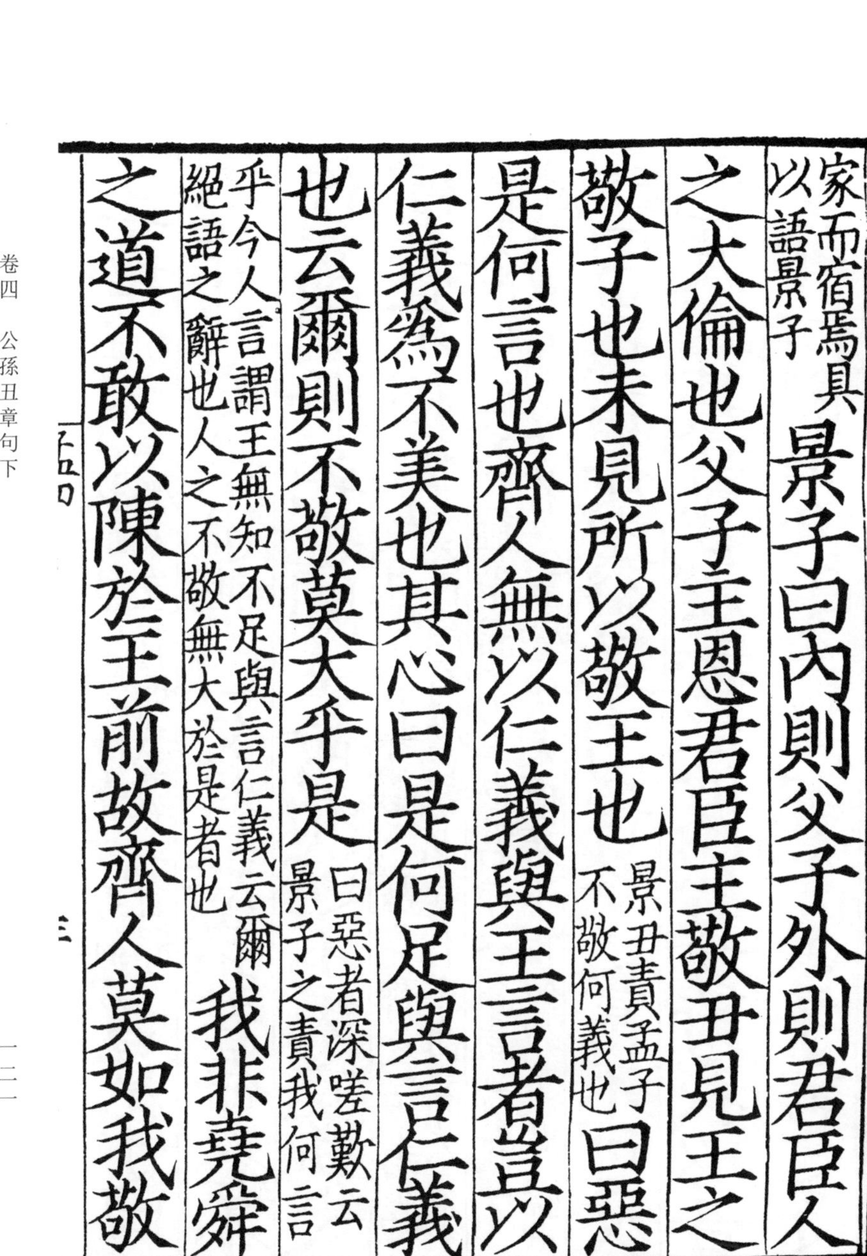

家而宿焉具以語景子景子曰內則父子外則君臣人之大倫也父子主恩君臣主敬丑見王之敬子也未見所以敬王也景丑責孟子不敬何義也曰惡是何言也齊人無以仁義與王言者豈以仁義爲不美也其心曰是何足與言仁義也云爾則不敬莫大乎是曰惡者深嗟歎云景子之責我何言乎今人言謂王無知不足與言仁義云爾絕語之辭也人之不敬無大於是者也我非堯舜之道不敢以陳於王前故齊人莫如我敬

王也孟子言我每見王常陳堯舜之道以勸勉王齊人豈有如我敬王者邪景子曰否非此之謂也禮曰父召無諾君命召不俟駕固將朝也聞王命而遂不果宜與夫禮若不相似然景子曰非謂不陳堯舜之道謂爲臣固自當朝也今有王命而不果行果能也禮父召無諾而不至也君命召輦車就牧不坐待駕而夫子若是事宜與夫禮若不相似然乎愚竊惑焉曰豈謂是與曾子曰晉楚之富不可及也彼以其富我以吾仁彼以其爵我以吾義吾何慊乎哉夫豈不義而曾子言之是

或一道也孟子荅景丑云我豈謂是君臣召呼之閒乎謂王不禮賢下士故道曾子之言自以不慊晉楚之君慊少也曾子豈嘗言不義之事邪是或者自得道之一義欲以喻王猶晉楚我猶曾子我臣輕於王乎天下有達尊三爵一齒一德一朝廷莫如爵鄉黨莫如齒輔世長民莫如德惡得有其一以慢其二哉三者天下之所通尊也孟子謂賢者長者有德有齒人君無德但有爵耳故云何得以一慢二乎故將大有爲之君必有所不召之臣欲有謀焉則就之其尊德樂道不如是不足與有爲也言古之大聖大賢有所興爲之君必

就大賢臣而謀事不敢召也王者師臣霸者友臣也故湯之於伊尹學焉而後臣之故不勞而王桓公之於管仲學焉而後臣之故不勞而霸言師臣者王桓公能師臣而管仲不勉之於王故孟子於上章陳其義譏其功烈之卑也今天下地醜德齊莫能相尚無他好臣其所教而不好臣其所受教醜類也言今天下人君土地相類德教齊等不能相絕者無他但好臣其所教敕役使之才可驕者耳不能好臣大賢可從受教者湯之於伊尹桓公之於管仲則不敢召管仲且猶不可召而況不為管仲者

乎孟子自謂不爲管仲故非齊王之召己己是以不往也　章指言人君以尊德樂義爲賢君子以守道不回爲志

陳臻問曰前日於齊王餽兼金一百而不受於宋餽七十鎰而受於薛餽五十鎰而受前日之不受是則今日之受非也今日之受是則前日之不受非也夫子必居一於此矣陳臻孟子弟子兼金好金也其價兼倍於常者故謂之兼金一百百鎰也古者以一鎰爲一金鎰二十兩孟子曰皆是也當在宋也予將有遠

行行者必以賮辭曰餽賮子何爲不受賮送行者贈賄之禮也時人謂之賮當在薛也予有戒心辭曰聞戒故爲兵餽之予何爲不受戒有戒備不虞之心也時有惡人欲害孟子孟子戒備薛君曰聞有戒此金可鬻以作兵備故餽之我何爲不受也若於齊則未有處也無處而餽之是貨之也焉有君子而可以貨取乎我在齊時無事於義未有所處也義無所處而餽之是以貨財取我欲使我懷惠也安有君子而以貨財見取乎

章指言取與之道必得其禮於其可也雖少不辭義之無處兼金不顧

孟子之平陸謂其大夫曰子之持戟之士一日而三失伍則去之否乎平陸齊下邑也大夫治邑大夫也持戟戰士也一日三失其行伍則去之否乎去之殺之也戎昭果毅曰不待三大夫曰一失之則行罰不及待三失伍也然則子之失伍也亦多矣凶年饑歲子之民老羸轉於溝壑壯者散而之四方者幾千人矣轉轉尸於溝壑也此則子之失伍也曰此非距心之所得爲也距心大夫名曰此乃齊王之大政不肯賑窮非我所得專爲也曰今有受人之牛羊而爲之牧之者則

必爲之求牧與芻矣求牧與芻而不得則反諸其人乎抑亦立而視其死與牧牧地以此喻距心不得自專何不致爲臣而去乎何爲立視民之死也曰此則距心之罪也距心自知以不去位爲罪也他日見於王曰王之爲都者臣知五人焉知其罪者惟孔距心爲王誦之王曰此則寡人之罪也孔姓也爲都治都也邑有先君之宗廟曰都誦言也爲王言所與孔距心語者也王知本之在己故受其罪　章指言人臣以道事君否則奉身以退詩云彼君子兮不素餐兮言不尸其祿也

孟子謂蚳鼃曰：子之辭靈丘而請士師，似也，爲其可以言也。今旣數月矣，未可以言與？蚳鼃，齊大夫。靈丘，齊下邑。士師，治獄官也。周禮士師曰以五戒先後刑罰，毋使罪麗於民。孟子見蚳鼃辭外邑大夫，請爲士師，知其欲近王以諫正刑罰之不中者，數月而不言，故曰未可以言與，以感責之也。

蚳鼃諫於王而不用，致爲臣而去。三諫不用，致仕而去。

齊人曰：所以爲蚳鼃則善矣，所以自爲則吾不知也。齊人論者譏孟子爲蚳鼃諫，使之諫而去則善矣，不知自諫，又不去，故曰我不見其自爲謀者。

公都子以告。公都子，孟子弟子，以齊人語告孟子也。

曰：吾

聞之也有官守者不得其職則去有言責
者不得其言則去我無官守我無言責也
則吾進退豈不綽綽然有餘裕哉官守居官守職
者言責獻言之責諫爭之官也孟子言人去今我居師賓之位進退自由豈不綽綽然舒緩有餘裕乎綽裕皆
寬也　章指言執職者劣藉道者優是以臧武仲兩行而不息段干木偃寢而式閭
孟子爲卿於齊出弔於滕王使蓋大夫王
驩爲輔行王驩朝暮見反齊滕之路未嘗
與之言行事也孟子嘗爲齊卿出弔滕君蓋齊下邑也王以治蓋之大夫王驩爲輔

行輔副使也王驩齊之諂人有寵於王後爲右師孟子不悦其爲人雖與同使而行未嘗與之言行事不願與之相比也

公孫丑曰齊卿之位不爲小矣齊滕之路不爲近矣反之而未嘗與言行事何也

丑怪孟子不與驩議行事也

曰夫既或治之予何言哉

既已也或有也孟子曰夫人既自謂有治行事我將復何言哉言其專知自善不知諂於人也

章指言道不合者不相與言王驩之操與孟子殊君子處時危行言遜故不尤之但不與言至於公行之喪以禮爲解也

孟子自齊葬於魯反於齊止於嬴充虞請曰前日不知虞之不肖使虞敦匠事嚴虞

不敢請今願竊有請也木若以美然孟子事於齊喪母歸葬於魯嬴齊南邑充虞孟子弟子敦匠厚作棺也事嚴喪事急木若以泰美然也曰古者棺椁無度中古棺七寸椁稱之自天子達於庶人非直爲觀美也然後盡於人心孟子言古者棺椁薄厚無尺寸之度中古謂周公制禮以來棺厚七寸椁薄於棺厚薄相稱相得也從天子至於庶人厚薄皆然但重累之數牆翣之飾有異非直爲人觀視之美好也厚者難腐朽然後能盡於人心所不忍也謂一世之厚孝子更去辟世是爲人盡心也過是以往變化自其理也不得不可以爲悅無財不可以爲悅得之爲有財古之人

皆用之吾何爲獨不然恔者孝子之欲厚送親得之則恔也王制所禁不得用之不可以恔心也無財以供則度而用之禮喪事不外求不可稱貸而爲恔也禮得用之財足備之古人皆用之我何爲獨不然然如是也且比化者無使土親膚於人心獨無恔乎恔快也棺槨敦厚比親體之變化且無令土親肌膚於人子之心獨不快然無所恨也吾聞之君子不以天下儉其親我聞君子之道不以天下人所得用之物儉約於其親言事親竭其力者也　章指言孝必盡心匪禮之踰論語曰生事之以禮死葬之以禮可謂孝矣

沈同以其私問曰燕可伐與孟子曰可子

噲不得與人燕子之不得受燕於子噲沈同齊大臣自以其私情問非王命也故曰私子噲燕王也子之燕相也孟子曰可者以子噲不以天子之命而擅以國與子之子之亦不受天子之命而私受國於子噲故曰其罪可伐有仕於此而子悅之不告於王而私與之吾子之祿爵夫士也亦無王命而私受之於子則可乎何以異於是子謂沈同也孟子設此以譬燕王之罪齊人伐燕沈同以孟子言可因歸勸其王伐燕或問曰勸齊伐燕有諸有人問孟子勸齊王伐燕有之曰未也沈同問燕可伐與吾應之

曰可彼然而伐之也孟子曰我未勸王也同問可伐乎吾曰可彼然而伐之彼如曰孰可以伐之則將應之曰爲天吏則可以伐之彼如將問我曰誰可以伐之我將曰爲天吏則可以伐之天吏天所使謂王者得天意者也彼不復孰可便自往伐之今有殺人者或問之曰人可殺與則將應之曰可彼如曰孰可以殺之則將應之曰爲士師則可以殺之今以燕伐燕何爲勸之哉今有殺人者問此人可殺否將應之曰可爲士官主獄則可以殺之矣言燕雖有罪猶當王者誅之耳譬如殺人者雖當死士師乃得殺之耳今齊國之政猶燕政

也不能相踰又非天吏也我何爲當勸齊伐燕乎　章指言誅不義者必須聖賢禮樂征伐自天子出王道之正也

燕人畔王曰吾甚慙於孟子燕人畔不肯歸齊齊王聞孟子與沈同言爲未勸王今竟不能有燕故慙之陳賈曰王無患焉王自以爲與周公孰仁且智陳賈齊大夫也問王曰自視何如周公仁智乎欲爲王解孟子意故曰王無患焉王曰惡是何言也王歎曰是何言言周公何可及也曰周公使管叔監殷管叔以殷畔知而使之是不仁也不知而使之是不智也仁智

周公未之盡也，而況於王乎？賈請見而解之。賈欲以此說孟子也。見孟子問曰：「周公何人也？」賈問之也。曰：「古聖人也。」孟子曰周公古之聖人也。曰：「使管叔監殷，管叔以殷畔也，有諸？」賈問有之否乎。曰：「然。」孟子曰如是也。曰：「周公知其將畔而使之與？」賈問之也。曰：「不知也。」孟子曰周公不知其將畔。「然則聖人且有過與？」過謬也。賈曰聖人且猶有謬誤。曰：「周公，弟也；管叔，兄也。周公之過，不亦宜乎？孟子以爲周公雖知管叔不賢，亦不必知其將畔。周公惟管叔弟也，故愛之；管叔念周公兄也，故望之。親親之恩也周公於此過謬不亦宜乎且古之君子過則改之今之君子過則順之古之君子其過也如日月之食民皆見之及其更也民皆仰之今之君子豈徒順之又從爲之辭古之所謂君子眞聖人賢人君子也周公雖有此過乃誅三監作大誥明敕庶國是周公改之也今之所謂君子非眞君子也順過飾非就爲之辭孟子言此以譏賈不能匡君而欲以辭解之

章指言聖人親親不文其過小人順非以諂其上也

孟子致爲臣而歸辭齊卿而歸其室也王就見孟子曰前日願見而不可得謂未來仕齊也遥聞孟子之賢而不能得見之得

侍同朝甚喜 來就爲卿君臣同朝得相見故喜也 今又棄寡人而歸 今致爲臣棄寡人而歸也 不識可以繼此而得見乎 不知可以續今日之後還使寡人得相見否 對曰不敢請耳固所願也 孟子對王言不敢自請耳固心之所願也孟子意欲使王繼今當自來謀也 他日王謂時子曰我欲中國而授孟子室養弟子以萬鍾使諸大夫國人皆有所矜式子盍爲我言之 時子齊臣也王欲於國中央爲孟子築室使養教一國君臣之子弟與之萬鍾之祿中國者使學者遠近均也矜敬也式法也欲使諸大夫國人皆敬法其道盍何不也謂時子何不爲我言

之於孟子知肯就之否時子因陳子而以告孟子陳子孟子
弟子陳臻陳子以時子之言告孟子孟子曰然
夫時子惡知其不可也如使予欲富辭十
萬而受萬是爲欲富乎孟子曰如是夫時子安能知其不可乎時子以
我爲欲富故以祿誘我我往者享十萬鍾之祿以大道不行故去耳今更當受萬鍾是爲欲富乎距時子之言
也季孫曰異哉子叔疑二子孟子弟子也季孫知孟子意不欲而心欲
使孟子就之故曰異哉弟子之所聞也子叔心疑亦以爲可就也使己爲政不用
則亦已矣又使其子弟爲卿人亦孰不欲

富貴而獨於富貴之中有私龍斷焉孟子解二子之異意疑心曰齊王使我爲政不用則亦自止矣今又欲以其子弟故使我爲卿而與我萬鍾之祿人亦誰不欲富貴乎是猶獨於富貴之中有此私登龍斷之類也我則恥之古之爲市也以其所有易其所無者有司者治之耳有賤丈夫焉必求龍斷而登之以左右望而罔市利人皆以爲賤故從而征之征商自此賤丈夫始矣古者市置有司但治其爭訟不征稅也賤丈夫貪人可賤者也入市則求龍斷而登之龍斷謂堁斷而高者也左右占望見市中有利罔羅而取之人皆賤其貪也故就征取其利後世

緣此遂征商人孟子言我苟貪萬鍾不恥屈道亦與此賤丈夫何異也古者謂周公以前周禮有關市之賦也

章指言君子正身行道道之不行命也不爲利回創業可繼是以君子以龍斷之人爲惡戒也

孟子去齊宿於晝有欲爲王留行者晝齊西南近邑也孟子去齊欲歸鄒至晝而宿也齊人之知孟子者追送見之欲爲王留孟子之行坐而言不應隱几而臥客危坐而言留孟子之言也孟子不應荅因隱倚其几而臥也客不悅曰弟子齊宿而後敢言夫子臥而不聽請勿復敢見矣齊敬宿素也弟子素持敬心來言夫子慢我不受我言言而遂起退欲去請絕也曰坐我明語子孟子止客曰且坐我明告語子昔

者魯繆公無人乎子思之側則不能安子思泄柳申詳無人乎繆公之側則不能安其身往者魯繆公尊禮子思子思以道不行則欲去繆公常使賢人往留之說以方且聽子爲政然則子思復留泄柳申詳亦賢者也繆公尊之不如子思二子常有賢者在繆公之側勸以復之其身乃安也子爲長者慮而不及子思子絶長者乎長者絶子乎長者老者也孟子年老故自稱長者言子爲我慮不如子思時賢人也不勸王使我得行道而但勸我留留者何爲哉此爲子絶我乎又我絶子乎何爲而愠恨也章指言惟賢能安賢智能知微以愚諭智道之所以乖也

孟子去齊尹士語人曰不識王之不可以爲湯武則是不明也識其不可然且至則是干澤也千里而見王不遇故去三宿而後出晝是何濡滯也士則玆不悅尹士齊人也干求也澤祿也尹士與論者言之云孟子不知則爲求祿濡滯猶稽也既去近留於晝三日怪其猶久故云士於此事不悅也高子以告高子亦齊人孟子弟子以尹士之言告孟子也曰夫尹士惡知予哉千里而見王是予所欲也不遇故去豈予所欲哉予不得已也孟子曰夫尹士

安能知我哉我不得已而去耳何汲汲而驅馳乎子三宿而出晝於予心猶以爲速王庶幾改之王如改諸則必反予我自謂行速疾矣冀王庶幾能反覆招還我矣夫出晝而王不予追也予然後浩然有歸志浩然心浩浩有遠志予雖然豈舍王哉王由足用爲善王如用予則豈徒齊民安天下之民舉安王庶幾改之予日望之孟子以齊大國知其可以行善政故戀戀望王之改而反之是以安行也豈徒齊民安言君子達則兼善天下也予豈若是小丈夫然哉諫於其

君而不受則怒悻悻然見於其面去則窮日之力而後宿哉我豈若猶急小丈夫恚怒其君而去極日力而宿懼其不遠者哉論曰悻悻然小人哉言己志大在於濟一世之民不爲小節也尹士聞之曰士誠小人也尹士聞義則服　章指言大德洋洋介士察察賢者志其大者不賢者志其小者此之謂也

孟子去齊充虞路問曰夫子若有不豫色然前日虞聞諸夫子曰君子不怨天不尤人路道也於路中問也充虞謂孟子去齊有恨心顏色不悅也曰彼一時此一

時也五百年必有王者興其間必有名世者由周而來七百有餘歲矣以其數則過矣以其時考之則可矣彼前聖賢之出是有時也今此時亦是其一時也五百年有王者興有興王道者也名世次聖之才物來能名正一世者生於聖人之間也七百有餘歲謂周家王迹始興大王文王以來考驗其時則可有也夫天未欲平治天下也如欲平治天下當今之世舍我其誰也吾何爲不豫哉孟子自謂能當名世之士時又值之而不得施此乃天自未欲平治天下耳非我之愆我固不怨天何爲不悅豫乎章指言聖賢興作與天消息天非人不因人非天不成是故知命

者不憂不懼也

孟子去齊居休公孫丑問曰仕而不受禄古之道乎休地名丑問古人之道仕不受禄邪怪孟子於齊不受禄也曰非也於崇吾得見王退而有去志不欲變故不受也崇齊地孟子言不受禄非古之道也於崇吾始得見齊王知其不能納善退出志欲去矣不欲即去若爲變詭見非泰甚故且宿留心欲去故不復受禄繼而有師命不可以請久於齊非我志也言我本志欲速去繼見之後有師旅之命不得請去故使我久而不受禄耳久非我本志也　章指言禄以食功志以率事無其事而食其禄君子不由也

卷末

# 孟子卷第五

趙氏注

## 滕文公章句上

滕文公者滕國名文謚也公者國人尊君之稱也文公尊敬孟子問以古道若弟子之問師故以題篇

滕文公爲世子將之楚過宋而見孟子孟子道性善言必稱堯舜文公爲世子使於楚而過宋孟子時在宋與相見也滕侯周文王之後也古紀世本錄諸侯之世滕國有考公麋與文公之父定公相直其子元公弘與文公相直似後世避諱改考公爲定公以元公行文德故謂之文公也孟子與世子言人生皆有善性但當充而用之耳又言堯舜之治天下不失仁義之道欲勸勉世子也世子自楚反復見孟

子從楚還復詣孟子欲重受法則也孟子曰世子疑吾言乎夫道一而已矣世子疑吾言有不盡乎天下之道一言而已惟有行善耳復何疑也成覸謂齊景公曰彼丈夫也我丈夫也吾何畏彼哉成覸勇果者也與景公言曰尊貴者與我同丈夫耳我亦能爲之我何爲畏之哉顏淵曰舜何人也予何人也有爲者亦若是言欲有所爲當若顏淵庶幾成覸不畏乃能有所成耳又以是勉世子也公明儀曰文王我師也周公豈欺我哉公明儀賢者也師文王信周公言其知所法則也今滕絕長補短將五十里也猶可以

爲善國滕雖小其境界長短相補可得大五十里子男之國也尚可以行善者也書曰若藥不瞑眩厥疾不瘳書逸篇也瞑眩藥攻人疾先使瞑眩憒亂乃得瘳愈也喻行仁當精熟德惠乃洽也　章指言人當上則聖人秉仁行義高山景行庶幾不倦論語曰力行近仁蓋不虛云

滕定公薨世子謂然友曰昔者孟子嘗與我言於宋於心終不忘今也不幸至於大故吾欲使子問於孟子然後行事定公文公父也然友世子之傅也大故謂大喪然友之鄒問於孟子孟子歸在鄒也

孟子曰不亦善乎親喪固所自盡也不亦者亦也問此亦其善也曾子曰生事之以禮死葬之以禮祭之以禮可謂孝矣曾子傳孔子之言孟子欲令世子如曾子之從禮也諸侯之禮吾未之學也雖時諸侯皆不行禮故使獨行之也然吾嘗聞之矣三年之喪齊疏之服飦粥之食自天子達於庶人三代共之孟子言我雖不學諸侯之禮嘗聞師言三代以來君臣皆行三年之喪齊疏齊縗也飦饘粥也然友反命定為三年之喪父兄百官皆不欲曰吾

宗國魯先君莫之行吾先君亦莫之行也至於子之身而反之不可父兄百官滕之同姓異姓諸臣也皆不欲使世子行三年滕魯同姓俱出文王魯周公之後滕叔繡之後敬聖人故宗魯者也且志曰喪祭從先祖曰吾有所受之也父兄百官且復言也志記也周禮小史掌邦國之志曰喪祭之事各從其先祖之法言我轉有所承受之不可於己身獨改更也一說吾有所受之世子言我受之於孟子也謂然友曰吾他日未嘗學問好馳馬試劒今也父兄百官不我足也恐其不能盡於大事子爲我問孟子父兄百官

見我他日所行謂我志行不足似恐我不能盡大事之禮故止我也爲我問孟子當何以服其心使信我也然友復之鄒問孟子孟子曰然不可以他求者也孔子曰君薨聽於冢宰歠粥面深墨即位而哭百官有司莫敢不哀先之也孟子言如是不可用他事求也喪上哀惟當以哀戚感之耳國君薨委政冢宰大臣嗣君但盡哀情歠粥不食顔色深墨深甚也墨黑也即喪位而哭百官有司莫敢不哀者以君先哀故也上有好者下必有甚焉者矣君子之德風也小人之德草也草尚之風必偃是在世子上之所欲下以爲俗尚加

也偃伏也以風加草莫不偃伏也是在世子以身帥之也然友反命世子曰然

是誠在我世子聞之知其在身欲行之也五月居廬未有命戒

百官族人可謂曰知諸侯五月而葬未葬居倚廬於中門之內也未有命戒居喪不言也異姓同姓之臣可謂曰知世子之能行禮也及至葬四方來觀

之顏色之戚哭泣之哀弔者大悅四方諸侯之賓來弔會者見世子之憔悴哀戚大悅其孝行之高美也

章指言事莫當於奉禮孝莫大於哀慟從善如流文公之謂也

滕文公問爲國孟子曰民事不可緩也問治

國之道也民事不可緩之使怠惰當以政督趣教以生產之務也詩云晝爾于茅宵爾索綯亟其乘屋其始播百穀詩邠風七月之篇言教民晝取茅草夜索以爲綯綯絞也及爾閒暇亟而乘蓋爾野外之屋春事起爾將始播百穀矣言農民之事無休已民之爲道也有恒產者有恒心無恒產者無恒心苟無恒心放辟邪侈無不爲已及陷乎罪然後從而刑之是罔民也焉有仁人在位罔民而可爲也義與上篇同孟子既爲齊宣王言之滕文公問復爲究陳其義故各自載之也是故賢君必恭儉禮下

取於民有制古之賢君身行恭儉禮下大臣賦取於民不過什一之制也陽虎曰爲富不仁矣爲仁不富矣陽虎魯季氏家臣也富者好聚仁者好施施不得聚道相反也陽虎非賢者也言有可采不以人廢言也夏后氏五十而貢殷人七十而助周人百畝而徹其實皆什一也徹者徹也助者藉也夏禹之世號夏后氏后君也禹受禪於君故夏稱后殷周順人心而征伐故言人也民耕五十畝貢上五畝耕七十畝者以七畝助公家耕百畝者徹取十畝以爲賦雖異名而多少同故曰皆什一也徹猶人徹取物也藉者借也猶人相借力助之也龍子曰治地莫善於助莫不善於貢貢者

校數歲之中以爲常龍子古賢人也言治土地之賦無善於助者也貢者校數歲以爲常類而上之民供奉之有易有不易故謂之莫不善也樂歲粒米狼戾多取之而不爲虐則寡取之凶年糞其田而不足則必取盈焉樂歲豐年狼戾猶狼藉也粒米粟米之粒也饒多狼藉棄捐於地是時多取於民不爲暴虐也而反以常類少取之至於凶年飢歲民人糞治其田尚無所得不足以食而公家取其稅必滿其常數焉不若從歲飢穰以爲多少與民同也爲民父母使民盻盻然將終歲勤動不得以養其父母又稱貸而益之使老稚轉乎溝壑惡在其爲

民父母也盻盻勤苦不休息之貌動作稱舉也言民勤身動作終歲不得以養食其父母公賦當畢有不足者又當舉貸子倍而益滿之至使老小轉尸溝壑安可以爲民之父母也夫世祿滕固行之矣古者諸侯卿大夫士有功德則世祿賜族者也官有世功也其子雖未任居官得世食其父祿賢者子孫必有土之義也滕固知行是矣言亦當恤民之子弟閔其勤勞者也詩云雨我公田遂及我私惟助爲有公田由此觀之雖周亦助也詩小雅大田之篇言大平時民悦其上願欲天之先雨公田遂以次及我私田也猶殷人助者爲有公田耳此周詩也而云雨公田知雖周家時亦助也設爲庠序學校以教之以學習禮教化於國庠者養也校

者教也序者射也夏曰校殷曰序周曰庠學則三代共之皆所以明人倫也養者養耆老教者教以禮義射者三耦四矢以達物導氣也學則三代同名皆謂之學學乎人倫人倫者人事也猶洪範曰彝倫攸敘謂常事所序也人倫明於上小民親於下有王者起必來取法是爲王者師也有行三王之道而興起者當取法於有道之國也詩云周雖舊邦其命惟新文王之謂也子力行之亦以新子之國詩大雅文王之篇言周雖后稷以來舊爲諸侯其受王命惟文王新復脩治禮義以致之耳以是勸勉文公欲使庶幾新其國

也使畢戰問井地畢戰滕臣也問古井田之法時諸侯各去典籍人自爲政故井田之道不明也孟子曰子之君將行仁政選擇而使子子必勉之夫仁政必自經界始經界不正井地不鈞穀祿不平子畢戰也經亦界也必先正其經界勿侵鄰國乃可鈞井田平穀祿穀所以爲祿也周禮小司徒曰乃經土地而井牧其田野言正其土地之界乃定受其井牧之處也是故暴君汙吏必慢其經界經界既正分田制祿可坐而定也暴君殘虐之君汙吏貪吏也慢經界不正本也必相侵陵長爭訟也分田賦廬井也制祿以庶人在官者比上農夫轉以爲差故可坐而定也

夫滕壤地褊小將爲君子焉將爲野人焉無君子莫治野人無野人莫養君子褊小謂五十里也爲有也雖小國亦有君子亦有野人言足以爲善政也請野九一而助國中什一使自賦九一者井田以九頃爲數而供什一郊野之賦也助者殷家稅名也周亦用之龍子所謂莫善於助也時諸侯不行助法國中什一者周禮園廛二十而稅一時行重賦責之什一也而如也自從也孟子欲請使野人如助法什一而稅之國中從其本賦二十而稅一以寬之卿以下必有圭田圭田五十畝餘夫二十五畝古者卿以下至於士皆受圭田五十畝所以供祭祀圭絜也上田故謂之圭田所謂惟士無田則亦不祭言絀

士無絜田也井田之民養公田者受百畝圭田半之故五十畝餘夫者一家一人受田其餘老小尚有餘力者受二十五畝半於圭田謂之餘夫也受田者田萊多少有上中下周禮曰餘夫亦如之亦如上中下之制也王制曰夫圭田無征謂餘夫圭田皆不出征賦也時無圭田餘夫孟子欲令復古所以重祭祀利民之道也

死徙無出鄉死謂葬死也徙謂爰土易居平肥磽也不出其鄉易爲功也鄉田同井出入相友守望相助疾病相扶持則百姓親睦同鄉之田共井之家各相營勞也出入相友相友耦也周禮太宰曰八曰友以任得民守望相助助察姦也疾病相扶持扶持其羸弱救其困急皆所以教民相親睦之道睦和也

方里而井井九百畝其中爲公田八家皆私百畝

同養公田公事畢然後敢治私事所以别野人也方一里者九百畝之地也爲一井八家各私得百畝同共養其公田之苗稼公田八十畝其餘二十畝以爲廬宅園圃家二畝半也先公後私遂及我私之義也則是野人之事所以别於士伍者也此其大略也若夫潤澤之則在君與子矣略要也其井田之大要如是而加慈惠潤澤之則在滕君與子共戮力撫循之也　章指言尊賢師知采人之善善之至也脩學校勸禮義敕民事正經界鈞井田賦什一則爲國之大本也

有爲神農之言者許行自楚之滕踵門而告文公曰遠方之人聞君行仁政願受一

廛而爲氓神農三皇之君炎帝神農氏也許姓行名也治爲神農之道者踵至也廛居也自稱遠方之人願爲氓氓野人之稱文公與之處其徒數十人皆衣褐捆屨織席以爲食文公與之居處舍之宅也其徒學其業者也衣褐貧也捆猶叩椓也織屨欲使堅故叩之也賣屨席以供食飲也陳良之徒陳相與其弟辛負耒耜而自宋之滕曰聞君行聖人之政是亦聖人也願爲聖人氓陳良儒者也陳相良之門徒也辛相弟聖人之政謂仁政也陳相見許行而大悅盡棄其學而學焉棄陳良之儒道更學許行神農之道也陳相

見孟子道許行之言曰滕君則誠賢君也雖然未聞道也陳相言許行以爲滕君未達至道也賢者與民竝耕而食饔飧而治今也滕有倉廩府庫則是厲民而以自養也惡得賢相言許子以爲古賢君當與民竝耕而各自食其力饔飧熟食也朝曰饔夕曰飧當身自具其食兼治政事耳今滕賦稅有倉廩府庫之富是爲厲病其民以自奉養安得爲賢君乎三皇之時質樸無事故道若此也孟子曰許子必種粟而後食乎問許子必自身種粟乃食之邪曰然相曰然許子自種之許子必織布然後衣乎孟子曰許子自織布然後衣之乎

曰否許子衣褐相曰不自織布許子衣褐以毳織之若今馬衣者也或曰褐枲衣也一曰粗布衣也許子冠乎孟子問相曰冠相曰冠也曰奚冠孟子問許子何冠也曰冠素相曰許子冠素曰自織之與孟子曰許子自織素與曰否以粟易之相言許子以粟易素曰許子奚爲不自織孟子曰許子何爲不自織素乎曰害於耕相曰織妨害於耕故不自織也曰許子以釜甑爨以鐵耕乎爨炊也孟子曰許子寧以釜甑炊食以鐵爲犁用之耕否邪曰然相曰用之自爲之與孟子曰許子自冶鐵陶瓦器邪曰否以粟易之相曰不自作鐵瓦以粟易之也以粟易械器者不爲厲陶冶陶冶

亦以其械器易粟者豈爲厲農夫哉且許子何不爲陶冶舍皆取諸其宮中而用之何爲紛紛然與百工交易何許子之不憚煩械器之揔名也厲病也以粟易器不病陶冶陶冶亦何以爲病農夫乎且許子何爲不自陶冶舍者止也止不肯皆自取之其宮宅中而用之何爲反與百工交易紛紛爲煩也曰百工之事固不可耕且爲也相曰百工之事固不可耕且爲故交易也然則治天下獨可耕且爲與孟子言百工各爲其事尚不可得耕且兼之人君自天子以下當治天下政事此反可得耕且爲邪欲以窮許行之非滕君不親耕也孟子謂五帝以來有禮義上

下之事不得復若三皇之道也言許子不知禮也有大人之事有小民之事且一人之身而百工之所爲備如必自爲而後用之是率天下而路也孟子言人道自有大人之事謂人君行教化也小人之事謂農工商也一人而備百工之所作作之乃得用之者是率導天下人以羸路之困也故曰或勞心或勞力勞心者治人勞力者治於人治於人者食人治人者食於人天下之通義也勞心者君也勞力者民也君施敎以治理之民竭力治公田以奉養其上天下通義所常行也當堯之時天下猶未平洪

水橫流氾濫於天下草木暢茂禽獸繁殖五穀不登禽獸偪人獸蹄鳥迹之道交於中國堯獨憂之舉舜而敷治焉遭洪水故天下未平水盛故草木暢茂草木盛故禽獸繁息衆多也登外也五穀不足外用也猛獸之迹當在山林而反交於中國懼害人故堯獨憂念之敷治也書曰禹敷土治土也舜使益掌火益烈山澤而焚之禽獸逃匿掌主也主火之官猶古火正也烈熾也益視山澤草木熾盛者而焚燒之故禽獸逃匿而遠竄也禹疏九河瀹濟漯而注諸海決汝漢排淮泗而注之江然後中國

可得而食也當是時也禹八年於外三過其門而不入雖欲耕得乎疏通也瀹治也排壅也於是水害除故中國之地可得耕而食也禹勤事於外八年之中三過其家門而不得入書曰辛壬癸甲啓呱呱而泣如此寧得耕乎后稷教民稼穡樹藝五穀五穀孰而民人育棄爲后稷也樹種藝殖也五穀謂稻黍稷麥菽也五穀所以養人也故言民人育也人之有道也飽食煖衣逸居而無教則近於禽獸聖人有憂之使契爲司徒教以人倫父子有親君臣有義夫婦有別長幼有敘

朋友有信司徒主人教以人事父父子子君君臣臣夫夫婦婦兄兄弟弟朋友貴信契之教也放勳曰勞之來之匡之直之輔之翼之使自得之又從而振德之放勳堯名也遭水災恐其小民放辟邪侈故勞來之匡正直其曲心使自得其本善性然後又復從而振其羸窮加德惠也聖人之憂民如此而暇耕乎重喻陳相堯以不得舜爲己憂舜以不得禹皐陶爲己憂夫以百畝之不易爲己憂者農夫也分人以財謂之惠教人以善謂之忠爲天下得人者謂之

仁言聖人以不得賢聖之臣爲己憂農夫以百畝不治易爲己憂是故以天下與人易爲天下得人難爲天下求能治天下者難得也故言以天下傳與人尚爲易也孔子曰大哉堯之爲君惟天爲大惟堯則之蕩蕩乎民無能名焉君哉舜也巍巍乎有天下而不與焉堯舜之治天下豈無所用其心哉亦不用於耕耳天道蕩蕩乎大無私生萬物而不知其所由來堯法天故民無能名堯德者也舜得人君之道哉德盛乎巍巍乎有天下之位雖貴盛不能與益舜巍巍之德言德之大大於天子位也堯舜蕩蕩巍巍如此但不用心於躬自耕也吾聞

用夏變夷者未聞變於夷者也當以諸夏之禮義化變蠻之人耳未聞變化於夷蠻之人則其道也陳良楚產也悅周公仲尼之道北學於中國北方之學者未聞或之先也彼所謂豪傑之士也子之兄弟事之數十年師死而遂倍之陳良生於楚北游中國學者不能有先之者也可謂豪傑過人之士也子之兄弟謂陳相陳辛也數十年師事陳良良死而倍之更學於許行非之也昔者孔子沒三年之外門人治任將歸入揖於子貢相嚮而哭皆失聲然後歸子

貢反築室於場獨居三年然後歸任擔也失聲悲不能成聲場孔子冢上祭祀壇場也子貢獨於場左右築室復三年愼終追遠也他日子夏子張子游以有若似聖人欲以所事孔子事之彊曾子曾子曰不可江漢以濯之秋陽以暴之皜皜乎不可尚已有若之貌似孔子此三子者思孔子而不可復見故欲尊有若以作聖人朝夕奉事之如事孔子以慰思也曾子不肯以爲聖人之絜白如濯之江漢暴之秋陽秋陽周之秋夏之五月六月盛陽也皜皜甚白也何可尚而乃欲以有若之質放聖人之坐席乎尊師道故不肯今也南蠻鴃舌之人非先王之道

子倍子之師而學之亦異於曾子矣吾聞出於幽谷遷于喬木者未聞下喬木而入於幽谷者今此許行乃南楚蠻夷其舌之惡如鴃鳥耳鴃博勞也詩云七月鳴鴃應陰而殺物者也許子託於大古非先聖王堯舜之道不務仁義而欲使君臣並耕傷害道德惡如鴃舌與曾子之心亦異遠也人當出深谷上喬木今子反下喬木入深谷魯頌曰戎狄是膺荊舒是懲周公方且膺之子是之學亦為不善變矣詩魯頌閟宮之篇也膺擊也懲艾也周家時擊戎狄之不善者懲止荊舒之人使不敢侵陵也周公常欲擊之言南夷之人難用而子反悦是人而學其道亦為不善變更矣孟子究陳此者深以責陳

相也

從許子之道則市賈不貳國中無僞雖使五尺之童適市莫之或欺布帛長短同則賈相若麻縷絲絮輕重同則賈相若五穀多寡同則賈相若屨大小同則賈相若

陳相復爲孟子言此如使從許子淳樸之道可使市無二賈不相僞誑不欺愚小也長短謂尺丈輕重謂斤兩多寡謂斗石大小謂尺寸皆言其同賈故曰無二賈者也

曰夫物之不齊物之情也或相倍蓰或相什百或相千萬子比而同之是亂天下也巨屨小屨同賈人豈

爲之哉從許子之道相率而爲僞者也惡能治國家孟子曰夫萬物好醜異賈精粗異功其不齊同乃物之情性也蓰五倍也什十倍也至於千萬相倍譬若和氏之璧雖與凡玉之璧尺寸厚薄適等其賈豈可同哉子欲以大小相比而同之則使天下有爭亂之道也巨粗屨也小細屨也如使同賈而賣之人豈肯作其細者哉特許子敎人僞者耳安能治國家者也

章指言神農務本教於凡民許行蔽道同之君臣陳相倍師降於幽谷不理萬情謂之敦樸是以孟子博陳堯舜上下之敘以匡之也

墨者夷之因徐辟而求見孟子夷之治墨家之道者徐辟孟子弟子也求見孟子欲以辯道也孟子曰吾固願見今吾尚病

病愈我且往見我常願見之今值我病不能見也病愈將自往見以辭却之夷子不來他日又求見孟子是日夷子聞孟子病故不來他日復往求見孟子曰吾今則可以見矣不直則道不見我且直之告徐子曰今我可以見夷之矣不直言攻之則儒家聖道不見我且欲直攻之也吾聞夷子墨者墨之治喪也以薄爲其道也夷子思以易天下豈以爲非是而不貴也然而夷子葬其親厚則是以所賤事親也我聞夷子爲墨道墨者治喪貴薄而賤厚夷子思欲以此道易天下之化使從已豈肯以

薄爲非是而不貴之也如使夷子葬其父母厚也是以所賤之道奉其親也如其薄也下言上世不葬者又可鄙足爲戒也吾欲以此攻之也徐子以告夷子夷子曰儒者之道古之人若保赤子此言何謂也之則以爲愛無差等施由親始之夷子名也言儒家曰古之治民若安赤子此何謂乎之以爲當同其恩愛無有差次等級相殊也但施厚之事先從已親屬始耳若此何爲獨非墨道也徐子以告孟子曰夫夷子信以爲人之親其兄之子爲若親其鄰之赤子乎彼有取爾也赤子匍匐將入井非赤子之罪

也親愛也夫夷子以爲人愛兄子與愛鄰人之子等邪彼取赤子將入井雖他人子亦驚救之故謂之愛同也此但以赤子無知非其罪惡故救之耳夷子必以此況之未盡達人情者也且天之生物也使之一本而夷子二本故也天生萬物各由一本而出今夷子以他人之親與己親等是爲二本故欲同其愛也蓋上世嘗有不葬其親者其親死則舉而委之於壑上世未制禮之時壑路傍坑壑也其父母終舉而委棄之壑中也他日過之狐貍食之蠅蚋姑嘬之其顙有泚睨而不視夫泚也非爲人泚中心達於面目蓋歸反虆梩而掩

之掩之誠是也則孝子仁人之掩其親亦必有道矣嘬攢共食之也顙額也泚汗出泚泚然也見其親爲獸蟲所食形體毁敗中心慙故汗泚泚然出於額非爲他人而慙也自出其心聖人緣人心而制禮也虆梩籠臿之屬可以取土者也而掩之實是其道則孝子仁人掩其親有以也徐子以告夷子夷子憮然爲閒曰命之矣孟子言是以爲墨家薄葬不合道也徐子復以告夷子夷子憮然者猶悵然也爲閒者有頃之閒也命之猶言受命教矣　章指言聖人緣情制禮奉終墨子玄同質而違中以直正枉憮然改容蓋其理也

孟子卷第五

# 孟子卷第六　趙氏注

至正二十五年正月

## 滕文公章句下

陳代曰不見諸侯宜若小然今一見之大則以王小則以霸且志曰枉尺而直尋宜若可爲也陳代孟子弟子也代見諸侯有來聘請孟子孟子有所不見以爲孟子欲以是爲介故言此介得無爲狹小乎如一見之儻得行道可以輔致霸王乎志記也枉尺直尋欲使孟子屈己信道故言宜若可爲也　孟子曰昔齊景公田招虞人以旌不至將殺之虞人守苑囿之吏也招之當以皮冠而以旌故不至也　志士不

志在溝壑勇士不忘喪其元孔子奚取焉取非其招不往也如不待其招而往何哉志士守義者也君子固窮故常念死無棺椁沒溝壑而不恨也勇士義勇者也元首也以義則喪首不顧也孔子奚取取守死善道非禮招己則不往言虞人不得其招尚不往如何君子而不待其招直事妄見諸侯者何爲也且夫枉尺而直尋者以利言也如以利則枉尋直尺而利亦可爲與尺小尋大不可枉大就小而以要利也昔者趙簡子使王良與嬖奚乘終日而不獲一禽嬖奚反命曰天下之賤工也

趙簡子晉卿也王良善御者也嬖奚簡子幸臣以不能得一禽故反命於簡子謂王良天下鄙賤之工師也

或以告王良良曰請復之聞嬖奚賤之故請復與乘強而後可強嬖奚乃肯行一朝而獲十禽嬖奚反命曰天下之良工也以一朝得十禽故謂之良工簡子曰我使掌與女乘掌主也使王良主與女乘謂王良良不可王良不肯曰吾爲之範我馳驅終日不獲一爲之詭遇一朝而獲十範法也王良曰我爲之法度之御應禮之射正殺之禽不能得一橫而射之曰詭遇非禮之射則能獲十言嬖奚小人也不習於禮詩云不失其馳舍矢

如破我不貫與小人乘請辭詩小雅車攻之篇也言御者不失其馳驅之法則射者必中之順毛而入順毛而出一發貫臧應矢而死者如破矣此君子之射也貫習也我不習與小人乘不願掌與嬖奚同乘故請辭御者且羞與射者比比而得禽獸雖若丘陵弗爲也如枉道而從彼何也孟子引此以喻陳代云御者尚知羞恥此射者不欲與比子如何欲使我枉正道而從彼驕慢諸侯而見之且子過矣枉己者未有能直人者也謂陳代之言過謬也人當以直矯枉耳己自枉曲何能正人章指言脩禮守正非招不往枉道富貴君子不許是以諸侯雖有善其辭命伯夷亦不屑就也

景春曰公孫衍張儀豈不誠大丈夫哉一怒而諸侯懼安居而天下熄景春孟子時人爲從横之術者公孫衍魏人也號爲犀首常佩五國相印爲從長秦王之孫故曰公孫張儀合從者也一怒則搆諸侯使彊陵弱故言懼也安居不用辭說則天下兵革熄也孟子曰是焉得爲大丈夫乎子未學禮乎丈夫之冠也父命之女子之嫁也母命之往送之門戒之曰往之女家必敬必戒無違夫子以順爲正者妾婦之道也孟子以禮言之男子之道當以義匡君女子則當婉順從人耳男子之冠則命

曰就爾成德今此二子從君順指行權
合從無輔弼之義安得爲大丈夫也

居天下之廣居立天下之正位行天下之大道得志與民由之不得志獨行其道富貴不能淫貧賤不能移威武不能屈此之謂大丈夫

廣
居

謂天下也正位謂男子純乾正陽之位也大道仁義之
道也得志行正與民共之不得志隱居獨善其身守道
不回也淫亂其心也移易其行也屈挫其志也三者不
惑乃可謂大丈夫

章指言以道匡君非禮不運稱大
丈夫阿意用謀善戰務勝事雖有
剛心歸柔順故云妾婦以況儀衍

周霄問曰古之君子仕乎

周霄魏人問君
子之道當仕否

孟子

曰仕傳曰孔子三月無君則皇皇如也出疆必載質質臣所執以見君者也三月一時也物變而不佐君化故皇皇如有所求而不得公明儀曰古之人三月無君則弔公明儀賢者也而言古人三月無君則弔明當仕也三月無君則弔不以急乎周霄怪乃弔於三月無君何其急也曰士之失位也猶諸侯之失國家也禮曰諸侯耕助以供粢盛夫人蠶繅以爲衣服犧牲不成粢盛不絜衣服不備不敢以祭惟士無田則亦不祭牲殺器

皿衣服不備不敢以祭則不敢以宴亦不足弔乎諸侯耕助者躬耕勸率其民收其藉助以供粢盛粢稷盛稻也夫人親織蠶繅之事以率女功衣服祭服不成不實肥腯也惟辭也言惟絀祿之士無圭田者不祭牲必特殺故曰殺皿所以覆器者也不祭則不宴猶喪人也不亦可弔乎出疆必載質何也周霄問出疆何爲復載質曰士之仕也猶農夫之耕也農夫豈爲出疆舍其耒耜哉孟子言仕之爲急若農夫不可不耕曰晉國亦仕國也未嘗聞仕如此其急仕如此其急也君子之難仕何也魏本晉也故周霄曰我晉人也亦仕而不知其急若此若此君

子何爲難仕君子謂孟子何爲不急仕也曰丈夫生而願爲之有室，女子生而願爲之有家，父母之心人皆有之。不待父母之命、媒妁之言，鑽穴隙相窺，踰牆相從，則父母國人皆賤之。言人不可觸情從欲，須禮而行。古之人未嘗不欲仕也，又惡不由其道。不由其道而往者，與鑽穴隙之類也。言古之人雖欲仕，如不由其正道，是與鑽穴者何異。章指言君子務仕，思播其道，達義行仁，待禮而動，苟容干祿，踰牆之女，人之所賤，故弗爲也。

彭更問曰後車數十乘從者數百人以傳食於諸侯不以泰乎泰甚也彭更孟子弟子怪孟子徒衆多而傳食於諸矦之國得無爲甚奢泰也孟子曰非其道則一簞食不可受於人如其道則舜受堯之天下不以爲泰子以爲泰乎簞笥也非以其道一笥之食不可受也子以舜受堯天下爲泰乎曰否士無事而食不可也彭更曰不以舜爲泰也謂仕無功事而虚食人者不可也曰子不通功易事以羨補不足則農有餘粟女有餘布子如通之則梓匠輪輿

皆得食於子孟子言凡人當通功易事乃可各以奉其用梓匠木工也輪人輿人作車者交易則得食於子之所有矣周禮攻木之工七梓匠輪輿是其四者羨餘也於此有人焉入則孝出則悌守先王之道以待後之學者而不得食於子子何尊梓匠輪輿而輕爲仁義者哉入則事親孝出則敬長順也悌順也守先王之道上德之士可以化俗者若此不得食子之祿子何尊彼而賤此也曰梓匠輪輿其志將以求食也君子之爲道也其志亦將以求食與彭更以爲彼志於食此亦但志食也曰子何以其志爲哉其有功

於子可食而食之矣且子食志乎食功乎孟子言祿以食功子何食乎曰食志彭更以爲當食志也曰有人於此毀瓦畫墁其志將以求食也則子食之乎孟子言人但破碎瓦畫地則復墁滅之此無用之爲也然而其意反欲求食則可食乎曰否彭更曰不食也曰然則子非食志也食功也孟子曰如是子果食功也　章指言百工食力以祿養賢脩仁尚義國之所尊移風易俗其功可珍雖食諸侯不爲素餐

萬章問曰宋小國也今將行王政齊楚惡而伐之則如之何問宋當如齊楚何也孟子曰湯居亳

與葛爲鄰葛伯放而不祀湯使人問之曰何爲不祀曰無以供犧牲也湯使遺之牛羊葛伯食之又不以祀葛夏諸侯嬴姓之國放縱無道不祀先祖湯又使人問之曰何爲不祀曰無以供粢盛也湯使亳衆往爲之耕老弱饋食葛伯率其民要其有酒食黍稻者奪之不授者殺之有童子以黍肉餉殺而奪之書曰葛伯仇餉此之謂也童子未成人殺之尤無狀書尚書逸篇也仇怨也言湯所以伐殺葛

伯怨其害此餉也爲其殺是童子而征之四海之内皆曰非富天下也爲匹夫匹婦復讎也四海之民皆曰湯不貪天下富也爲一夫報仇也湯始征自葛載十一征而無敵於天下東面而征西夷怨南面而征北夷怨曰奚爲後我民之望之若大旱之望雨也歸市者弗止芸者不變誅其君弔其民如時雨降民大悅書曰徯我后后來其無罰載始也言湯初征從葛始也十一征而服天下一說言當作再字再十一者湯

再出征十一國再十一凡征二十二國也書逸篇也民曰待我君來我則無罰矣歸市不止不以有軍來征故市者止不行也不使芸者變休也

有攸不惟臣東征綏厥士女匪厥玄黃紹我周王見休惟臣附于大邑周其君子實玄黃于匪以迎其君子其小人簞食壺漿以迎其小人救民於水火之中取其殘而已矣

從有攸以下道周武王伐紂時也皆尚書逸篇之文攸所也言武王東征安天下士女小人各有所執往無不惟念執臣子之節匪厥玄黃謂諸侯執玄三纁二之帛願見周王望見休善使我得附就大邑周家也其君子小人各有所執以迎其類也言武王之師救殷民於水火

之中討其殘賊也大誓曰我武惟揚侵于之疆則取于殘殺伐用張于湯有光大誓古尚書百二十篇之時大誓也我武王用武之時惟鷹揚也侵于之疆侵紂之疆界則取于殘賊者以張伐殺之功也民有簞食壺漿之歡比於湯伐桀爲有光寵美武王德優前代也今之尚書大誓篇後得以充學故不與古大誓同諸傳記引大誓皆古大誓也不行王政云爾苟行王政四海之內皆舉首而望之欲以爲君齊楚雖大何畏焉萬章憂宋迫於齊楚不得行政故孟子爲陳殷湯周武之事以喻之誠能行之天下思以爲君何畏齊楚焉

章指言脩德無小暴慢無強是故夏商之末民思湯武雖欲不王末由也已

孟子謂戴不勝曰：子欲子之王之善與？我明告子。不勝，宋臣。有楚大夫於此，欲其子之齊語也，則使齊人傅諸？使楚人傅諸？孟子假喻有楚大夫在此，欲變其子使學齊言，當使齊人傅之邪，使楚人自傅相之邪。曰：使齊人傅之。不勝曰使齊人。曰：一齊人傅之，衆楚人咻之，雖日撻而求其齊也，不可得矣。引而置之莊嶽之閒數年，雖日撻而求其楚，亦不可得矣。言使一齊人傅相，楚衆人咻之。咻之者，讙也。如此，雖日撻之欲使齊言，不可得矣。言寡不勝衆也。莊嶽，齊街里名也。

多人處之數年而自齊也子謂薛居州善士也使之居於王所在於王所者長幼卑尊皆薛居州也王誰與爲不善孟子曰不勝常言居州宋之善士也欲使居於王所如使在王所者小大皆如居州則王誰與爲不善也在王所者長幼卑尊皆非薛居州也王誰與爲善一薛居州獨如宋王何如使在王左右者皆非居州之疇王當誰與爲善乎一薛居州獨如宋王何而能化之也周之末世列國皆僭號自稱王故曰宋王也　章指言自非聖人在所變化故諺曰白沙在涅不染自黑蓬生麻中不扶自直言輔之者衆也

公孫丑問曰：不見諸侯何義？丑怪孟子不肯每輒應諸侯之聘，不見之於義謂何也。孟子曰：古者不爲臣不見。古者不爲臣，不肯見，不義而富且貴者也。段干木踰垣而辟之，泄柳閉門而不內，是皆已甚。迫，斯可以見矣。孟子言魏文侯、魯繆公有好善之心，而此二人距之大甚，迫窄則可以見之。陽貨欲見孔子而惡無禮。大夫有賜於士，不得受於其家，則往拜其門。陽貨，魯大夫也。孔子，士也。陽貨矙孔子之亡也，而饋孔子蒸豚；孔子亦矙其亡也，而往拜之當是時陽貨先豈得不見瞯視也陽貨視孔子亡而饋之者欲使孔子來荅恐其便荅拜使人也孔子瞯其亡者心不欲見陽貨也論語曰饋孔子豚孟子曰蒸豚豚非大牲故用熟饋也是時陽貨先加禮豈得不往拜見之哉

曾子曰脅肩諂笑病于夏畦脅肩竦體也諂笑強笑也病極也言其意苦勞極甚於仲夏之月治畦灌園之勤也

子路曰未同而言觀其色赧赧然非由之所知也未同志未合也不可與言而與之言謂之失言也觀其色赧赧然面赤心不正皃也由子路名子路剛直故曰非由所知也

由是觀之則君子之所養可知已矣孟子言由是觀君子子路之言以觀君子之所養志可知矣謂君子養正氣不以入邪也

章指言道異不謀迫斯強之段泄巳甚矙亡得宜正己直行不納於邪赧然不接傷若夏畦也

戴盈之曰什一去關市之征今茲未能請輕之以待來年然後已如何戴盈之宋大夫問孟子欲使君去關市征稅復古行什一之賦今年未能盡去且使輕之待來年然後復古何如孟子曰今有人日攘其鄰之雞者或告之曰是非君子之道曰請損之月攘一雞以待來年然後已如知其非義斯速已矣何待來年攘取也取自來之物也孟子以此爲喻知攘之惡當即止何可損少月取一雞待來年乃止乎謂盈之之言若此類

者也章指言從善改非坐而待旦知而爲之罪重於故譬猶攘雞多少同盜變惡自新速然後可也

公都子曰外人皆稱夫子好辯敢問何也公都子孟子弟子也外人他人論議者也好辯言子好與揚墨之徒辯爭孟子曰予豈好辯哉予不得已也曰我不得已耳欲救正道懼爲邪說所亂故辯之也天下之生久矣一治一亂當堯之時水逆行氾濫於中國蛇龍居之民無所定下者爲巢上者爲營窟天下之生生民以來也迭有亂治非一世水生蛇龍水盛則蛇龍居民之地也民患水避之故無定居埤下者於樹上爲巢猶鳥之巢也上者高原之上也鑿岸而營度之以爲窟穴而

處之書曰洚水警余洚水者洪水也尚書逸篇也水逆行洚洞無涯故曰洚水洪大也使禹治之禹掘地而注之海驅龍蛇而放之菹水由地中行江淮河漢是也險阻既遠鳥獸之害人者消然後人得平土而居之堯使禹治洪水通九州故曰掘地而注之海也菹澤生草者也今青州謂澤有草者爲菹水流行於地而去也民人下高就平土故遠險阻也水去故鳥獸害人者消盡也堯舜既沒聖人之道衰暴君代作壞宮室以爲汙池民無所安息棄田以爲園囿使民

不得衣食邪說暴行又作園囿汙池沛澤多而禽獸至暴亂也亂君更興殘壞民室屋以其處爲汙池棄五穀之田以爲園囿長逸遊而棄本業使民不得衣食有飢寒並至之厄其小人則放辟邪侈故作邪僞之說爲姦寇之行沛草木之所生也澤水也至衆也田疇不墾故禽獸衆多謂羿桀之時也及紂之身天下又大亂周公相武王誅紂伐奄三年討其君驅飛廉於海隅而戮之滅國者五十驅虎豹犀象而遠之天下大悅奄東方無道國武王伐紂至於孟津還歸二年復伐前後三年也飛廉紂諛臣驅之海隅而戮之猶舜放四罪也滅與紂共爲亂政者五十國也奄大國

故特伐之尚書多方曰王來自奄書曰丕顯哉文王謨丕承哉書尚書逸篇也武王烈佑啓我後人咸以正無缺丕大顯明承纘烈光也言文王大顯明王道武王大纘承天光烈佑開後人謂成康皆行正道無虧缺也此周公輔相以撥亂之功也世衰道微邪說暴行有作臣弒其君者有之子弒其父者有之孔子懼作春秋春秋天子之事也是故孔子曰知我其惟春秋乎罪我者其惟春秋乎世衰道微周衰之時也孔子懼王道遂滅故作春秋因魯史記設素王之法謂天子之事也知我者謂我正王綱也罪我者謂

時人見彈賊者言孔子以春秋撥亂也聖王不作諸侯放恣處士橫議楊朱墨翟之言盈天下天下之言不歸楊則歸墨楊氏為我是無君也墨氏兼愛是無父也無父無君是禽獸也言孔子之後聖人之道不興戰國縱橫布衣處士游說以干諸侯若楊墨之徒無尊異君父之義而以橫議於世也公明儀曰庖有肥肉廄有肥馬民有飢色野有餓莩此率禽獸而食人也公明儀魯賢人言人君但崇庖廚養犬馬不恤民是為率禽獸而食人也楊墨之道不息孔子之道不

著是邪說誣民充塞仁義也仁義充塞則率獸食人人將相食言仁義塞則邪說行獸食人則人相食此亂之甚也吾爲此懼閑先聖之道距楊墨放淫辭邪說者不得作閑習也淫放也孟子言我懼聖人之道不著爲邪說所乘故習聖人之道以距之作於其心害於其事作於其事害於其政聖人復起不易吾言矣說與上篇同昔者禹抑洪水而天下平周公兼夷狄驅猛獸而百姓寧孔子成春秋而亂臣賊子懼抑治也周

公兼懷夷狄之人驅害人之猛獸也言亂臣賊子懼春秋之貶責也詩云戎狄是膺荆舒是懲則莫我敢承此詩已見上篇說無父無君是周公所膺也是周公所欲伐擊也我亦欲正人心息邪說距詖行放淫辭以承三聖者豈好辯哉予不得已也孟子言我亦欲正人心距險詖之行以奉禹周公孔子也不得已而與人辯耳豈好之哉能言距揚墨者聖人之徒也孟子自謂能距揚墨也徒黨也可以繼聖人之道謂名世者也

章指言夫憂世撥亂勤以濟之義以匡之是故禹稷騈蹪周公仰思仲尼皇皇墨突不及汗聖賢若是豈得不辯也

匡章曰陳仲子豈不誠廉士哉居於陵三日不食耳無聞目無見也井上有李螬食實者過半矣匍匐往將食之三咽然後耳有聞目有見匡章齊人也陳仲子齊一介之士窮不苟求者是以絕糧而餒也螬蠹也李實有蟲食之過半言仲子目不能擇也孟子曰於齊國之士吾必以仲子爲巨擘焉雖然仲子惡能廉充仲子之操則蚓而後可者也夫蚓上食槁壤下飲黃泉巨擘大指也比於齊國之士吾必以仲子爲指中大者耳非大器也蚓丘蚓之

孟六　十五

蟲也充滿其操行似蚓而可行者也蚓食土飲泉極廉矣然無心無識仲子不知仁義苟守一介亦猶蚓也

仲子所居之室伯夷之所築與抑亦盜跖之所築與所食之粟伯夷之所樹與抑亦盜跖之所樹與是未可知也孟子問匡章仲子豈能必使伯夷之徒築室樹粟乃居食之邪抑亦得盜跖之徒使作也是殆未可知也曰是何傷哉彼身織屨妻辟纑以易之也匡章曰惡人作之何傷哉彼仲子身自織屨妻緝纑以易食宅耳緝績其麻曰辟練麻曰纑曰仲子齊之世家也兄戴蓋祿萬鍾以兄之祿爲不義之祿而

不食也以兄之室爲不義之室而不居也避兄離母處於於陵孟子言仲子齊之世卿大夫之家兄名戴爲齊卿食采於蓋祿萬鍾仲子以爲事非其君行非其道以居富貴故不義之竄於於陵他日歸則有饋其兄生鵝者已頻顣曰惡用是鶂鶂者爲哉他日異日也歸省其母見兄受人之鵝而非之己仲子也頻顣不悅曰安用是鶂鶂者爲乎鶂鶂鵝鳴之聲他日其母殺是鵝也與之食之其兄自外至曰是鶂鶂之肉也出而哇之以母則不食以妻則食之以兄之室則弗居以

於陵則居之是尚爲能充其類也乎若仲子者蚓而後充其操者也異日母食以鶂不知是前所頻顣者也兄疾之告曰是鶂鶂之肉也仲子出門而哇吐之孟子非其不食於母而食妻所作屨纑易食也不居兄室而居於於陵人所築室也是尚能充人類乎如蚓之性然後可以充其操也　章指言聖人之道親親尚和志士之操耿介特立可以激濁不可常法是以孟子喻以丘蚓比諸巨擘也

# 孟子卷第六

# 孟子卷第七

## 離婁章句上　趙氏注

離婁者古之明目者蓋以爲黃帝時人也黃帝亡其玄珠使離朱索之離朱即離婁也能視於百步之外見秋毫之末然必須規矩乃成方員猶論語述而不作信而好古故以題篇

孟子曰離婁之明公輸子之巧不以規矩不能成方員公輸子魯班魯之巧人也或以爲魯昭公之子雖天下至巧亦猶須規矩也師曠之聰不以六律不能正五音師曠晉平公之樂大師也其聽至聰不用六律不能正五音六律陽律太蔟姑洗蕤賓夷則無射黃鍾也五音宮商角徵羽也堯舜之道不以仁政不能平治天下當行

仁恩之政天下乃可平也今有仁心仁聞而民不被其澤不可法於後世者不行先王之道也仁心性仁也仁聞仁聲遠聞也雖然猶須行先王之道使百姓被澤乃可爲後法也故曰徒善不足以爲政徒法不能以自行但有善心而不行之不足以爲政但有善法度而不施之法度亦不能獨自行也詩云不愆不忘率由舊章遵先王之法而過者未之有也詩大雅嘉樂之篇愆過也所行不過差矣不可忘者以其循用舊故文章遵用先王之法度未聞有過也聖人既竭目力焉繼之以規矩準繩以爲方員平直不

可勝用也盡己目力續以四者方員平直可得而知審故用之不可勝極也旣竭耳力焉繼之以六律正五音不可勝用也音須律而正也旣竭心思焉繼之以不忍人之政而仁覆天下矣盡心欲行恩繼以不忍加惡於人之政則天下被覆衣之仁也故曰爲高必因丘陵爲下必因川澤爲政不因先王之道可謂智乎言因自然則用力少而成功多矣是以惟仁者宜在高位不仁而在高位是播其惡於衆也仁者能由先王之道不仁逆道則自播揚其惡於衆人也上無道揆也

下無法守也朝不信道工不信度君子犯義小人犯刑國之所存者幸也言君無道術可以揆度天意臣無法度可以守職奉命朝廷之士不信道德百工之作不信度量君子觸義之所禁謂學士當行君子之道也小人觸刑愚人罹於密網也此亡國之政然而國存者僥倖耳非其道也故曰城郭不完兵甲不多非國之災也田野不辟貨財不聚非國之害也上無禮下無學賊民興喪無日矣言君不知禮臣不學法度無以相檢制則賊民興亡在朝夕無復有期日言國無禮義必亡詩曰天之方蹶無然泄泄泄泄猶沓沓

沓也事君無義進退無禮言則非先王之道者猶沓沓也詩大雅板之篇天謂王者蹷動也言天方動女無敢沓沓但爲非義非禮背棄先王之道而不相匡正也故曰責難於君謂之恭陳善閉邪謂之敬吾君不能謂之賊人臣之道當進君於善責難爲之事使君勉之謂行堯舜之仁是爲恭臣陳善法以禁閉君之邪心是爲敬君言吾君不肖不能行善因不諫正此爲賊其君也　章指言雖有巧智猶須法度國由先王禮義爲要不仁在位播越其惡誣君不諫故謂之賊明上下相須而道化行也

孟子曰規矩方員之至也聖人人倫之至

也（至極也人事之善者莫大取法於聖人猶方員須規矩也）欲爲君盡君道欲爲臣盡臣道二者皆法堯舜而已矣（堯舜之爲君臣道備）不以舜之所以事堯事君不敬其君者也不以堯之所以治民治民賊其民者也（言舜之事堯敬之至也堯之治民愛之盡也）孔子曰道二仁與不仁而已矣暴其民甚則身弒國亡不甚則身危國削名之曰幽厲雖孝子慈孫百世不能改也（仁則國安不仁則國危亡甚謂桀紂不甚謂幽厲厲王流于彘幽王滅於戲可謂身危國

削矣名之謂謚之也謚以幽厲以章其惡百世傳之孝子慈孫何能改也詩云殷鑒不遠在夏后之世此之謂也詩大雅蕩之篇也殷之所鑒視近在夏后之世耳以前代善惡爲明鏡也欲使周亦鑒於殷之所以亡也　章指言法則堯舜以爲規矩鑒戒桀紂避遠危殆名謚一定千載而不可改也

孟子曰三代之得天下也以仁其失天下也以不仁國之所以廢興存亡者亦然三代夏殷周國謂公侯之國存亡在仁與不仁也天子不仁不保四海諸侯不仁不保社稷卿大夫不仁不保宗廟

士庶人不仁不保四體今惡死亡而樂不仁是由惡醉而強酒保安也四體身之四肢彊酒則必醉也　章指言人所以安莫若爲人惡而弗去患必及身自上逵下其道一焉

孟子曰愛人不親反其仁治人不治反其智禮人不荅反其敬行有不得者皆反求諸己其身正而天下歸之反其仁己仁獨未至邪反其智己智獨未足邪反其敬己敬獨未恭邪反求諸身身己正則天下歸就之服其德也詩云永言配命自求多福此詩已見上篇其義同　章指言行有不得於人一求諸身責己之道也

改行飭躬福則至矣

孟子曰人有恒言皆曰天下國家〔恒常也人之常語也天下謂天子之所主國謂諸侯之國家謂卿大夫之家也〕天下之本在國國之本在家家之本在身〔治天下者不得良諸侯無以爲本治其國者不得良卿大夫無以爲本治其家者不得良身無以爲本也　章指言天下國家各依其本本正則立本傾則踣雖曰常言必須敬慎也〕

孟子曰爲政不難不得罪於巨室〔巨室大家也謂賢卿大夫之家人所則效者言不難者但不使巨室罪之則善也〕巨室之所慕一

國慕之一國之所慕天下慕之故沛然德教溢乎四海慕思也賢卿大夫一國思隨其所善惡一國思其善政則天下思以爲君矣沛然大洽德教可以滿溢於四海之内章指言天下傾心思慕嚮善巨室不罪咸以爲表德之流行可以充四海也

孟子曰天下有道小德役大德小賢役大賢天下無道小役大弱役強斯二者天也順天者存逆天者亡有道之世小德小賢樂爲大德大賢役服於賢德也無道之時小國弱國畏懼而役於大國強國也此二者天時所遭也當順從之不當逆也齊景公曰既不能令又不受命是絕物也涕出而

女於吳齊景公齊侯景謚也言諸侯旣不能令告鄰國使之進退又不能事大國往受教命是所以自絕於物物事也大國不與之通朝聘之事也吳蠻夷也時爲強國故齊侯畏而恥之泣涕而與爲婚今也小國師大國而恥受命焉是猶弟子而恥受命於先師也今小國以大國爲師學法度焉而恥受命教不從其進退譬猶弟子不從師也如恥之莫若師文王師文王大國五年小國七年必爲政於天下矣文王行仁政以移殷民之心使皆就之今師效文王大國不過五年小國七年必得政於天下矣文王時難故百年乃洽今之時易文王由百里起今大國乃踰千里過之十倍有餘故五年足以爲政小國差之故七年詩云商

之孫子其麗不億上帝既命侯于周服侯服于周天命靡常殷士膚敏祼將于京詩大雅文王之篇麗億數也言殷帝之子孫其數雖不但億萬人天既命之惟服於周殷之美士執祼鬯之禮將事於京師若微子者膚大敏達也此天命之無常也孔子曰仁不可爲衆也夫國君好仁天下無敵孔子云行仁者天下之衆不能當也諸侯有好仁者天下無敢與之爲敵今也欲無敵於天下而不以仁是猶執熱而不以濯也詩云誰能執熱逝不以濯詩大雅桑柔之篇誰能持執熱而不以水濯其手喻爲國誰能違仁而無敵也 章指言遭

衰逢亂屈服強大據國行仁天下莫敵雖有億衆無德不親執熱須濯明不可違仁也

孟子曰不仁者可與言哉安其危而利其菑樂其所以亡者不仁而可與言則何亡國敗家之有言不仁之人以其所以爲危者反以爲安必以惡見亡而樂行其惡如使其能從諫從善可與言議則天下何有亡國敗家也

有孺子歌曰滄浪之水清兮可以濯我纓滄浪之水濁兮可以濯我足孔子曰小子聽之清斯濯纓濁斯濯足矣自取之也孺子童子也小子孔子弟子也清濯所用尊卑若此自取之喻人善

惡見尊賤乃如此夫人必自侮然後人侮之家必自毀然後人毀之國必自伐然後人伐之人先自爲可侮慢之行故見侮慢也家先自爲可毀壞之道故見毀也國先自爲可誅伐之政故見伐也大甲曰天作孽猶可違自作孽不可活此之謂也已見上篇說同 章指言人之安危皆由於己先自毀伐人乃攻討甚於天孽敬慎而已如臨深淵戰戰恐慄也

孟子曰桀紂之失天下也失其民也失其民者失其心也失其民之心則天下畔之簞食壺漿以迎武王之師是也得天

下有道得其民斯得天下矣得其民有道得其心斯得民矣得其心有道所欲與之聚之所惡勿施爾也欲得民心聚其所欲而與之爾近也勿施行其所惡使民近則民心可得矣民之歸仁也猶水之就下獸之走壙也故爲淵敺魚者獺也爲叢敺爵者鸇也爲湯武敺民者桀與紂也今天下之君有好仁者則諸侯皆爲之敺矣雖欲無王不可得已民之思明君猶水樂埤下獸樂壙野敺之則歸其所樂獺獱也鸇土鸇也

故云諸侯好爲仁者敺民若此也湯武行之矣如有則之者雖欲不王不可得也今之欲王者猶七年之病求三年之艾也苟爲不畜終身不得苟不志於仁終身憂辱以陷於死亡今之諸侯欲行王道而不積其德如至七年病而却求三年時艾當畜之乃可得以三年時不畜藏之至七年而欲卒求之何可得乎艾可以爲灸人病乾久益善故以爲喻志仁者亦久行之不行之則憂辱以陷死亡桀紂是也詩云其何能淑載胥及溺此之謂也詩大雅桑柔之篇淑善也載辭也胥相也刺時君臣何能爲善乎但相與爲沈溺之道也

章指言水性趨下民樂歸仁桀紂之敺使就其君三年之艾畜而可得一時欲仁猶將沈溺所以明鑒戒也

孟子曰自暴者不可與有言也自棄者不可與有爲也言非禮義謂之自暴也吾身不能居仁由義謂之自棄也言人尚自暴自棄何可與有言有爲仁人之安宅也義人之正路也曠安宅而弗居舍正路而不由哀哉曠空舍縱哀傷也弗由居是者是可哀傷哉　章指言曠仁舍義自暴棄之道也

孟子曰道在邇而求諸遠事在易而求之難人人親其親長其長而天下平邇近也道在近

而患人求之遠也事在易而苦人求之難也謂不親其親不事其長故其事遠而難也　章指言親親敬長近取諸己則邇而易也

孟子曰居下位而不獲於上民不可得而治也獲於上有道不信於友弗獲於上矣信於友有道事親弗悅弗信於友矣悅親有道反身不誠不悅於親矣誠身有道不明乎善不誠其身矣言人求上之意先從己始本之於心心不正而得人意者未之有也是故誠者天之道也思誠者人之道

也至誠而不動者未之有也不誠未有能動者也授人誠善之性者天也故曰天道思行其誠以奉天者人道也至誠則動金石不誠則鳥獸不可親狎故曰未有能動者也　章指言事上得君乃可臨民信友悅親本在於身是以曾子三省大雅矜矜以誠爲貴也

孟子曰伯夷辟紂居北海之濱聞文王作興曰盍歸乎來吾聞西伯善養老者伯夷讓國遣紂之世辟之隱遁北海之濱聞文王起興王道盍歸乎來歸周也大公辟紂居東海之濱聞文王作興曰盍歸乎來吾聞西伯

善養老者太公呂望也亦辟紂世隱居東海曰聞西伯養老二人皆老矣往歸文王也二老者天下之大老也而歸之是天下之父歸之也天下之父歸之其子焉往此二老猶天下之父也其餘皆天下之子耳子當隨父二父往矣子將安如言皆將往也諸侯有行文王之政者七年之內必爲政於天下矣今之諸侯如有能行文王之政者七年之閒必足以爲政矣天以七紀故七年文王時難故久衰周時易故速也上章言大國五年者大國地廣人衆易以行善故五年足以治也　章指言養老尊賢國之上務文王勤之二老遠至父來子從天之順道七年爲政以勉諸侯欲使庶幾於行善也

孟子曰求也爲季氏宰無能改於其德而賦粟倍他日孔子曰求非我徒也小子鳴鼓而攻之可也求孔子弟子冉求季氏魯卿季康子宰家臣小子弟子也孔子以冉求不能改季氏使從善爲之多斂賦粟故欲使弟子鳴鼓以聲其罪而攻伐責讓之曰求非我徒疾之也由此觀之君不行仁政而富之皆棄於孔子者也況於爲之強戰爭地以戰殺人盈野爭城以戰殺人盈城此所謂率土地而食人肉罪不容於死孔子棄富不仁之君者況於爭地而殺人滿之乎此若率土地使食

人肉也言其罪大死刑不足以容之故善戰者服上刑連諸侯者次之辟草萊任土地者次之孟子言天道重生戰者殺人故使善戰者服上刑上刑重刑也連諸侯合從者也罪次善戰者辟草任地不務脩德而富國者罪次合從連横之人也　章指言聚斂富君棄於孔子冉求行之同聞鳴鼓以戰殺民土食人肉罪不容死以爲大戮重人命之至也

孟子曰存乎人者莫良於眸子眸子不能掩其惡眸子目瞳子也存人存在人之善惡也胷中正則眸子瞭焉胷中不正則眸子眊焉瞭明也眊者蒙蒙目不明之貌聽

其言也觀其眸子人焉廋哉廋匿也聽言察目言正視端人情可見安可匿哉　章指言目可神候精之所在存而察之善惡不隱知人之道斯爲審矣

孟子曰恭者不侮人儉者不奪人侮奪人之君惟恐不順焉惡得爲恭儉爲恭敬者不侮慢人爲廉儉者不奪取人有好侮奪人之君有貪陵之性恐人不順從其所欲安得爲恭儉之行也恭儉豈可以聲音笑貌爲哉恭儉之人儼然無欲自取其名豈可以和聲諂笑之貌強爲之哉　章指言人君恭儉率下移風人臣恭儉明其廉忠侮奪之惡何由干之而錯其心

淳于髡曰男女授受不親禮與淳于髡齊人也問禮男女

不相親授孟子曰禮也禮不親授曰嫂溺則援之以手乎髡曰見嫂溺水則當以手牽援之否邪曰嫂溺不援是豺狼也孟子曰人見嫂溺不援出是爲豺狼之心也男女授受不親禮也嫂溺援之以手者權也孟子告髡曰此權也權者反經而善也曰今天下溺矣夫子之不援何也髡曰今天下之道溺矣夫子何不援之曰天下溺援之以道嫂溺援之以手子欲手援天下乎孟子曰當以道援天下而道不得行子欲使我以手援天下乎章指言權時之義嫂溺援手君子大行拯世以道道之指也

公孫丑曰：君子之不教子，何也？問父子不親教何也　孟子曰：勢不行也。教者必以正，以正不行，繼之以怒；繼之以怒，則反夷矣。「夫子教我以正，夫子未出於正也。」則是父子相夷也。父子相夷則惡矣。父親教子，其勢不行，教以正道而不能行，則責怒之。夷，傷也。父子相責怒，則傷義矣。一説曰：父子反自相非，若夷狄也。子之心責其父云：夫子教我以正道，而夫子之身未必自行正道也。執此意則爲反夷矣，故曰惡也。　古者易子而教之，父子之閒不責善，責善則離，離則不祥莫大焉。易子

而教不欲自相責以善也父子主恩離則不祥莫大焉章指言父子至親相責離恩易子而教相成以仁教之義也

孟子曰事孰爲大事親爲大守孰爲大守身爲大不失其身而能事其親者吾聞之矣失其身而能事其親者吾未之聞也事親養親也守身使不陷於不義也失仁義則何能事父母乎孰不爲事事親事之本也孰不爲守守身守之本也先本後末事守乃立也

曾子養曾皙必有酒肉將徹必請所與問

有餘必曰有曾晳死曾元養曾子必有酒肉將徹不請所與問有餘曰亡矣將以復進也此所謂養口體者也若曾子則可謂養志也事親若曾子者可也將徹請所與問曾晳所欲與子孫所愛者也必曰有恐違親意也故曰養志曾元曰無欲以復進曾子也不求親意故曰養口體也事親之道當如曾子之法乃爲至孝也　章指言上孝養志下孝養體曾參事親可謂至矣孟子言之欲令後人則曾子也

孟子曰人不足與適也政不足間也惟大人爲能格君心之非適過也詩云室人交徧讁我間非格正也時皆小人

居位不足過責也政教不足復非訧獨
得大人爲輔臣乃能正君之非法度也君仁莫不仁
君義莫不義君正莫不正一正君而國定
矣正君之身一國定矣欲使大人正之　章指言小人
爲政不足閒非賢臣正君使握道機君正國定下不
邪侈將
何閒也

孟子曰有不虞之譽有求全之毁虞度也
言人之
行有不度其將有名譽而得者若尾生本與婦人期於
梁下不度水之卒至遂至没溺而獲守信之譽求全之
毁若陳不瞻將赴君難聞金鼓之聲失氣而死可謂欲
求全其節而反有怯弱之毁者也　章指言不虞獲譽
不可爲戒求全受毁未足懲
咎君子正行不由斯二者也

孟子曰人之易其言也無責耳矣人之輕易其言不得失言之咎責也一說人之輕易不肯諫正君者以其不在言責之位者也　章指言言出於身駟不及舌不惟其責則易之矣

孟子曰人之患在好爲人師人之所患患於不知己未有可師而好爲人師者惑也　章指言君子好謀而成臨事而懼時然後言畏失言也故曰師哉師哉桐子之命不愼則有患矣

樂正子從於子敖之齊樂正子見孟子魯人樂正克孟子弟子也從於齊之右師子敖子敖使而之魯樂正子隨之來之齊也孟子在齊樂正子見之也

孟子曰子亦來見我乎孟子見其來見遲故云亦來也曰先生何爲出此言也樂正子曰先生何爲非克而出此言曰子來幾日矣孟子問子來幾日乎曰昔者克曰昔者來至昔者往也謂數日之閒也曰昔者則我出此言也不亦宜乎孟子曰昔者來至而今乃來我出此言亦其宜也孟子重愛樂正子欲亟見之思深望重也曰舍館未定克曰所止舍館未定故不即來也館客舍曰子聞之也舍館定然後求見長者乎孟子曰子聞見長者之禮當須舍館定乃見之乎曰克有罪樂正子謝過服罪也章指言尊重道敬賢事長人之大綱樂正子好善故孟子譏之責賢者備也

孟子謂樂正子曰子之從於子敖來徒餔啜也我不意子學古之道而以餔啜也子敖齊之貴人右師王驩也學而不行其道徒食飲而已謂之餔啜也樂正子本學古聖人之道而今隨從貴人無所匡正故言不意子但餔啜也　章指言學優則仕仕以行道否則隱遯免置窮處餔啜沈浮君子不與是以孟子咨嗟樂正子也

孟子曰不孝有三無後爲大於禮有不孝者三事謂阿意曲從陷親不義一不孝也家貧親老不爲祿仕二不孝也不娶無子絕先祖祀三不孝也三者之中無後爲大

舜不告而娶爲無後也君子以爲猶告也

舜懼無後故不告而娶君子知舜告焉不得而娶娶而告父母禮也舜不以告權也故曰猶告與告同也　章指言量其輕重無後不可是以大舜受堯二女夫三不孝蔽者所闇至於大聖卓然匪疑所以垂法也

孟子曰仁之實事親是也義之實從兄是也智之實知斯二者弗去是也事皆有實事親從兄仁義之實也知仁義所用而不去之則智之實也禮之實節文斯二者是也樂之實樂斯二者禮樂之實節文事親從兄使不失其節而文其禮敬之容而中心樂之也樂則生矣生則惡可已也惡可已也則不知足之蹈之手之舞之樂此事親從兄出於

中心則樂生其中矣樂生之至安可已也豈從自覺足蹈節手舞曲哉　章指言仁義之本在於孝弟孝弟之至通於神明況於歌舞不能自知蓋有諸中形於外也

孟子曰天下大悦而將歸己視天下悦而歸己猶草芥也惟舜爲然舜不以天下將歸己爲樂號泣于天不得乎親不可以爲人不順乎親不可以爲子舜盡事親之道而瞽瞍厎豫瞽瞍厎豫而天下化瞽瞍厎豫而天下之爲父子者定此之謂大孝舜以不順親意爲非人子厎致也豫樂也瞽瞍頑父也盡

其孝道而頑父致樂使天下化之爲父子之道者定也

章指言以天下之貴富爲不若得意於親故能懷協頑嚚厎豫而欣天下化之父子加親故稱盛德者必百世祀無與比崇也

孟子卷第七

孟子卷第八　　趙氏注

離婁章句下

孟子曰舜生於諸馮遷於負夏卒於鳴條東夷之人也生始卒終記終始也諸馮負夏鳴條皆地名負海也在東方夷服之地故曰東夷之人也文王生於岐周卒於畢郢西夷之人也岐周畢郢地名也岐山下周之舊邑近畎夷畎夷在西故曰西夷之人也書曰大子發上祭于畢下至于盟津畢文王墓近於酆鎬也地之相去也千有餘里世之相後也千有餘歲得志行乎中國若合

符節先聖後聖其揆一也土地相去千有餘里以外也舜至文王千二百歲得志行政於中國謂王也如合符節節玉節也周禮有六節揆度也言聖人之度量同也　章指言聖人殊世而合其道地雖不比由通一軌故可以爲百王法也

子產聽鄭國之政以其乘輿濟人於溱洧子產鄭卿爲政聽訟也溱洧水名見人有冬涉者仁心不忍以其乘車渡之也孟子曰惠而不知爲政歲十一月徒杠成十二月輿梁成民未病涉也以爲子產有惠民之用而不知爲政當以時脩橋梁民何由病苦涉水乎周十一月夏九月可以成步渡之　君子平其政功周十二月夏十月可以成輿梁也

行辟人可也焉得人人而濟之故爲政者每人而悅之日亦不足矣君子爲國家平治政事刑法使無違失其道辟除人使卑辟尊可爲也安得人人濟渡於水乎每人輒欲自加恩以悅其意則日力不足以足之也　章指言重民之道平政爲首人君由天天不家撫是故子產渡人孟子不取也

孟子告齊宣王曰君之視臣如手足則臣視君如腹心君之視臣如犬馬則臣視君如國人君之視臣如土芥則臣視君如寇讎芥草芥也臣緣君恩以爲差等其心所執若是也　王曰禮爲舊君有

服何如斯可爲服矣宣王問禮舊臣爲舊君服喪服問君恩何如則可爲服曰諫行言聽膏澤下於民有故而去則君使人導之出疆又先於其所往去三年不反然後收其田里此之謂三有禮焉如此則爲之服矣爲臣之時諫行言從德澤加民若有他故不得不行譬如華元奔晉隨會奔秦是也古之賢君遭此則使人導之出境又先至其所到之國言其賢良三年不反乃收其田萊及里居也此三者有禮則爲之服矣今也爲臣諫則不行言則不聽膏澤不下於民有故而去則君搏執之又

極之於其所往去之日遂收其田里此之謂寇讎寇讎何服之有搏執其族親也極者惡而困之也遇臣若寇讎何服之有乎　章指言君臣之道以義爲表以恩爲裏表裏相應猶若影響舊君之服蓋有所興諷諭宣王勸以仁也

孟子曰無罪而殺士則大夫可以去無罪而戮民則士可以徙惡傷其類視其下等懼次及也語曰鳶鵲蒙害仁鳥曾逝此之謂也　章指言君子見幾而作故趙殺鳴犢孔子臨河而不濟也

孟子曰君仁莫不仁君義莫不義君者一國所瞻

仰以爲法故必從之　章指言君以仁義率衆孰不順焉上爲下效也

孟子曰非禮之禮非義之義大人弗爲若禮而非禮陳質娶婦而長拜之也若義而非義藉交報仇是也此皆大人所不爲也　章指言禮義人之所以折中履其正者乃可爲中是以大人不行疑禮

孟子曰中也養不中才也養不才故人樂有賢父兄也中者履中和之氣所生謂之賢才者謂人之有俊才者有此賢者當以養育教誨不能進之以善故樂父兄之賢以養己也如中也棄不中才也棄不才則賢不肖之相去其間不能以寸如使

賢者棄愚不養其所當養則賢亦近愚矣如此賢不肖相覺何能分寸明不可不相訓導也　章指言父兄已賢子弟旣頑教而不改乃歸自然

孟子曰人有不爲也而後可以有爲人不爲苟得乃能有讓千乘之志　章指言貴廉賤恥乃有不爲不爲非義義乃可申

孟子曰言人之不善當如後患何人之有惡惡人言之言之當如後有患難及己乎　章指言好言人惡殆非君子故曰不忮不求何用不臧

孟子曰仲尼不爲已甚者仲尼彈邪以正正斯可矣不欲其已甚泰過也　章指言論曰疾之已甚亂也故孟子譏踰牆距門者也

孟子曰大人者言不必信行不必果惟義所在果能也大人杖義義有不得必信其言子爲父隱也有不能得果行其所欲行者若親在不得以其身許友也義或重於信故曰惟義所在　章指言大人之行行其重者不信不果所求合義也

孟子曰大人者不失其赤子之心者也大人謂君國君視民當如赤子不失其民心之謂也一說曰赤子嬰兒也少小之心專一未變化人能不失其赤子時心則爲貞正大人也　章指言人之所愛莫過赤子視民則然民懷之矣大人之行不過是也

孟子曰養生者不足以當大事惟送死可以當大事孝子事親致養未足以爲大事送終如禮則爲能奉大事也　章指言養生竭

力人情所勉哀死送終行之高者事不違禮可謂難矣故謂之大事

孟子曰君子深造之以道欲其自得之也造致也言君子學問之法欲深致極竟之以知道意欲使己得其原本如性自有之也自得之則居之安居之安則資之深資之深則取之左右逢其原故君子欲其自得之也居之安若己所自有也資取也取之深則得其根也左右取之在所逢遇皆知其原本也故使君子欲自得之也

章指言學必根原如性自得物來能名事來不惑君子好之朝益暮習道所以臻也

孟子曰博學而詳說之將以反說約也博廣

詳悉也廣學悉其微言而說之者將以約說其要意不
盡知則不能要言之也　章指言廣尋道意詳說其事
要約至義還反於
樸說之美者也

孟子曰以善服人者未有能服人者也以
善養人然後能服天下天下不心服而王
者未之有也以善服人之道治世謂以威力服人
者也故人不心服以善養人養之以
仁恩然後心服矣文王治岐是也天下不心服何由而
王也　章指言五伯服人三王服心其服一也功則不
同上論堯舜
其是違乎

孟子曰言無實不祥不祥之實蔽賢者當

之凡言皆有實孝子之實養親是也善之實仁義是也祥善當直也不善之實何等也蔽賢之人直於不善之實也　章指言進賢受上賞蔽賢蒙顯戮故謂之不祥也

徐子曰仲尼亟稱於水曰水哉水哉何取於水也徐子徐辟也問仲尼何取於水而稱之也孟子曰原泉混混不舍晝夜盈科而後進放乎四海有本者如是是之取爾言水不舍晝夜而進盈滿科坎放至也至於四海者有原本也以況於事有本者皆如是是之取也苟爲無本七八月之間雨集溝澮皆盈其涸也可立而待也苟誠也誠令無本若周七

八月夏五六月天之大雨潦水卒集大溝小澮皆滿然其涸乾可立待者無本之故也故聲聞過情君子恥之人無本行暴得善聲令聞過其情若潦水不能久也故君子恥之　章指言有本不竭無本則涸虛聲過實君子恥諸是以仲尼在川上曰逝者如斯

孟子曰人之所以異於禽獸者幾希庶民去之君子存之幾希無幾也知義與不知義之間耳衆民去義君子存義也舜明於庶物察於人倫由仁義行非行仁義也倫序察識也舜明庶物之情識人事之序仁義生於内由其中而行非彊力行仁義也故道性善言必稱堯舜　章指言人與禽獸俱含天氣就利辟害其間不希衆人皆然君子則否聖人超絕識仁義之生於己也

孟子曰：禹惡旨酒而好善言。旨酒美酒也儀狄作酒禹飲而甘之遂疏儀狄而絕旨酒書曰禹拜讜言

湯執中立賢無方。執中正之道惟賢速立之不問其從何方來舉伊尹以爲相也

文王視民如傷望道而未之見。視民如傷者雍容不動擾也望道而未至殷錄未盡尚有賢臣道未得至故望而不致誅於紂也

武王不泄邇不忘遠。泄狎邇近也不泄狎近賢不遺忘遠善近謂朝臣遠謂諸侯也

周公思兼三王以施四事其有不合者仰而思之夜以繼日幸而得之坐以待旦。三王三代之王也四事禹湯文武所行事也不合己行有不合世仰而思之參諸天也坐

而待旦言欲急施之也　章指言周公能思三王之道以輔成王大平之隆禮樂之備蓋由此也

孟子曰王者之迹熄而詩亡詩亡然後春秋作王者謂聖王也大平道衰王迹止熄頌聲不作故詩亡春秋撥亂作於衰世也晉之乘楚之檮杌魯之春秋一也其事則齊桓晉文其文則史孔子曰其義則丘竊取之矣此三大國史記之名異乘者興於田賦乘馬之事因以爲名檮杌者嚚凶之類興於記惡之戒因以爲名春秋以二始舉四時記萬事之名其事則五伯所理也桓文五伯之盛者故舉之其文史記之文也孔子自謂竊取之以爲素王也孔子人臣不受君命私作之故言竊亦聖人之謙辭　章指言詩可以言頌詠大平時無所詠

春秋乃興假史記之文孔子正之以匡邪也

孟子曰君子之澤五世而斬小人之澤五世而斬澤者滋潤之澤大德大凶流及後世自高祖至玄孫善惡之氣乃斷故曰五世而斬子未得爲孔子徒也子私淑諸人也子我也我未得爲孔子門徒也淑善也我私善之於賢人耳恨不得學於大聖也　章指言五世一體上下通流君子小人斬各有時企以高山跌以陷汙是以孟子恨不及乎仲尼也

孟子曰可以取可以無取取傷廉可以與可以無與與傷惠可以死可以無死死傷

勇三者皆謂事可出入不至違義但傷此名亦不陷於惡也　章指言廉惠勇人之高行也喪此三名列士病諸故設斯科以進能者也

逢蒙學射於羿盡羿之道思天下惟羿爲愈己於是殺羿羿有窮后羿逢蒙羿之家衆也春秋傳曰羿將歸自田家衆殺之孟子曰是亦羿有罪焉罪羿不擇人也故以下事喻之公明儀曰宜若無罪焉曰薄乎云爾惡得無罪鄭人使子濯孺子侵衛衛使庾公之斯追之子濯孺子曰今日我疾作不可以執弓吾

死矣夫孺子鄭大夫庾公衞大夫疾作瘧疾問其僕曰追我者誰也其僕曰庾公之斯也曰吾生矣僕御也孺子曰吾必生矣其僕曰庾公之斯衞之善射者也夫子曰吾生何謂也曰庾公之斯學射於尹公之他尹公之他學射於我夫尹公之他端人也其取友必端矣端人用心不邪僻知我是其道本所出必不害我也庾公之斯至曰夫子何爲不執弓曰今日我疾作不可以執弓曰小人學射於尹

公之他尹公之他學射於夫子我不忍以夫子之道反害夫子雖然今日之事君事也我不敢廢抽矢叩輪去其金發乘矢而後反庾公之斯至竟如孺子之所言而曰我不敢廢君事故叩輪去鏃使不害人乃以射孺子禮射四發而去乘四也詩云四矢反兮孟子言是以明羿之罪假使如子濯孺子之得尹公之他而教之何由有逢蒙之禍　章指言求交取友必得其人得善以全養凶獲患是故子濯濟難夷羿以殘可以鑒也

孟子曰西子蒙不潔則人皆掩鼻而過之西子古之好女西施也蒙不潔以不潔汙巾帽而蒙其頭也面雖好以蒙不潔人過之者皆掩鼻懼聞其臭也雖

有惡人齋戒沐浴則可以祀上帝惡人醜類者也面雖醜而齋戒沐浴自治絜淨可以侍上帝之祀言人當自治以仁義乃爲善也　章指言貌好行惡西子冒臭醜人絜服供事上帝明當脩飾惟義爲常也

孟子曰天下之言性也則故而已矣故者以利爲本言天下萬物之情性當順其故則利之也改戾其性則失其利矣若以杞柳爲桮棬非杞柳之性也所惡於智者爲其鑿也惡人欲用智而妄穿鑿不順物如智者若禹之行水也則無惡於智矣禹之行水也行其所無事也禹之用智決江疏河因水之性因地

之宜引之就下行其空虛無事之處如智者亦行其所無事則智亦大矣如用智者不妄改作作事循理若禹行水於無事之處則爲大智也天之高也星辰之遠也苟求其故千歲之日至可坐而致也天雖高星辰雖遠誠能推求其故常之行千歲日至之日可坐知也星辰日月之會致至也知其日至在何日也　章指言能脩性守故天道可知妄智改常必與道乖性命之旨也

公行子有子之喪右師往弔入門有進而與右師言者有就右師之位而與右師言者公行子齊大夫也右師齊貴臣王驩字子敖公行之喪齊卿大夫以君命會各有位次故下云朝廷也與

言者皆諂於貴人也孟子不與右師言右師不悅曰諸君子皆與驩言孟子獨不與驩言是簡驩也右師謂孟子簡其無德故不與言是以不悅也孟子聞之曰禮朝廷不歷位而相與言不踰階而相揖也我欲行禮子敖以我爲簡不亦異乎孟子聞子敖之言曰我欲行禮故不歷位而言反以我爲簡異也云以禮者心惡子敖而外順其辭也章指言循禮而動不合時人阿意事貴脅肩所尊俗之情也是以萬物皆流而金石獨止

孟子曰君子所以異於人者以其存心也

君子以仁存心以禮存心仁者愛人有禮者敬人愛人者人恒愛之敬人者人恒敬之存在也君子之在心者仁與禮也愛敬施行於人人必反之已也有人於此其待我以橫逆則君子必自反也我必不仁也必無禮也此物奚宜至哉橫逆者以暴虐之道來加我也君子反自思省謂己仁禮不至也物事也推此人何爲以此事來加我其自反而仁矣自反而有禮矣其橫逆由是也君子必自反也我必不忠君子自謂我必不忠自反而忠矣其橫

逆由是也君子曰此亦妄人也已矣如此則與禽獸奚擇哉於禽獸又何難焉妄人妄作之人無知者與禽獸何擇異也無異於禽獸又何足難也是故君子有終身之憂無一朝之患也乃若所憂則有之舜人也我亦人也舜爲法於天下可傳於後世我由未免爲鄉人也是則可憂也君子之憂憂不如堯舜也憂之如何如舜而已矣憂之當如之何乎如舜而後可故終身憂也若夫君子所患則亡矣非仁無爲也

非禮無行也如有一朝之患則君子不患矣君子之行本自不致意常行仁行禮如有一朝橫來之患非己愆也故君子歸天不以爲患也　章指言君子責己小人不改比之禽獸不足難矣蹈仁行禮不患其患惟不若舜可以憂也

禹稷當平世三過其門而不入孔子賢之顔子當亂世居於陋巷一簞食一瓢飲人不堪其憂顔子不改其樂孔子賢之孟子曰禹稷顔回同道當平世三過其門者身爲公卿憂民急也當亂世安陋巷者不用於世窮而樂道也孟子以爲憂民之道同用與不用之宜若是也故孔子俱賢之　禹思天

下有溺者由己溺之稷思天下有飢者由己飢之也是以如是其急也禹稷顔子易地則皆然禹稷急民之難若是顔子與之易地其心亦然不在其位勞佚異矣今有同室之人鬬者救之雖被髮纓冠而救之可也鄉鄰有鬬者被髮纓冠而往救之則惑也雖閉戶可也纓冠者以冠纓貫頭也鄉鄰同鄉也同室相救是其理也喻禹稷走赴鄉人非其事顔子所以闔戶而高枕也　章指言上賢之士得聖一槩顔子之心有同禹稷時行則行時止則止失其節則惑矣

公都子曰匡章通國皆稱不孝焉夫子與之遊又從而禮貌之敢問何也匡章齊人也一國皆稱不孝問孟子何爲與之遊又禮之以顏色喜悅之貌也孟子曰世俗所謂不孝者五惰其四支不顧父母之養一不孝也博弈好飲酒不顧父母之養二不孝也好貨財私妻子不顧父母之養三不孝也從耳目之欲以爲父母戮四不孝也好勇鬭很以危父母五不孝也章子有一於是

乎情解不作極耳目之欲以陷罪戮及父母凡此五者人所謂不孝之行章子豈有一事於是五不孝中也夫章子子父責善而不相遇也責善朋友之道也父子責善賊恩之大者遇得也章子子父親教相責以善不能相得父逐之也朋友切磋乃當責善耳父子相責以善賊恩之大也夫章子豈不欲有夫妻子母之屬哉爲得罪於父不得近出妻屏子終身不養焉夫章子豈不欲身有夫妻之配子有母子之屬哉但以身得罪於父不得近父故出去其妻屏遠其子終身不爲妻子所養也其設心以爲不若是是則罪之大者是則

章子已矣章子張設其心執持此屏出妻子之意以爲人得罪於父而不若是以自責罰是則罪益大矣是章子之行已矣何爲不可與言　章指言匡章得罪出妻屏子上不得養下以責已衆曰不孝其實則否是以孟子禮貌之也

曾子居武城有越寇或曰寇至盍去諸盍何不也曾子居武城有越寇將來人曰寇方至何不去之曰無寓人於我室毀寓寄傷其薪木寇退則曰脩我牆屋我將反也曾子欲去戒其守人曰無寄人於我室恐其傷我薪草樹木也寇退則曰治牆屋之壞者我將來反寇退曾子反左右曰待先生如此其忠且敬

也寇至則先去以爲民望寇退則反殆於不可左右相與非議曾子者言武城邑大夫敬曾子武城人爲曾子忠謀勸使避寇君臣忠敬如此而先生寇至則先去使百姓瞻望而效之寇退安寧則復來還殆不可如是怪曾子何以行之也沈猶行曰是非汝所知也昔沈猶有負芻之禍從先生者七十人未有與焉沈猶行曾子弟子也行謂左右之人曰先生之行非汝所能知也先生曾子也往者先生嘗從門徒七十人舍吾沈猶氏時有作亂者曰負芻來攻沈猶氏先生率弟子去之不與其難言師賓不與臣同子思居於衛有齊寇或曰寇至盍去諸子思曰如伋去君誰

與守伋子思名也子思欲助衛君赴難孟子曰曾子子思同道曾子師也父兄也子思臣也微也曾子子思易地則皆然孟子以爲二人同道曾子爲武城人作師則其父兄故去留無毀子思微少也又爲臣委質爲臣當死難故不去也子思與曾子易處同然　章指言臣當營君師有餘裕二人處義非殊者也是故孟子紀之謂得其同

儲子曰王使人瞯夫子果有以異於人乎儲子齊人也瞯視也果能也謂孟子曰王言賢者身貌必當有異故使人視夫子能有異於衆人之容乎孟子曰何以異於人哉堯舜與人同耳人生同受

法於天地之形我當何以異於人哉且堯舜之貌與凡同耳其所以異乃以仁義之道在於内也　章指言人以道殊賢愚體別頭貌足方善惡如一儲子之言齊王之不達也

齊人有一妻一妾而處室者其良人出則必饜酒肉而後反其妻問所與飲食者則盡富貴也良人夫也盡富貴者夫詐言其姓名也其妻告其妾曰良人出則必饜酒肉而後反問其與飲食者盡富貴也而未嘗有顯者來吾將瞷良人之所之妻疑其詐故欲視其所之蚤起施從良人之

所之徧國中無與立談者卒之東郭墦間之祭者乞其餘不足又顧而之他此其爲饜足之道也施者邪施而行不欲使良人覺也墦間郭外冢間也乞其祭者所餘酒肉也其妻歸告其妾曰良人者所仰望而終身也今若此與其妾訕其良人而相泣於中庭妻妾於中庭悲傷其良人相對涕泣而謗毀之而良人未之知也施施從外來驕其妻妾施施猶扁扁喜悅之貌以爲妻妾不知如故驕之也由君子觀之則人之所以求富貴利達

者其妻妾不羞也而不相泣者幾希矣由用也用君子之道觀今求富貴者皆以枉曲之道昬夜乞哀而求之以驕人於白日由此良人爲妻妾所羞爲所泣傷也幾希者言今苟求富貴妻妾雖不羞泣者與此良人妻妾何異也　章指言小人苟得謂不見知君子觀之與正道乖妻妾猶羞況於國人著以爲戒恥之甚焉

孟子卷第八

孟子卷第九　　趙氏注

萬章章句上　萬章者萬姓章名孟子弟子也萬章問舜孝猶論語顏淵問仁因以題篇

萬章問曰舜往于田號泣于旻天何爲其號泣也　問舜往至于田何爲號泣也謂耕於歷山之時　孟子曰怨慕也　言舜自怨遭父母見惡之厄而思慕也　萬章曰父母愛之喜而不忘父母惡之勞而不怨然則舜怨乎　言孝法當不怨如是舜何故怨　曰長息問於公明高曰舜往于田則吾既得聞命矣號泣于旻天于父母則

吾不知也公明高曰是非爾所知也長息公明
高弟子公明高曾子弟子旻天秋也憂陰氣也故訴于旻天高非息之問不得其義故曰非爾所知夫公
明高以孝子之心爲不若是恝恝無愁之貌孟子以萬章
之問難自距之故爲言高息之相對如此夫公明高以爲孝子不得意於父母自當怨悲豈可恝恝然無憂哉
因爲萬章具陳其意我竭力耕田共爲子職而已矣父
母之不我愛於我何哉我共人子之事而父母不我愛於我之身獨有
何罪哉自求責於己而悲感焉帝使其子九男二女百官牛
羊倉廩備以事舜於畎畝之中帝堯也堯使九子事舜以

爲師以二女妻舜百官致牛羊倉廩致粟米之饒備具饋禮以奉事舜於畎畒之中由是遂賜舜以倉廩牛羊使得自有之堯典曰釐降二女不見九男孟子時尚書凡百二十篇逸書有舜典之敘亡失其文孟子諸所言舜事皆堯典及逸書所載獨丹朱以胤嗣之子臣下以距堯求禪其餘八庶無事故不見於堯典猶晉獻公之子九人五人以事見於春秋其餘四子亦不復見

天下之士多就之者帝將胥天下而遷之焉爲不順於父母如窮人無所歸

天下之善士多就舜而悅之胥須也堯須天下悉治將遷位而禪之順愛也爲不愛於父母其爲憂愁若困窮之人無所歸往也

天下之士悅之人之所欲也

欲貪也

而不足以解憂好色人之所欲

妻帝之二女而不足以解憂富人之所欲富有天下而不足以解憂貴人之所欲貴爲天子而不足以解憂人悅之好色富貴無足以解憂者惟順於父母可以解憂言爲人所悅將見禪爲天子皆不足以解憂獨見愛於父母爲可以解已之憂人少則慕父母知好色則慕少艾有妻子則慕妻子仕則慕君不得於君則熱中慕思慕也人少年少也艾美好也不得於君失意於君也熱中心熱恐懼也是乃人之情大孝終身慕

父母五十而慕者予於大舜見之矣大孝之人終身慕父母若老萊子七十而慕衣五綵之衣爲嬰兒匍匐於父母前也我於大舜見五十而尚慕父母書曰舜生三十徵庸三十在位在位時尚慕故言五十也章指言夫孝者百行之本無物以先之雖富有天下而不能取悅於其父母莫有可也孝道明著則六合歸仁矣

萬章問曰詩云娶妻如之何必告父母信斯言也宜莫如舜舜之不告而娶何也詩齊風南山之篇言娶妻之禮必告父母舜合信此詩之言何爲違禮不告而娶也孟子曰告則不得娶男女居室人之大倫也如告則廢

人之大倫以懟父母是以不告也舜父頑母嚚常欲害舜告則不聽其娶是廢人之大倫以怨懟於父母也萬章曰舜之不告而娶則吾既得聞命矣帝之妻舜而不告何也禮娶須五禮父母亢荅以辭是相告也帝謂堯也何不告舜父母也曰帝亦知告焉則不得妻也帝堯知舜大孝父母止之舜不敢違則不得妻之故亦不告萬章曰父母使舜完廩捐階瞽瞍焚廩使浚井出從而揜之完治廩倉階梯也使舜登廩屋而捐去其階焚燒其廩也一說旋階舜即旋從階下瞽瞍不知其已下故焚廩也使舜浚井舜入而即出瞽瞍不知其已出從而蓋其井以爲死矣

象曰謨蓋都君咸我績象舜異母弟謨謀蓋覆也都於也君舜也舜有牛羊倉廩之奉故謂之君咸皆績功也象言謀覆於君而殺之者皆我之功欲與父母分舜之有取其善者故引其功也牛羊父母倉廩父母欲以牛羊倉廩與其父母干戈朕琴朕弤朕二嫂使治朕棲干楯戈戟也琴舜所彈五絃琴也弤彫弓也天子曰彫弓堯禪舜天下故賜之彫弓也棲牀也二嫂娥皇女英使治牀欲以為妻也象往入舜宮舜在牀琴象曰鬱陶思君爾忸怩象見舜生在牀鼓琴愕然反辭曰我鬱陶思君故來爾辭也忸怩而慙是其情也舜曰惟茲臣庶汝其于治茲此也象素憎舜不至其宮也故舜見來而喜曰惟念此

臣衆汝故助我治事不識舜不知象之將殺己與萬章言我不知舜不知象之將殺之與何爲好言順辭以荅象也曰奚而不知也象憂亦憂象喜亦喜奚何也孟子曰舜何爲不知象惡己也仁人愛其弟憂喜隨之象方言思君故以順辭荅之曰然則舜僞喜者與僞詐也萬章言如是則爲舜行至誠而詐喜以悦人矣曰否昔者有饋生魚於鄭子產子產使校人畜之池校人烹之反命曰始舍之圉圉焉少則洋洋焉攸然而逝子產曰得其所哉得其所哉孟子言否云舜不詐喜也因爲說子

産以喻之子産鄭子國之子公孫僑大賢人也校人主池沼小吏也圉圉魚在水羸劣之貌洋洋舒緩摇尾之貌攸然迸走水趣深處也故曰得其所哉重言之嘉得魚之志也

校人出曰孰謂子産智予既烹而食之曰得其所哉得其所哉故君子可欺以其方難罔以非其道彼以愛兄之道來故誠信而喜之奚僞焉

方類也君子可以事類欺故子産不知校人之食其魚象以其愛兄之言來向舜是亦其類也故誠信之而喜何爲僞喜也　章指言仁聖所存者大舍小從大達權之義也不告而娶守正道也

萬章問曰象日以殺舜爲事立爲天子則

放之何也怪舜放之何故孟子曰封之也或曰放焉舜封象于有庳或有人以爲放之萬章曰舜流共工于幽州放驩兜于崇山殺三苗于三危殛鯀于羽山四罪而天下咸服誅不仁也象至不仁封之有庳有庳之人奚罪焉仁人固如是乎在他人則誅之在弟則封之舜誅四佞以其惡也象惡亦甚而封之仁人用心當如是乎罪在他人當誅之在弟則封之曰仁人之於弟也不藏怒焉不宿怨焉親愛之而已矣親之

欲其貴也愛之欲其富也封之有庳富貴之也身爲天子弟爲匹夫可謂親愛之乎孟子言仁人於弟不問善惡親愛之而已封者欲使富貴耳身爲天子弟雖不仁豈可使爲匹夫也敢問或曰放者何謂也萬章問放之意曰象不得有爲於其國天子使吏治其國而納其貢稅焉故謂之放豈得暴彼民哉象不得施教於其國天子使吏代其治而納貢賦與之比諸見放也有庳雖不得賢君象亦不侵其民也雖然欲常常而見之故源源而來不及貢以政接于有庳

雖不使象得豫政事舜以兄弟之恩欲常常見之無已故源源而來如流水之與源通不及貢者不待朝貢諸侯常禮乃來也其間歲歲自至京師謂若天子以政事接見有庳之君者實親親之恩也此之謂也此常常已下皆尚書逸篇之辭孟子以告萬章言此乃象之謂也　章指言懇誠于內者則外發於事仁人之心也象為無道極矣友于之性忘其悖逆況其仁賢乎

咸丘蒙問曰語云盛德之士君不得而臣父不得而子舜南面而立堯帥諸侯北面而朝之瞽瞍亦北面而朝之舜見瞽瞍其容有蹙孔子曰於斯時也天下殆哉岌岌

乎不識此語誠然乎哉咸丘蒙孟子弟子語者謬語也言盛德之士君不敢臣父不敢子堯與瞽瞍皆臣事舜其容有蹙踖不自安也孔子以爲君父爲臣岌岌乎不安貌也故曰殆哉不知此語實然乎孟子曰否言不然也此非君子之言齊東野人之語也東野東作田野之人所言耳咸丘蒙齊人也故聞齊野人之言書曰平秩東作謂治農事也堯老而舜攝也堯典曰二十有八載放勳乃徂落百姓如喪考妣三年四海遏密八音孟子言舜攝行事耳未爲天子也放勳堯名徂落死也如喪考妣思之如父母也遏止也密無聲也八音不作哀思甚也孔子曰天無二日民無

二王舜既爲天子矣又帥天下諸侯以爲

堯三年喪是二天子矣日一王一言不得竝也咸丘蒙

曰舜之不臣堯則吾既得聞命矣不以堯爲臣也

詩云普天之下莫非王土率土之濵莫非

王臣而舜既爲天子矣敢問瞽瞍之非臣

如何詩小雅北山之篇普徧率循也徧天下循土之濵無有非王者之臣而曰瞽瞍非臣如何也

曰是詩也非是之謂也勞於王事而不得

養父母也曰此莫非王事我獨賢勞也孟子

言此詩非舜臣父之謂也詩言皆王臣也何爲獨使我以賢才而勞苦不得養父母乎是以怨也故説詩者不以文害辭不以辭害志以意逆志是爲得之如以辭而已矣雲漢之詩曰周餘黎民靡有孑遺信斯言也是周無遺民也文詩之文章所引以興事也辭詩人所歌詠之辭志詩人志所欲之事意學者之心意也孟子言説詩者當本之不可以文害其辭文不顯乃反顯也不可以辭害其志辭曰周餘黎民靡有孑遺志在憂旱災民無孑然遺脱不遭旱災者非無民也人情不遠以己之意逆詩人之志是爲得其實矣王者有所不臣不可謂皆爲王臣謂舜臣父也孝子之至莫大乎尊親尊親之至

莫大乎以天下養爲天子父尊之至也以天下養養之至也尊之至瞽瞍爲天子父養之至舜以天下之富奉養其親至極也詩曰永言孝思孝思惟則此之謂也詩大雅下武之篇周武王所以長言孝道欲以爲天下法則此舜之謂也書曰祗載見瞽瞍夔夔齊慄瞽瞍亦允若是爲父不得而子也書尚書逸篇祗敬載事也夔夔齊慄敬慎戰懼貌舜既爲天子敬事嚴父戰慄以見瞽瞍瞍亦信知舜之大孝若是爲父不得而子也以是解咸丘蒙之疑

章指言孝莫大於嚴父而尊之矣行莫過於蒸蒸執子之政也此聖人之軌道無有加焉

萬章曰堯以天下與舜有諸欲知堯實以天下與舜否孟子曰否堯不與之天子不能以天下與人當與天意合之非天命者天子不能違天命也堯曰咨爾舜天之曆數在爾躬是也然則舜有天下也孰與之萬章言誰與之也曰天與之孟子言天與之天與之者諄諄然命之乎萬章言天有聲音命與之乎曰否天不言以行與事示之而已矣孟子曰天不言語但以其與人之所行善惡又以其事從而示天下也曰以行與事示之者如之何萬章欲知示之之意曰天子能薦人於天不能使天與之

天下諸侯能薦人於天子不能使天子與之諸侯大夫能薦人於諸侯不能使諸侯與之大夫昔者堯薦舜於天而天受之暴之於民而民受之故曰天不言以行與事示之而已矣（孟子言下能薦人於上不能令上必用之舜天人所受故得天下也）曰敢問薦之於天而天受之暴之於民而民受之如何（萬章言天人受之其事云何）曰使之主祭而百神享之是天受之使之主事而事治百姓

安之是民受之也天與之人與之故曰天子不能以天下與人百神享之祭祀得福也百姓安之民皆謳歌其德也舜相堯二十有八載非人之所能爲也天也二十八年之久非人爲也天與之也堯崩三年之喪畢舜避堯之子於南河之南天下諸侯朝覲者不之堯之子而之舜訟獄者不之堯之子而之舜謳歌者不謳歌堯之子而謳歌舜故曰天也夫然後之中國踐天子位焉而居堯

之宮逼堯之子是簒也非天與也南河之南遠地南夷也故言然後之中國堯子胤子丹朱訟獄獄不決其罪故訟之謳歌舜德也大誓曰天視自我民視天聽自我民聽此之謂也大誓尚書篇名自從也言天之視聽從人所欲也

章指言德合於天則天爵歸之行歸於仁則天下與之天命不常此之謂也

萬章問曰人有言至於禹而德衰不傳於賢而傳於子有諸問禹之德衰不傳於賢而自傳於子有之否孟子曰否不然也否不也不如人所言天與賢則與賢天與子

則與子言隨天也昔者舜薦禹於天十有七年舜
崩三年之喪畢禹避舜之子於陽城天下
之民從之若堯崩之後不從堯之子而從
舜也禹薦益於天七年禹崩三年之喪畢
益避禹之子於箕山之陰朝覲訟獄者不
之益而之啓曰吾君之子也謳歌者不謳
歌益而謳歌啓曰吾君之子也丹朱之不
肖舜之子亦不肖舜之相堯禹之相舜也

歷年多施澤於民久啓賢能敬承繼禹之
道益之相禹也歷年少施澤於民未久舜薦
禹禹薦益同也以啓之賢故天下歸之益又未久故也陽城箕山之陰皆嵩山下深谷之中以藏處也舜
禹益相去久遠其子之賢不肖皆天也非
人之所能爲也莫之爲而爲者天也莫之
致而至者命也莫無也人無所欲爲而横爲之者天使爲也人無欲致此事而此事
自至者是其命禄也匹夫而有天下者德必若舜禹而
又有天子薦之者故仲尼不有天下繼世

以有天下仲尼無天子之薦故不得有天下繼世之君雖無仲尼之德襲父之位非匹夫故得有天下也天之所廢必若桀紂者也故益伊尹周公不有天下益值啓之賢伊尹值大甲能改過周公值成王有德不遭桀紂故以匹夫而不有天下伊尹相湯以王於天下湯崩大丁未立外丙二年仲壬四年大甲顛覆湯之典刑伊尹放之於桐三年大甲悔過自怨自艾於桐處仁遷義三年以聽伊尹之訓己也復歸于亳大丁湯之大子未立而薨外丙立二年仲壬立四年皆大丁之弟也大甲

大丁子也伊尹以其顛覆典刑放之於桐邑處居也遷徙也居仁徙義自怨其惡行艾治也治而改過以聽伊尹之教訓已故復得歸之於亳反天子位也周公之不有天下猶益之於夏伊尹之於殷也孔子曰唐虞禪夏后殷周繼其義一也周公與益伊尹雖有聖賢之德不遭者時然孔子言禪繼其義一也章指言義於仁則四海宅心守正不足則聖位莫繼丹朱商均是也是以聖人孜孜於仁德也

萬章問曰人有言伊尹以割亨要湯有諸人言伊尹負鼎俎而干湯有之否孟子曰否不然否不是也伊尹耕於有莘之野而樂堯舜之道焉非其義也

非其道也祿之以天下弗顧也繫馬千駟弗視也非其義也非其道也一介不以與人一介不以取諸人有莘國名伊尹初隱之時耕於有莘之國樂仁義之道非仁義之道者雖以天下之祿加之不一顧而覼也千駟四千匹也雖多不一眄視也一介草不以與人亦不以取於人也湯使人以幣聘之囂囂然曰我何以湯之聘幣爲哉我豈若處畎畝之中由是以樂堯舜之道哉湯聞其賢以玄纁之幣帛往聘之囂囂自得之志無欲之貌也曰豈若居畎畝之中而無憂哉樂我堯舜仁義之道湯三使往聘之既而

幡然改曰與我處畎畝之中由是以樂堯舜之道吾豈若使是君爲堯舜之君哉吾豈若使是民爲堯舜之民哉吾豈若於吾身親見之哉幡反也三聘既至而後幡然改本之計欲就湯聘以行其道使君爲堯舜之君使民爲堯舜之民天之生此民也使先知覺後知使先覺覺後覺也予天民之先覺者也予將以斯道覺斯民也非予覺之而誰也覺悟也天欲使先知之人悟後知之人我先悟覺者也我欲以此仁義之道覺悟此未知之民非我悟之將誰教乎

思天下之民匹夫匹婦有不被堯舜之澤者若己推而內之溝中其自任以天下之重如此故就湯而說之以伐夏救民伊尹思念不以仁義之道化民者如己推排內之溝壑中也自任其重如此故就湯說之伐夏桀救民之厄也吾未聞枉己而正人者也況辱己以正天下者乎枉己者尚不能以正人況於辱己之身而有正天下者也聖人之行不同也或遠或近或去或不去歸絜其身而已矣不同謂所由不同大要當同歸但殊塗耳或遠者處身遠也或近者仕者近君也或去者不屑就也或不去者

云焉能浼我也歸於身絜不汙己而已吾聞其以堯舜之道要湯未聞以割亨也我聞伊尹以仁義干湯致湯爲王不聞以割烹牛羊爲道伊訓曰天誅造攻自牧宮朕載自亳伊訓尚書逸篇名牧宮桀宮朕我也謂湯也載始也亳殷都也言意欲誅伐桀造作可攻討之罪者從牧宮桀起自取之也湯曰我始與伊尹謀之於亳遂順天而誅也　章指言賢達之理世務也推正以濟時物守己直行不枉道而取容期於益治而已矣

萬章問曰或謂孔子於衛主癰疽於齊主侍人瘠環有諸乎有人以孔子爲然癰疽癰疽之醫也瘠姓環名侍人也衛

君齊君之所近狎人孟子曰否不然也好事者爲之也否不也不如是也好事毁人德行者爲之辭也於衛主顔讎由彌子之妻與子路之妻兄弟也彌子謂子路曰孔子主我衛卿可得也子路以告孔子曰有命孔子進以禮退以義得之不得曰有命而主癰疽與侍人瘠環是無義無命也顔讎由衛賢大夫孔子以爲主彌子彌子瑕也因子路欲爲孔子主孔子知彌子幸於靈公不以正道故不納之而歸於命也孔子進以禮退應義必曰有天命也若主此二人是爲無義無命也孔子不悅於

魯衛遭宋桓司馬將要而殺之微服而過宋是時孔子當阨主司城貞子爲陳侯周臣孔子以道不合不見悅魯衛之君而去適諸侯遭宋桓魋之故乃變更微服而過宋司城貞子宋卿也雖非大賢亦無諂惡之罪故謚爲貞子陳侯周陳懷公子也爲楚所滅故無謚但曰陳侯周是時孔子遭阨難不暇擇大賢臣而主貞子爲陳侯周臣也於衛齊無阨難何爲主癰疽瘠環也吾聞觀近臣以其所爲主觀遠臣以其所主若孔子主癰疽與侍人瘠環何以爲孔子近臣當爲遠方來賢者爲主遠臣自遠而至當主於在朝之臣賢者若孔子主於卑幸之臣是爲凡人耳何謂孔子得見稱爲聖人

章

指言君子大居正以禮進退屈伸違節不違貞信故孟子辯之正其大義也

萬章問曰或曰百里奚自鬻於秦養牲者五羊之皮食牛以要秦繆公信乎人言百里奚自賣五羖羊皮爲人養牛以是而要繆公之相寳然不孟子曰否不然好事者爲之也好事毀敗人之德行者爲之設此言百里奚虞人也晉人以垂棘之璧與屈產之乘假道於虞以伐虢宮之奇諫垂棘美玉所出地名屈產地良馬所生乘四馬也皆晉國之所寳宮之奇虞之賢臣諫不欲令虞公受璧馬假晉道百里奚不諫知虞公之不

可諫而去之秦，年已七十矣，曾不知以食牛干秦繆公之爲汙也，可謂智乎？不可諫而不諫，可謂不智乎？知虞公之將亡而先去之，不可謂不智也。時舉於秦，知繆公之可與有行也而相之，可謂不智乎？相秦而顯其君於天下，可傳於後世，不賢而能之乎？（百里奚知虞公之不可諫而去之秦，年七十而不知食牛干人君之爲汙，是爲不智也。欲言其不智，下有三智，知食牛干秦爲不然也。卒相秦，顯其君，不賢之人豈能如是？言其實賢也。）自鬻以成其君鄉黨自好者不爲而謂賢者爲之乎人自鬻於汙辱而以傳相成立其君鄉黨邑里自喜好名者尚不肯爲也況賢人肯辱身而爲之乎 章指言君子時行則行時舍則舍故能顯君明道不爲苟合而違正也

孟子卷第九

# 孟子卷第十

趙氏注

## 萬章章句下

孟子曰伯夷目不視惡色耳不聽惡聲非其君不事非其民不使治則進亂則退橫政之所出橫民之所止不忍居也思與鄉人處如以朝衣朝冠坐於塗炭也當紂之時居北海之濱以待天下之清也故聞伯夷之風者頑夫廉懦夫有立志孟子反覆嗟伯夷伊尹柳

下惠之德以爲足以配於聖人故數數章陳之猶詩人有所誦述至於數四蓋其留意者也義見上篇矣此復言不視惡色謂行不正而有美色者若夏姬之比也耳不聽惡聲謂鄭聲也後世聞其風者頑貪之夫更思廉潔懦弱之人更思有立義之志也伊尹曰何事非君何使非民治亦進亂亦進曰天之生斯民也使先知覺後知使先覺覺後覺予天民之先覺者予將以此道覺此民也思天下之民匹夫匹婦有不與被堯舜之澤者如己推而內之溝中其自任以天下之重也說與上同柳下

惠不羞汙君不辭小官進不隱賢必以其道遺佚而不怨阨窮而不閔與鄉人處由由然不忍去也爾爲爾我爲我雖袒裼裸裎於我側爾焉能浼我哉故聞柳下惠之風者鄙夫寬薄夫敦（鄙狹者更寬優薄淺者更深厚）孔子之去齊接淅而行去魯曰遲遲吾行也去父母國之道也可以速而速可以久而久可以處而處可以仕而仕孔子也（淅漬米也不及炊避惡亟）

也魯父母之國遲遲不忍去也是其道也孔子聖人故能量時宜動中權也孟子曰伯夷聖之清者也伊尹聖之任者也柳下惠聖之和者也孔子聖之時者也孔子之謂集大成集大成也者金聲而玉振之也金聲也者始條理也玉振之也者終條理也伯夷清伊尹任柳下惠和皆得聖人之道也孔子時行則行時止則止孔子集先聖之大道以成己之聖德者也故能金聲而玉振之振揚也故如金聲之有殺振揚玉音始終如一也始條理者金從革可治之使條理終條理者玉終其聲而不細也合五德而不撓也始條理者智之事也終條

理者聖之事也智者智理物聖人終始同智譬則巧也聖譬則力也由射於百步之外也其至爾力也其中非爾力也以智譬由人之有技巧也可學而益之以聖譬由力之有多少自有極限不可強增聖人受天性可庶幾而不可及也夫射遠而至爾努力也其中的者爾之巧也思改其手用巧意乃能中也　章指言聖人由力力有常也賢者由巧巧可增也仲尼天高故不可階他人丘陵丘陵由可踰所謂小同而大異者也

北宮錡問曰周室班爵祿也如之何北宮錡衛人班列也問周家班列爵祿等差謂何孟子曰其詳不可得聞也

諸侯惡其害己也而皆去其籍然而軻也嘗聞其略也詳悉也不可得備知也諸侯欲恣行增惡其法度妨害己之所爲故滅去典籍今周禮司祿之官無其職是則諸侯皆去之故使不復存也軻孟子名略麤也言嘗聞其大綱如此矣今考之禮記王制則合也天子一位公一位侯一位子男同一位凡五等也公謂上公九命及二王後也自天子以下列尊卑之位凡五等君一位卿一位大夫一位上士一位中士一位下士一位凡六等諸侯法天子臣名亦有此六等從君下至於士也天子之制地方千里公侯皆方百里伯

七十里，子男五十里，凡四等。不能五十里，不達於天子，附於諸侯，曰附庸。凡此四等，土地之等差也。天子封畿千里，諸侯方百里，象雷震也。小者不能特達於天子，因大國以名通，曰附庸也。天子之卿受地視侯，大夫受地視伯，元士受地視子男。視，比也。天子之卿、大夫、士所受采地之制也。大國地方百里，君十卿祿，卿祿四大夫，大夫倍上士，上士倍中士，中士倍下士，下士與庶人在官者同祿，祿足以代其耕也。公侯之國爲大國。卿祿居於君祿十分之一也。

上士之祿居大夫祿二分之一也中士下士轉相倍庶人在官者未命爲士者也其祿比上農夫士不得耕以祿代耕也次國地方七十里君十卿祿卿祿三大夫大夫倍上士上士倍中士中士倍下士下士與庶人在官者同祿祿足以代其耕也伯爲次國大夫祿居卿祿三分之一也小國地方五十里君十卿祿卿祿二大夫大夫倍上士上士倍中士中士倍下士下士與庶人在官者同祿祿足以代其耕也子男爲小國大夫祿居卿祿二分之一也耕者

之所獲一夫百畝百畝之糞上農夫食九人上次食八人中食七人中次食六人下食五人庶人在官者其祿以是爲差獲得也一夫一婦佃田百畝百畝之田加之以糞是爲上農夫其所得穀足以食九口庶人在官者食祿之等差由農夫有上中下之次亦有此五等若今之斗食佐史除吏也

章指言聖人制祿上下差敘貴有常尊賤有等威諸侯僭越滅籍從私孟子略記言其大綱以荅北宮子之問

萬章問曰敢問友問朋友之道也孟子曰不挾長不挾貴不挾兄弟而友友也者友其德也不

可以有挾也長年長貴貴勢兄弟兄弟有富貴者不挾是乃爲友謂相友以德也孟獻子百乘之家也有友五人焉樂正裘牧仲其三人則予忘之矣獻子之與此五人者友也無獻子之家者也此五人者亦有獻子之家則不與之友矣獻子魯卿孟氏也有百乘之賦樂正裘牧仲其五人者皆賢人無位者也此五人者自有獻子之家富貴而復有德不肯與獻子友也獻子以其富貴下此五人五人屈禮而就也非惟百乘之家爲然也雖小國之君亦有之費惠公曰吾於子思則師

之矣吾於顏般則友之矣王順長息則事我者也小國之君若費惠公者也王順長息德不能見師友故曰事我者也非惟小國之君爲然也雖大國之君亦有之晉平公於亥唐也入云則入坐云則坐食云則食雖疏食菜羹未嘗不飽蓋不敢不飽也然終於此而已矣大國之君如晉平公者也亥唐晉賢人也隱居陋巷者平公常往造之亥唐言入平公乃入言坐乃坐言食乃食也疏食糲食也不敢不飽敬賢也終於此平公但以此禮下之而已弗與共天位也弗與治天職也弗與

食天祿也士之尊賢者也非王公尊賢也位職祿皆天之所以授賢者而平公不與亥唐共之而但卑身下之是乃匹夫尊賢者之禮耳王公尊賢當與共天職矣舜尚見帝帝館甥于貳室亦饗舜迭爲賓主是天子而友匹夫也尚上也舜在畎畝之時堯友禮之舜上見堯堯舍之於貳室貳室副宮也堯亦就饗舜之所設更迭爲賓主禮謂妻父曰外舅謂我舅者吾謂之甥堯以女妻舜故謂舜甥卒與之天位是天子之友匹夫也用下敬上謂之貴貴用上敬下謂之尊賢貴貴尊賢其義一也下敬上臣恭於君也上敬下君禮於臣也皆禮所尚故云其義一也　章指言匹夫友賢下之以德王公

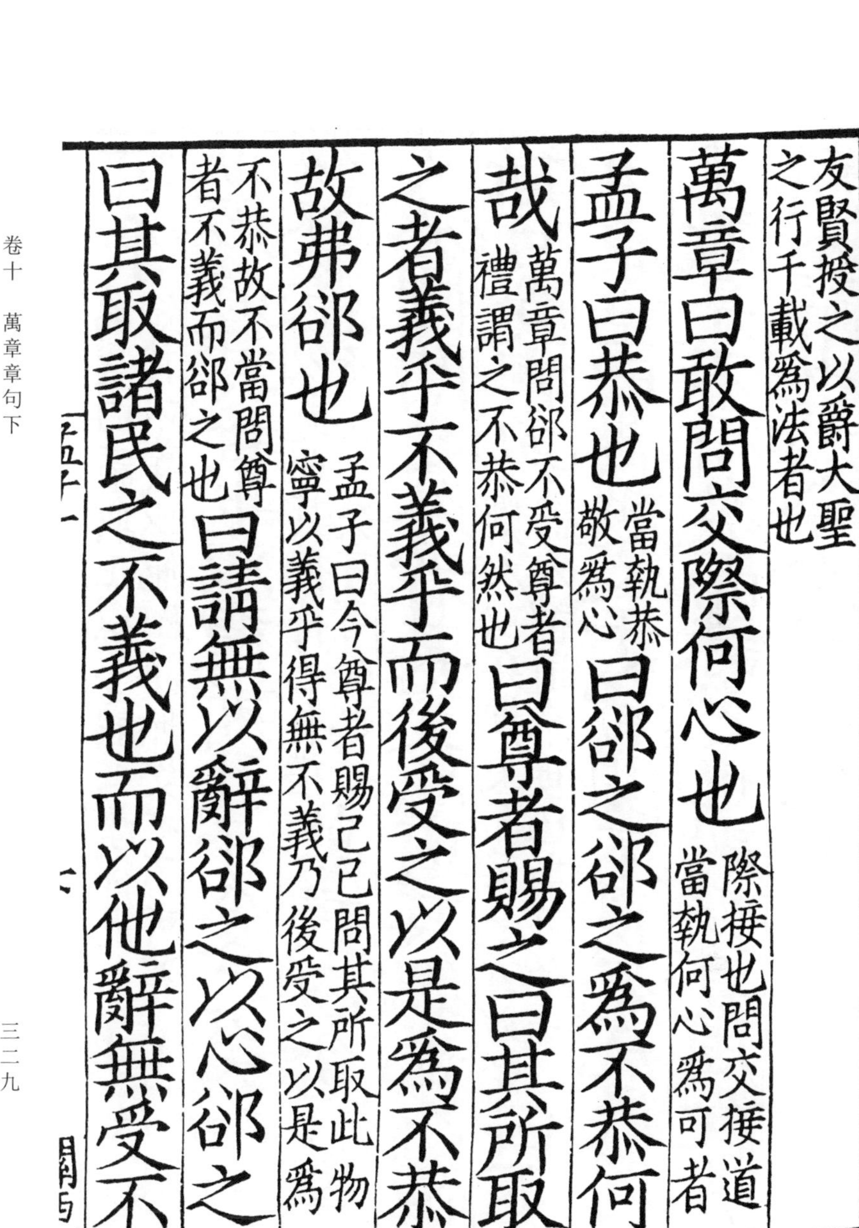
友賢授之以爵大聖之行千載爲法者也

萬章曰：敢問交際何心也？際接也。問交接道當執何心爲可者。

孟子曰：恭也。當執恭敬爲心。曰：卻之卻之爲不恭，何哉？萬章問卻不受尊者禮謂之不恭，何然也。曰：尊者賜之，曰其所取之者義乎不義乎，而後受之，以是爲不恭，故弗卻也。孟子曰：今尊者賜己，己問其所取此物，寧以義乎，得無不義，乃後受之，以是爲不恭，故不當問尊者不義而卻之也。曰：請無以辭卻之，以心卻之，曰其取諸民之不義也，而以他辭無受，不可乎萬章曰請無正以不義之辭卻也心知其不義以他辭讓無受之不可邪曰其交也以道其接也以禮斯孔子受之矣孟子言其來求交已以道理其接待已有禮者若斯孔子受之矣言可受也萬章曰今有禦人於國門之外者其交以道其餽也以禮斯可受禦與禦人以兵禦人而奪之貨如是而以禮道來接已斯可受乎曰不可康誥曰殺越人于貨閔不畏死凡民罔不譈是不待教而誅者也殷受夏周受殷所不辭也於今爲烈如之何其受之孟子曰不

可受也康誥尚書篇名周公戒成王康叔封越于皆於也殺於人取於貨閔然不知畏死者譈殺也凡民無不得殺之者也若此之惡不待君之教命遭人得討之三代相傳以此法不須辭問也於今爲烈烈明法如之何受其餽也

曰今之諸侯取之於民也猶禦也苟善其禮際矣斯君子受之敢問何說也

萬章曰今諸侯賦稅於民不由其道履斂彊求猶禦人也欲善其禮以接君子君子欲受之何說也君子謂孟子

曰子以爲有王者作將比今之諸侯而誅之乎其教之不改而後誅之乎夫謂非其有而取之者盜也充類至義之盡也孔子之仕

於魯也魯人獵較孔子亦獵較獵較猶可而況受其賜乎孟子謂萬章曰子以爲後如有聖人興作將比地盡誅今之諸侯乎將教之其不改者乃誅之乎言必教之誅其不改者也殷之衰亦猶周之末武王不盡誅殷之諸侯滅國五十而已知後王者亦不盡誅也謂非其有而竊取之者爲盜充滿至甚也滿其類大過至者但義盡耳未爲盜也諸侯本當稅民之類者今大盡耳亦不可比於禦孔子隨魯人之獵較獵較者田獵相較奪禽獸得之以祭時俗所尚以爲吉祥孔子不違而從之所以小同於世也獵較尚猶可爲況受其賜而不可也曰然則孔子之仕也非事道與萬章問孔子之仕非欲事行其道與曰事道也孟子曰孔子所仕者欲事行其道事道奚獵較也萬章曰孔

子欲仕道如何可獵較也曰孔子先簿正祭器不以四方之食供簿正孟子曰孔子仕於衰世不可卒暴改戾故以漸正之先爲簿書以正其宗廟祭祀之器即其舊禮取備於國中不以四方珍食供其所簿正之器度珍食難常有乏絶則爲不敬故獵較以祭也曰奚不去也萬章曰孔子不得行道何爲不去曰爲之兆也兆足以行矣而不行而後去是以未嘗有所終三年淹也兆始也孔子每仕常爲之正本造始欲以次治之而不見用占其事始而退足以行之矣而君不行也然後則孔子去矣終者竟也孔子未嘗得竟事一國也三年淹留而不去者也孔子有見行可之仕有際可之仕

有公養之仕於季桓子見行可之仕也於衛靈公際可之仕也於衛孝公公養之仕也行可冀可行道也魯卿季桓子秉國之政孔子仕之冀可得因之行道也際接也衛靈公接遇孔子以禮故見之也衛孝公以國君養賢者之禮養孔子故宿留以荅之矣　章指言聖人憂民樂行其道苟善辭命不忍逆距不合則去亦不淹久蓋仲尼行止之節也

孟子曰仕非爲貧也而有時乎爲貧娶妻非爲養也而有時乎爲養仕本爲行道濟民也而有以居貧親老而仕者娶妻本爲繼嗣也而有以親執釜竈不擇妻而娶者爲貧者辭尊居卑

辭富居貧爲貧之仕當讓高顯之位無求重禄辭尊居卑辭富居貧惡乎宜乎抱關擊柝辭尊貧者安所宜乎宜居抱關擊柝監門之職也柝門關之木也擊椎之也或曰柝行夜所擊木也傳曰魯擊柝聞於邾孔子嘗爲委吏矣曰會計當而已矣嘗爲乘田矣曰牛羊茁壯長而已矣位卑而言高罪也立乎人之本朝而道不行恥也孔子嘗以貧而禄仕委吏主委積倉庾之吏也不失會計當直其多少而已乘田苑囿之吏也主六畜之芻牧者也牛羊茁壯肥好長大而已茁茁生長貌也詩云彼茁者葭位卑不得高言豫朝事故但稱職而已立本朝大道當行不行爲已之恥是以君子

禄仕者不處大位 章指言國有道則能者處卿相國無道則聖人居乘田量時安卑不受言責獨善其身之道也

萬章曰士之不託諸侯何也 託寄也謂若寄公食祿於所託之國也 孟子曰不敢也諸侯失國而後託於諸侯禮也士之託於諸侯非禮也 謂士位輕本非諸侯敵體故不敢比失國諸侯得爲寄公也 萬章曰君餽之粟則受之乎 士窮而無祿君餽之粟則可受之乎 曰受之 孟子曰受之也 受之何義也 萬章曰受粟何義也 曰君之於氓也固周之 氓民也孟子曰君之於民固當

周其窮乏況於士乎曰周之則受賜之則不受何也萬章言士窮君周之則受賜之則不受何也周者謂周急稟貧民之常科也賜者謂禮賜橫加也曰不敢也孟子曰士不敢受賜曰敢問其不敢何也萬章問何爲不敢曰抱關擊柝者皆有常職以食於上無常職而賜於上者以爲不恭也孟子曰有職事者可食於上祿士不仕自以不任職事而空受賜爲不恭故不受也曰君餽之則受之不識可常繼乎萬章曰君禮餽賢臣賢臣受之不知可繼續而常來致之乎將當輒更以君命將之也曰繆公之於子思也亟問亟餽鼎肉

子思不悅於卒也摽使者出諸大門之外北面稽首再拜而不受曰今而後知君之犬馬畜伋蓋自是臺無餽也孟子曰魯繆公時尊禮子思數問數餽鼎肉子思以君命煩故不悅也於卒者末後復來時也摽麾也麾使者出大門之外再拜叩頭不受曰今而後知君犬馬畜伋伋子思名也責君之不優以不煩而但數與之食物若養犬馬臺賤官主使令者傳曰僕臣臺從是之後臺不持餽來繆公愠也愠恨也悅賢不能舉又不能養也可謂悅賢乎孟子譏繆公之雖欲有悅賢之意而不能舉用使行其道又不能優養終竟之豈可謂能悅賢也曰敢問國君欲養君子如何

斯可謂養矣萬章問國君養賢之法也曰以君命將之再拜稽首而受其後廩人繼粟庖人繼肉不以君命將之子思以爲鼎肉使己僕僕爾亟拜也非養君子之道也將者行也孟子曰始以君命行禮拜受之其後倉廩之吏繼其粟將盡復送廚宰之人日送其肉不復以君命者欲使賢者不荅以敬所以優之也子思所以非繆公者以爲鼎肉使己數拜故也僕僕煩猥貌謂其不得養君子之道也堯之於舜也使其子九男事之二女女焉百官牛羊倉廩備以養舜於畎畝之中後舉而加

諸上位故曰王公之尊賢者也堯之於舜如是是王公尊賢之道也九男以下已說於上篇上位尊帝位也　章指言知賢之道舉之爲上養之爲次不舉不養賢惡肯歸是以孟子上陳堯舜之大法下刺繆公之不弘也

萬章曰敢問不見諸侯何義也問諸侯聘請而夫子不見之於義何取也孟子曰在國曰市井之臣在野曰草莽之臣皆謂庶人庶人不傳質爲臣不敢見於諸侯禮也在國謂都邑也民會於市故曰市井之人在野野居之人莽亦草也庶衆也衆庶之人未得爲臣傳執也見君之質執雉之屬也未爲臣則不敢見之禮也

萬章

曰庶人召之役則往役君欲見之召之則不往見之何也庶人召使給役事則往供事君召之見不肯往見何也曰往役義也往見不義也且君之欲見之也何爲也哉孟子曰庶人法當給役故往役義也庶人非臣也不當見君故往見不義也且君何爲欲見之而召之也曰爲其多聞也爲其賢也萬章曰君以是欲見之也曰爲其多聞也則天子不召師而況諸侯乎爲其賢也則吾未聞欲見賢而召之也孟子曰安有召師召賢之禮而可往見也繆公亟見於子思曰古千

乘之國以友士何如子思不悅曰古之人有言曰事之云乎豈曰友之云乎子思之不悅也豈不曰以位則子君也我臣也何敢與君友也以德則子事我者也奚可以與我友千乘之君求與之友而不可得也而況可召與魯繆公欲友子思子思不悅而稱曰古人曰見賢人當事之豈云友之邪孟子云子思所以不悅者豈不謂臣不可友君弟子不可友師也若子思之意亦不可友況乎可召之

齊景公田招虞人以旌不至將殺之志士不

志在溝壑勇士不忘喪其元孔子奚取焉哉取非招不往也已說於上篇曰敢問招虞人何以萬章問招虞人當何用也曰以皮冠庶人以旃士以旂大夫以旌孟子曰招禮若是皮冠弁也旃通帛也因章曰旃旂旌有鈴者旌注旄首者以大夫之招招虞人虞人死不敢往以士之招招庶人庶人豈敢往哉況乎以不賢人之招招賢人乎以貴者之招招賤人賤人尚不敢往況以不賢人之招招賢人乎不賢之招不以禮也欲見賢人而不以其道猶欲其入而

閉之門也夫義路也禮門也惟君子能由是路出入是門也欲人之入而閉其門何得而入乎閉門由閉禮也詩云周道如砥其直如矢君子所履小人所視詩小雅大東之篇砥平矢直視比也周道平直君子履直道小人比而則之以喻虞人能效君子守死善道也萬章曰孔子君命召不俟駕而行然則孔子非與俟待也孔子不待駕而應君命也孔子爲之非與曰孔子當仕有官職而以其官召之也孟子言孔子所以不待駕者孔子當仕位有當職之事君以其官名召之豈得不顛倒詩云顛之倒之自公召之不謂賢者無位而君欲

己見也　章指言君子之志志於行道不得其禮亦不苟往於禮之可伊尹三聘而後就湯道之未洽沮溺耦耕接輿佯狂豈可見也

孟子謂萬章曰一鄉之善士斯友一鄉之善士一國之善士斯友一國之善士天下之善士斯友天下之善士鄉一鄉之善者國國中之善者天下四海之內也各以大小來相友自爲疇匹也以友天下之善士爲未足又尚論古之人頌其詩讀其書不知其人可乎是以論其世也是尚友也好善者以天下之善士爲

未足極其善道也尚上也乃復上論古之人頌其詩詩歌頌之故曰頌讀其書猶恐未知古人高下故論其世以別之也在三皇之世爲上在五帝之世爲次在三王之世爲下是爲好上友之人也　章指言好高慕遠君子之道雖各有倫樂其崇茂是以仲尼曰無友不如己者高山仰止景行行止

齊宣王問卿孟子曰王何卿之問也王問何卿也　王曰卿不同乎曰不同有貴戚之卿有異姓之卿孟子曰卿不同貴戚之卿謂內外親族也異姓之卿謂有德命爲三卿也　王曰請問貴戚之卿問貴戚之卿如何　曰君有大過則諫反覆之而不聽則易位孟子曰貴戚之卿反覆諫君君不聽則欲易君

之位更立親戚之貴者王勃然變乎色王聞此言愠怒而驚懼故勃然變色曰王勿異也王問臣臣不敢不以正對孟子曰王勿怪也王問臣臣不敢不以其正義對王色定然後請問異姓之卿王意解顏色定復問異姓之卿如之何曰君有過則諫反覆之而不聽則去孟子言異姓之卿諫君不從三而待放遂不聽之則去而之他國也

章指言國須賢臣必擇忠良親近貴戚或遭殃禍伊發有莘爲殷興道故云成湯立賢無方也

孟子卷第十

# 孟子卷第十一　趙氏注

## 告子章句上

告子者告姓也子男子之通稱也名不害兼治儒墨之道者甞學於孟子而不能純徹性命之理論語曰子罕言命謂性命之難言也以告子能執弟子之問故以題篇

告子曰性猶杞柳也義猶桮棬也以人性爲仁義猶以杞柳爲桮棬告子以爲人性爲才幹義爲成器猶以杞柳之木爲桮棬也杞柳柜柳也一曰杞木名也詩云北山有杞桮棬桮素也孟子曰子能順杞柳之性而以爲桮棬乎將戕賊杞柳而後以爲桮棬也戕猶殘也春秋傳曰戕舟發梁子能順完杞柳不傷

其性而成桮棬乎將以斤斧殘賊之乃可以爲桮棬乎言必殘賊也如將戕賊杞柳而以爲桮棬則亦將戕賊人以爲仁義與孟子言以人身爲仁義豈可復殘傷其形體乃成仁義邪明不可比桮棬也率天下之人而禍仁義者必子之言夫以告子轉性以爲仁義若轉木以成器必殘賊之故言率人以禍仁義者必子之言夫歎辭也　章指言養性長義順夫自然殘木爲器變而後成告子道偏見有不純仁內義外違人之端孟子拂之不假以言也

告子曰性猶湍水也決諸東方則東流決諸西方則西流人性之無分於善不善也

猶水之無分於東西也湍者圜也謂湍湍瀠水也告子以喻人性若是水也善惡隨物而化無本善不善之性也孟子曰水信無分於東西無分於上下乎人性之善也猶水之就下也人無有不善水無有不下今夫水搏而躍之可使過顙激而行之可使在山是豈水之性哉其勢則然也人之可使爲不善其性亦猶是也孟子曰水誠無分於東西故決之而往也水豈無分於上下乎水性但欲下耳人性生而有善猶水欲下也所以知人皆有善性似水無有不下者也躍跳顙額也人以手跳水可

使過顙激之可令上山皆迫於勢耳非水之性也人之可使爲不善非順其性也亦妄爲利欲之勢所誘迫耳猶是水也言其本性非不善也　章指言人之欲善猶水好下迫勢激躍失其素眞是以守正性者爲君子隨曲拂者爲小人也

告子曰生之謂性凡物生同類者皆同性　孟子曰生之謂性也猶白之謂白與猶見白物皆謂之同白無異性也曰然告子曰然白羽之白也猶白雪之白白雪之白猶白玉之白與孟子以爲羽性輕雪性消玉性堅雖俱白其性不同問告子以三白之性同邪曰然告子曰然誠以爲同也然則犬之性猶牛之

性牛之性猶人之性與孟子言犬之性豈與牛同所欲牛之性豈與人同所欲乎　章指言物雖有性性各殊異惟人之性與善俱生赤子入井以發其誠告子一之知其麤矣孟子精之是在其中

告子曰食色性也仁內也非外也義外也非內也人之甘食悅色者人之性也仁由內出義在外也不從己身出也孟子曰何以謂仁內義外也孟子怪告子是言也曰彼長而我長之非有長於我也猶彼白而我白之從其白於外也故謂之外也告子言見彼人年長大故我長敬之

長大者非在於我也猶白色見於外也曰異於白馬之白也無以異於白人之白也不識長馬之長也無以異於長人之長與且謂長者義乎長之者義乎孟子曰長異於白白馬白人同謂之白可也不知敬老馬無異於敬老人邪且謂老者爲有義乎將謂敬老者爲有義乎敬老者己也何以爲外也曰吾弟則愛之秦人之弟則不愛也是以我爲悅者也故謂之內長楚人之長亦長吾之長是以長爲悅者也故謂之外也告子曰愛從己則己心悅故謂之內所悅喜老者在外故曰外曰

耆秦人之炙無以異於耆吾炙夫物則亦有然者也然則耆炙亦有外與孟子曰耆炙同等情出於中敬楚人之老與敬己之老亦同己情往敬之雖非己炙同美故曰物則有然者也如耆炙之意豈在外邪言楚秦喻遠也　章指言事雖在外行其事者皆發於中明仁義由內所以曉告子之惑也

孟季子問公都子曰何以謂義內也季子亦以爲義外也曰行吾敬故謂之內也公都子曰以敬在心而行之故言內鄉人長於伯兄一歲則誰敬季子曰敬誰也曰敬兄公都子曰當敬兄也酌則誰先季子曰酌酒則先酌誰曰先酌

鄉人公都子曰當先鄉人所敬在此所長在彼果在外非由內也季子曰所敬者兄也所酌者鄉人也如此義果在外不由內也果猶竟也公都子不能荅以告孟子公都子無以荅季子之問孟子曰敬叔父乎敬弟乎彼將曰敬叔父曰弟爲尸則誰敬彼將曰敬弟子曰惡在其敬叔父也彼將曰在位故也子亦曰在位故也庸敬在兄斯須之敬在鄉人孟子使公都子荅季子如此言弟以在尸位故敬之鄉人在賓位故先酌之耳庸常也常敬在兄斯須之敬在鄉人也季子聞之曰

敬叔父則敬敬弟則敬果在外非由內也隨敬所在而敬之果在外公都子曰冬日則飲湯夏日則飲水然則飲食亦在外也湯水雖異名其得寒溫者中心也雖隨敬之所在亦中心敬之猶飲食從人所欲豈可復謂之外也　章指言凡人隨形不本其原賢者達情知所以然季子信之猶若告子公都受命然後乃理

公都子曰告子曰性無善無不善也公都子道告子以爲人性在化無本善不善也或曰性可以爲善可以爲不善是故文武興則民好善幽厲興則民好

暴公都子曰或人以爲可教以善不善亦由告子之意也故文武聖化之起民皆喜爲善幽厲虐政之起民皆好暴亂或曰有性善有性不善是故以堯爲君而有象以瞽瞍爲父而有舜以紂爲兄之子且以爲君而有微子啓王子比干公都子曰或人者以爲人各有性善惡不可化移堯爲君象爲臣不能使之爲善瞽瞍爲父不能化舜爲惡紂爲君又與微子比干有兄弟之親亦不能使此二子爲不仁是亦各有性也今曰性善然則彼皆非與公都子曰告子之徒其論如此今孟子曰人性盡善然則彼之所言皆非邪孟子曰乃若其情則可以爲善矣乃所

謂善也若夫爲不善非才之罪也若順也性與情相爲表裏性善勝情情則從之孝經曰此哀戚之情情從性也能順此情使之善者眞所謂善也若隨人而強作善者非善者之善也若爲不善者非所受天才之罪物動之故也惻隱之心人皆有之羞惡之心人皆有之恭敬之心人皆有之是非之心人皆有之惻隱之心仁也羞惡之心義也恭敬之心禮也是非之心智也仁義禮智非由外鑠我也我固有之也弗思耳矣故曰求則得之舍則失之或

相倍蓰而無筭者不能盡其才者也仁義禮智人皆有其端懷之於内非從外消鑠我也求存之則可得而用之舍縱之則亡失之矣故人之善惡或相倍蓰或至於無筭者不得相與計多少言其絶遠也所以惡乃至是者不能自盡其才性也故使有惡人非天獨與此人惡性其有下愚不移者譬如被疾不成之人所謂童昏也

詩曰天生蒸民有物有則民之秉夷好是懿德孔子曰爲此詩者其知道乎故有物必有則民之秉夷也故好是懿德詩大雅蒸民之篇言天生衆民有物則有所法則人法天也民之秉夷夷常也常好美德孔子謂之知道故曰人皆有善也

章指言天之生人皆有善性引而趨之善惡異衢高

下相懸賢愚舛殊尋其本者乃能一諸

孟子曰富歲子弟多賴凶歲子弟多暴非天之降才爾殊也其所以陷溺其心者然也富歲豐年也凶歲飢饉也子弟凡人之子弟也賴善暴惡也非天降下才性與之異也以飢寒之阨陷溺其心使爲惡者也今夫麰麥播種而耰之其地同樹之時又同浡然而生至於日至之時皆孰矣雖有不同則地有肥磽雨露之養人事之不齊也麰麥大麥也詩云詒我來麰言人性之同如此麰麥其不同者人事雨澤

有不足地之有肥磽耳磽薄也故凡同類者舉相似也何獨至於人而疑之聖人與我同類者聖人亦人也其相覺者以心知耳蓋體類與人同故舉相似也故龍子曰不知足而爲屨我知其不爲蕢也屨之相似天下之足同也龍子古賢者也雖不知足小大作屨者猶不更作蕢蕢草器也以屨相似天下之足略同故也口之於味有同耆也易牙先得我口之所耆者也如使口之於味也其性與人殊若犬馬之與我不同類也則天下何耆皆從

易牙之於味也，至於味天下期於易牙，是天下之口相似也。人口之所耆者相似，故皆以易牙爲知味，言口之同也。惟耳亦然，至於聲天下期於師曠，是天下之耳相似也。耳亦猶口也，天下皆以師曠爲知聲之微妙也。惟目亦然，至於子都天下莫不知其姣也，不知子都之姣者無目者也。目亦猶耳也。子都，古之姣好者也。詩云：不見子都，乃見狂且。儻無目者，乃不知子都好耳。言目之同耳。故曰口之於味也有同耆焉，耳之於聲也有同聽焉，目之於色也有同美焉於心獨無所同然乎言人之心性皆同也心之所同然者何也謂理也義也聖人先得我心之所同然耳故理義之悦我心猶芻豢之悦我口心所同耆者義理也理者得道之理聖人先得理義之要耳理義之悦心如芻豢之悦口誰不同也草牲曰芻穀養曰豢　章指言人稟性俱有好憎耳目口心所悦者同或爲君子或爲小人猶麰麥不齊雨露使然也孟子言是所以勗而進之

孟子曰牛山之木甞美矣以其郊於大國也斧斤伐之可以爲美乎是其日夜之所

息雨露之所潤非無萌櫱之生焉牛羊又從而牧之是以若彼濯濯也人見其濯濯也以爲未嘗有材焉此豈山之性也哉牛山齊之東南山也邑外謂之郊息長也濯濯無草木之貌牛山未嘗盛美以在國郊斧斤牛羊使之不得有草木耳非山之性無草木也雖存乎人者豈無仁義之心哉其所以放其良心者亦猶斧斤之於木也旦旦而伐之可以爲美乎其日夜之所息平旦之氣其好惡與人相近也者幾希存在

也言雖在人之性亦猶此山之有草木也人豈無仁義之心邪其日夜之思欲息長仁義平旦之志氣其好惡凡人皆有與賢人相近之心幾豈也豈希言不遠也則其旦晝之所爲有梏亡之矣梏之反覆則其夜氣不足以存夜氣不足以存則其違禽獸不遠矣人見其禽獸也而以爲未嘗有才焉者是豈人之情也哉旦晝晝日也其所爲萬事有梏亂之使亡失其日夜之所息也梏之反覆利害干其心其夜氣不能復存也人見惡人禽獸之行以爲未嘗有善才性此非人之情也故苟得其養無物不長苟失其養無物不消孔子曰

操則存，舍則亡，出入無時，莫知其鄉，惟心之謂與。誠得其養，若雨露於草木，法度於仁義，何有不長也。誠失其養，若斧斤牛羊之消草木，利欲之消仁義，何有不盡也。孔子曰：「持之則在，縱之則亡，莫知其鄉。」鄉猶里，以喻居也。獨心爲若是也。章指言秉心持正，使邪不干，猶止斧斤不伐牛山，山則木茂，人則稱仁也。

孟子曰：無或乎王之不智也。王，齊王也。或，怪也。時人有怪王不智而孟子不輔之，故言此也。雖有天下易生之物也，一日暴之，十日寒之，未有能生者也。吾見亦罕矣，吾退而寒之者至矣，吾如有萌焉何哉。種易生之草木五穀一日暴温之十日陰寒以殺之物何能生我亦希見於王旣見而退寒之者至謂左右佞諂順意者多譬諸萬物何由得有萌牙生也今夫弈之爲數小數也不專心致志則不得也弈博也或曰圍棊論語曰不有博弈者乎數技也雖小技不專心則不得也弈秋通國之善弈者也使弈秋誨二人弈其一人專心致志惟弈秋之爲聽一人雖聽之一心以爲有鴻鵠將至思援弓繳而射之雖與之俱學弗若之矣爲是其智弗若與曰非然也有人名秋通一國皆謂之善弈曰弈秋使

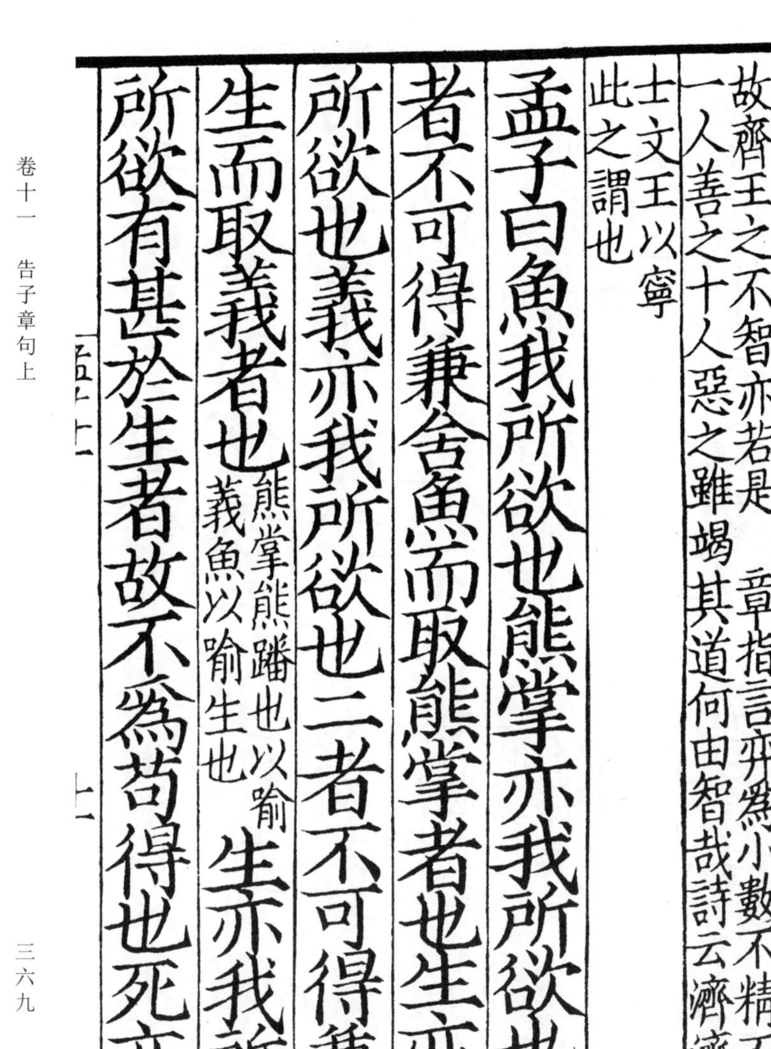

教二人弈其一人惟秋所善而聽之其一人念欲射鴻鵠故不如也爲是謂其智不如也曰非也以不致志也故齊王之不智亦若是　章指言弈爲小數不精不能一人善之十人惡之雖竭其道何由智哉詩云濟濟多士文王以寧此之謂也

孟子曰魚我所欲也熊掌亦我所欲也二者不可得兼舍魚而取熊掌者也生亦我所欲也義亦我所欲也二者不可得兼舍生而取義者也熊掌熊蹯也以喻義魚以喻生也生亦我所欲所欲有甚於生者故不爲苟得也死亦我

所惡所惡有甚於死者故患有所不辟也如使人之所欲莫甚於生則凡可以得生者何不用也使人之所惡莫甚於死者則凡可以辟患者何不爲也有甚於生者謂義也義者不可苟得有甚於死者謂無義也不苟辟患也莫甚於生則苟利而求生矣莫甚於死則可辟患不擇善何不爲耳由是則生而有不用也由是則可以辟患而有不爲也是故所欲有甚於生者所惡有甚於死者非獨賢者有是心也人皆有之

賢者能勿喪耳有不用不用苟生也有不爲不爲苟惡而辟患也有甚於生義甚於生也有甚於死惡甚於死也凡人皆有是心賢者能勿喪亡之也一簞食一豆羹得之則生弗得則死嘑爾而與之行道之人弗受蹴爾而與之乞人不屑也人之餓者得此一器食可以生不得則死嘑爾猶呼爾咄啐之貌也行道之人道中凡人以其賤已故不肯受也蹴蹋也以足踐蹋與之乞人不絜之亦由其小故輕而不受也萬鍾則不辯禮義而受之萬鍾於我何加焉爲宮室之美妻妾之奉所識窮乏者得我與言一簞食則貴禮至於萬鍾則不復

辯別有禮義與不鍾量器也萬鍾於己身何加益哉己身不能獨食萬鍾也豈不爲廣美宫室供奉妻妾施與所知之人窮乏者

鄉爲身死而不受今爲宫室之美爲之鄉爲身死而不受今爲妻妾之奉爲之鄉爲身死而不受今爲所識窮乏者得我而爲之是亦不可以已乎此之謂失其本心

鄉者不得簞食而食則身死尚不受也今爲此三者爲之是不亦可以止乎所謂失其本心也

章指言舍生取義義之大者也簞食萬鍾用有輕重縱彼納此蓋違其本凡人皆然君子則否所以殊也

孟子曰仁人心也義人路也舍其路而弗

由放其心而不知求哀哉不行仁義者不由路不求心者也可哀憫哉人有雞犬放則知求之有放心而不知求學問之道無他求其放心而已矣人知求雞狗莫知求其心者惑也學問所以求之章指言由路求心爲得其本追逐雞狗務其末也學以求之詳矣

孟子曰今有無名之指屈而不信非疾痛害事也如有能信之者則不遠秦楚之路爲指之不若人也無名之指手之第四指也蓋以其餘指皆有名無名指者非手之用指也雖不疾痛妨害於事猶欲信之不遠秦楚爲指不若人故也指不若人則

知惡之心不若人則不知惡此之謂不知類也心不若人可惡之大者也而反惡指故曰不知其類也類事也　章指言舍大惡小不知其要憂指忘心不鄉於道是以君子惡之也

孟子曰拱把之桐梓人苟欲生之皆知所以養之者至於身而不知所以養之者豈愛身不若桐梓哉弗思甚也拱合兩手也把以一手把之也桐梓皆木名也人皆知灌溉而養之至於養身之道當以仁義而不知用豈於身不若桐梓哉不思之甚也章指言莫知養身而養樹木失事違務不得所急所以誡未達者也

孟子曰人之於身也兼所愛兼所愛則兼所養也無尺寸之膚不愛焉則無尺寸之膚不養也人之所愛則養之於身也一尺一寸之膚養相及也所以考其善不善者豈有他哉於己取之而已矣考知其善否皆在己之所養也體有貴賤有大小無以小害大無以賤害貴養其小者爲小人養其大者爲大人養小則害大養賤則害貴小口腹也大心志也頭頸貴者也指拇賤者也不可舍貴養賤也務口腹者爲小人治心志者爲大人今有場師舍其梧檟養其

樲棘則爲賤場師焉場師治場圃者場以治穀圃園也梧桐檟梓皆木名樲棘小棘所謂酸棗也言此以喻人舍大養小故曰賤場師也養其一指而失其肩背而不知也則爲狼疾人也謂醫養人疾治其一指而不知其肩背之有疾以至於害之此爲狼籍亂不知治疾之人也飲食之人則人賤之矣爲其養小以失大也飲食之人無有失也則口腹豈適爲尺寸之膚哉飲食之人人所以賤之者爲其養口腹而失道德耳如使不失道德存仁義以往不嫌於養口腹也故曰口腹豈但爲肥長尺寸之膚邪亦爲懷道者也章指言養其行治其正俱用智力善惡相厲是以君子居處思義飲食思禮也

公都子問曰鈞是人也或爲大人或爲小人何也 鈞同也言有大有小何也 孟子曰從其大體爲大人從其小體爲小人 大體心思禮義小體縱恣情慾 曰鈞是人也或從其大體或從其小體何也 公都子言人何獨有從小體也 曰耳目之官不思而蔽於物物交物則引之而已矣心之官則思思則得之不思則不得也此天之所與我者先立乎其大者則其小者弗能奪也此爲大人而

已矣孟子曰人有耳目之官不思故爲物所蔽官精神所在也謂人有五官六府物事也利欲之事來交引其精神心官不思善故失其道而陷爲小人也此乃天所與人情性先立乎其大者謂生而有善性也小者情欲也善勝惡則惡不能奪　章指言天與人性先立其大心官思之邪不乖越故謂之大人也

孟子曰有天爵者有人爵者仁義忠信樂善不倦此天爵也公卿大夫此人爵也天爵以德人爵以祿古之人脩其天爵而人爵從之今之人脩其天爵以要人爵既得人爵而棄其天爵則惑之甚者也人爵從之人爵自至也以要人爵要求也得人爵棄

天爵惑之甚也終亦必亡而已矣棄善忘德終必亡之章指言古脩天爵自樂之也今要人爵以誘時也得人棄天道之忌也惑以招亡小人事也

孟子曰欲貴者人之同心也人人有貴於己者弗思耳人之所貴者非良貴也趙孟之所貴趙孟能賤之人皆同欲貴之心人人自有貴者在己身不思之耳在己者謂仁義廣譽也凡人之所貴富故曰非良貴者趙孟晉卿之貴者也能貴人又能賤人人所自有者他人不能賤之也詩云既醉以酒既飽以德言飽乎仁義也所以不願人之膏粱之味也令聞廣

譽施於身所以不願人之文繡也詩大雅既醉之篇言飽德者飽仁義之於身身之貴者也不願人膏粱矣膏粱細粱如膏者也文繡繡衣服也　章指言所貴在身人不知求膏粱文繡己之所優趙孟所貴何能比之是以君子貧而樂也

孟子曰仁之勝不仁也猶水勝火今之爲仁者猶以一杯水救一車薪之火也不熄則謂之水不勝火此又與於不仁之甚者也亦終必亡而已矣水勝火取水足以制火一杯水何能勝一車薪之火也以此謂水不勝火爲仁者亦若是則與作不仁之甚者也亡猶無也亦終必無仁矣　章指言爲仁不至不

反諸己謂水勝火熄而後已不仁之甚終必亡矣爲道不卒無益於賢也

孟子曰五穀者種之美者也苟爲不熟不如荑稗夫仁亦在乎熟之而已矣熟成也五穀雖美種之不成不如荑稗之草其實可食爲仁不成猶是也　章指言功毀幾成人在慎終五穀不熟荑稗是勝是以爲仁必其成也

孟子曰羿之教人射必志於彀學者亦必志於彀羿古之工射者彀張也弩向包的者用思要時也學者志道猶射者之張也大匠誨人必以規矩學者亦必以規矩大匠攻木之工

規所以爲圜也矩所以爲方也誨教也教人必須規矩學者以仁義爲法式亦猶大匠以規矩者也　章指言事各有本道有所隆彀張規矩以兪爲仁學不爲仁猶是二教失其法而行之也

# 孟子卷第十一

# 孟子卷第十二

## 告子章句下　趙氏注

任人有問屋廬子曰禮與食孰重任國之人問孟子弟子屋廬連問二者何者爲重曰禮重荅曰禮重色與禮孰重曰禮重重如上也曰以禮食則飢而死不以禮食則得食必以禮乎親迎則不得妻不親迎則得妻必親迎乎任人難屋廬子云若是則必待禮乎屋廬子不能對明日之鄒以告孟子孟子曰於荅

是也何有於音烏歎辭也何有爲不可荅也不揣其本而齊其末方寸之木可使高於岑樓金重於羽者豈謂一鉤金與一輿羽之謂哉取食之重者與禮之輕者而比之奚翅食重取色之重者與禮之輕者而比之奚翅色重孟子言夫物當揣量其本以齊等其末知其大小輕重乃可言也不節其數累積方寸之木可使高於岑樓岑樓山之銳嶺者寧可謂寸木高於山耶金重於羽耶如取食色之重者比禮之輕者何翅食色重哉翅辭也若言何其不重也往應之曰紾兄之臂而奪之食則得

食不紾則不得食則將紾之乎踰東家牆而摟其處子則得妻不摟則不得妻則將摟之乎敎屋廬子往應任人如是紾戾也摟牽也處子處女也則是禮重食色輕者也章指言臨事量宜權其輕重以禮爲先食色爲後若有偏殊從其大者屋廬子未達故譬摟紾也

曹交問曰人皆可以爲堯舜有諸孟子曰然曹交曹君之弟交名也荅曰然者言人皆有仁義之心堯舜行仁義而已交聞文王十尺湯九尺今交九尺四寸以長食粟而已如何則可交聞文王與湯皆長而聖今交亦長獨但食粟而已當如何曰奚

有於是亦爲之而已矣有人於此力不能勝一匹雛則爲無力人矣今日舉百鈞則爲有力人矣則舉烏獲之任是亦爲烏獲而已矣夫人豈以不勝爲患哉弗爲耳孟子曰何有於是言乎仁義之道亦當爲之乃爲賢耳人言我力不能勝一小雛則謂之無力之人言我能舉百鈞百鈞三千斤也則謂之有力之人矣烏獲古之有力人也能移舉千鈞人能舉其所任是爲烏獲才也夫一匹雛不舉豈患不能勝哉但不爲之耳徐行後長者謂之弟疾行先長者謂之不弟夫徐行者豈人所不能

哉所不爲也長者老者也弟順也人誰不能徐行者患不肯爲也堯舜之道孝弟而已矣子服堯之服誦堯之言行堯之行是堯而已矣子服桀之服誦桀之言行桀之行是桀而已矣孝弟而已人所能也堯服衣服不踰禮也堯言行義之言堯行孝弟之行桀服譎詭非常之服桀言不行仁義之言桀行淫虐之行也爲堯似堯爲桀似桀曰交得見於鄒君可以假館願留而受業於門交欲學於孟子願因鄒君假館舍備門徒也曰夫道若大路然豈難知哉人病不求耳子歸而求之有餘

師孟子言堯舜之道較然若大路豈有難知人苦不肯求耳子歸曹而求行其道有餘師師不少也不必留此學也　章指言天下大道人並由之病於不爲不患不能是以曹交請學孟子辭焉蓋詩三百一言以蔽之

公孫丑問曰高子曰小弁小人之詩也孟子曰何以言之曰怨高子齊人也小弁小雅之篇伯奇之詩也怨者怨親之過故謂之小人曰固哉高叟之爲詩也有人於此越人關弓而射之則己談笑而道之無他疏之也其兄關弓而射之則己垂涕泣而道之無他戚之也小弁之怨親親也親親仁也固

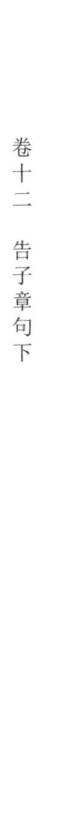

矣夫高叟之爲詩也固陋也高子年長孟子曰陋哉高父之爲詩也疏越人故談笑戚親也親其兄故號泣而道之怪怨之意也伯奇仁人而父虐之故作小弁之詩曰何辜於天親親而悲怨之辭也重言固陋傷高叟不達詩人之意甚也曰凱風何以不怨詩邶風凱風之篇也公孫丑曰凱風亦孝子之詩何以獨不怨曰凱風親之過小者也小弁親之過大者也親之過大而不怨是愈疏也親之過小而怨是不可磯也愈疏不孝也不可磯亦不孝也孔子曰舜其至孝矣五十而慕孟子曰凱風言莫慰母心母心不悅也知親之過小也小弁曰行有

死人尚或墐之而曾不閔已知親之過大也愈益也過已大矣而孝子不怨思其親之意何爲如是是益疏之道也故曰不孝磯激也過小耳而孝子感激輒怨其親是亦不孝也孔子以舜年五十而思慕其親不殆稱曰孝之至矣孝之不可以已也知高叟譏小弁爲不得矣

章指言生之膝下一體而分喘息呼吸氣通於親當親而疏怨慕號天是以小弁之怨未足爲愆也

宋牼將之楚孟子遇於石丘曰先生將何之

宋牼宋人名牼學士年長者故謂之先生石丘地名也道遇問欲何之

曰吾聞秦楚搆兵我將見楚王說而罷之楚王不悅我將見秦王說而罷之二王我將有所遇焉

牼自謂往說二王必有所遇得從其志曰軻也請無問其詳願聞其指說之將何如孟子敬宋牼自稱其名曰軻不敢詳問願聞其指欲如何說之曰我將言其不利也牼曰我將爲二王言興兵之不利也曰先生之志則大矣先生之號則不可先生以利說秦楚之王秦楚之王悅於利以罷三軍之師是三軍之士樂罷而悅於利也爲人臣者懷利以事其君爲人子者懷利以事其父爲人弟者懷利以事其兄是君臣

父子兄弟終去仁義懷利以相接然而不亡者未之有也孟子曰先生志誠大矣所稱名號不可用也二王悅利罷三軍三軍士樂之而悅利則舉國尚利以相接待而忘仁義則其國亡矣先生以仁義說秦楚之王秦楚之王悅於仁義而罷三軍之師是三軍之士樂罷而悅於仁義也爲人臣者懷仁義以事其君爲人子者懷仁義以事其父爲人弟者懷仁義以事其兄是君臣父子兄弟去利懷仁義以相接也然

而不王者未之有也何必曰利以仁義之道不忍興兵三軍之士悅國人化之咸以仁義相接可以致王何必以利爲名也　章指言上之所欲下以爲俗俗化於善久而致平俗化於惡久而致傾是以君子創業愼其所以爲名也

孟子居鄒季任爲任處守以幣交受之而不報處於平陸儲子爲相以幣交受之而不報任薛之同姓小國也季任任君季弟也任君朝會於鄰國季任爲之居守其國也致幣帛之禮以交孟子受之而未報也平陸齊下邑也儲子齊相也亦致禮以交孟子而未荅也他日由鄒之任見季子由平陸之齊不見儲子屋廬

子喜曰連得閒矣問曰夫子之任見季子之齊不見儲子爲其爲相與（連屋廬子名也見孟子荅此二人有異故喜曰連今日乃得一見夫子與之間隙也俱荅二人獨見季子不見儲子者以季子當君國子民之處儲子爲相故輕之邪）曰非也書曰享多儀儀不及物曰不享惟不役志於享爲其不成享也（孟子曰非也非以儲子爲相故不見尚書洛誥篇曰享多儀言享見之禮多儀法也物事也儀不及事謂有闕也故曰不成享禮儲子本禮不足故我不見也）屋廬子悅或問之屋廬子曰季子不得之鄒儲子得之平陸（屋廬子已曉其意聞義而

服故悦也人問之曰何爲若是屋廬子曰季子守國不得越境至鄒不身造孟子可也儲子爲相得循行國中但游交禮爲其不尊賢故荅而不見　章指言君子交接動不違禮享見之儀亢荅不差是以孟子或見或不荅以其宜也

淳于髡曰先名實者爲人也後名實者自爲也夫子在三卿之中名實未加於上下而去之仁者固如此乎　淳于姓髡名也齊之辯士名者有道德之名實者治國惠民之功實也齊大國有三卿謂孟子嘗處此三卿之中矣未聞名實下濟於民上匡其君而速去之仁者之道固當然邪　孟子曰居下位不以賢事不肖者

伯夷也五就湯五就桀者伊尹也不惡汙君不辭小官者柳下惠也三子者不同道其趨一也伊尹爲湯見貢於桀桀不用而歸湯湯復貢之如此者五思濟民冀得施行其道也此三人雖異道所履者一也一者何也髡問一者何也曰仁也君子亦仁而已矣何必同孟子言君子進退行止未必同也趨於履仁而已髡譏其速去故引三子以喻意也曰魯繆公之時公儀子爲政子柳子思爲臣魯之削也滋甚若是乎賢者之無益於國也髡曰魯繆公時公儀休爲執政之卿子柳泄柳也子思孔伋也二人

皆師傅之臣不能救魯之見削奪亡其土地者多若是賢者無所益於國家者何用賢爲曰虞不用百里奚而亡秦繆公用之而霸不用賢則亡削何可得與孟子云百里奚所去國亡所在國霸無賢國亡何但得削豈可不用賢也曰昔者王豹處於淇而河西善謳緜駒處於高唐而齊右善歌華周杞梁之妻善哭其夫而變國俗有諸內必形諸外爲其事而無其功者髡未嘗覩之也是故無賢者也有則髡必識之王豹衛之善謳者淇水名衞詩竹竿之篇曰泉

源在左淇水在右碩人之篇曰河水洋洋北流活活衛地濵於淇水在北流河之西故曰處於淇而河西善謳所謂鄭衛之聲也緜駒善歌者也高唐齊西邑緜駒處之故曰齊右善歌華周華旋也杞梁杞殖也二人齊大夫死於戎事者其妻哭之哀城爲之崩國俗化之則效其哭髡曰如是歌哭者尚能變俗有中則見外爲之而無功者髡不聞也有功乃爲賢者不見其功故謂之無賢者也如有之則髡必識知之

曰孔子爲魯司寇不用從而祭燔肉不至不稅冕而行不知者以爲爲肉也其知者以爲爲無禮也乃孔子則欲以微罪行不欲爲苟去君子之所爲衆人固不識也 孟子言孔子爲魯賢

臣不用不能用其道也從魯君而祭於宗廟當賜大夫以胙燔肉不至膰炙者爲燔詩云燔炙芬芬反歸其舍未及稅解祭之冕而行出適佗國不知者以爲不得燔肉而慍也知者以爲爲君無禮乃欲以微罪行燔肉不至我黨從祭之禮不備有微罪乎乃聖人之妙旨不欲爲誠欲急去也衆人固不能知君子之所爲謂髡不能知賢者之志也　章指言見機而作不俟終日孔子將行冕不及稅庸人不識課以功實淳于髡雖辯終亦屈服正者勝也

孟子曰五霸者三王之罪人也五霸者大國秉直道以率諸侯齊桓晉文秦繆宋襄楚莊是也三王夏禹殷湯周文王是也今之諸侯五霸之罪人也今之大夫今之諸侯之罪人也

謂當孟子之時諸侯及大夫也諸侯臣揔謂之大夫罪人之事下別言之天子適諸侯曰巡狩諸侯朝於天子曰述職春省耕而補不足秋省斂而助不給入其疆土地辟田野治養老尊賢俊傑在位則有慶慶以地入其疆土地荒蕪遺老失賢掊克在位則有讓一不朝則貶其爵再不朝則削其地三不朝則六師移之是故天子討而不伐諸侯伐而不討五霸者摟諸侯以伐

諸侯者也故曰五霸者三王之罪人也巡狩述職皆以助人民慶賞也養老尊賢能者在位賞之以地益其地也掊克不良之人在位則責讓之不朝至三討之以六師移之就之也討者上討下也伐者敵國相征伐也五霸强摟牽諸侯以伐諸侯不以王命也於三王之法乃罪人也五霸桓公爲盛葵丘之會諸侯束牲載書而不歃血初命曰誅不孝無易樹子無以妾爲妻再命曰尊賢育才以彰有德三命曰敬老慈幼無忘賓旅四命曰士無世官官事無攝取士必得無專殺大夫

五命曰無曲防無遏糴無有封而不告曰凡我同盟之人既盟之後言歸于好今之諸侯皆犯此五禁故曰今之諸侯五霸之罪人也齊桓公五霸之盛者也與諸侯會于葵丘束縛其牲但加載書不復歃血言畏桓公不敢負也不得專誅不孝樹立也巳立世子不得擅易也不得立愛妾爲嫡也尊賢養才所以彰明有德之人敬老愛少恤矜孤寡賔客羇旅勿忘忽也仕爲大臣不得世官賢臣乃得世祿也官事無攝無曠庶僚也取士必得賢立之無方也無專殺大夫不得以私怒行誅戮也無敢違王法而以己曲意設防禁也無遏止穀糴不通鄰國也無以私恩擅有所封賞而不告盟主也言歸于好無搆怨也桓公施此五命而今諸侯皆犯之故曰罪人

也
長君之惡其罪小逢君之惡其罪大今之大夫皆逢君之惡故曰今之大夫今之諸侯之罪人也君有惡命臣長大而宣之其罪在不能距逆君命故曰小也逢迎也君之惡心未發臣以諂媚逢迎而導君爲非故曰罪大今諸侯之大夫皆逢君之惡故曰罪人也　章指言王道寖衰轉爲罪人孟子傷之是以博思古法匡時君也

魯欲使慎子爲將軍孟子曰不教民而用之謂之殃民殃民者不容於堯舜之世一戰勝齊遂有南陽然且不可慎子善用兵者不教民以仁義

而用之戰鬬是使民有殃禍也堯舜之世皆行仁義故好戰殃民者不能自容也就使慎子能爲魯一戰取齊南陽之地且猶不可山南曰陽岱山之南謂之南陽也慎子勃然不悅曰此則滑釐所不識也滑釐慎子名不悅故曰我所不知此言何謂也曰吾明告子天子之地方千里不千里不足以待諸侯諸侯之地方百里不百里不足以守宗廟之典籍周公之封於魯爲方百里也地非不足而儉於百里太公之封於齊也亦爲方百里也地非不足也而儉於百里今魯方

百里者五子以爲有王者作則魯在所損乎在所益乎徒取諸彼以與此然且仁者不爲況於殺人以求之乎孟子見慎子不悦故曰明告子天子諸侯地制如是諸侯當來朝聘故言守宗廟典籍謂先祖常籍法度之文也周公太公地尚不能滿百里儉而不足也後世兼侵小國今魯乃五百里矣有王者作若文王武王者子以爲魯在所損之中邪在所益之中也言其必見損也但取彼與此爲無傷害仁者尚不肯爲況戰鬬殺人以求廣土地乎君子之事君也務引其君以當道志於仁而已言君子事君之法牽引其君以當正道者仁也志仁而已欲使慎子輔君以仁　章指言招攜懷遠貴以德禮既其用兵

廟勝爲上戰勝爲下明賊戰也

孟子曰今之事君者曰我能爲君辟土地充府庫今之所謂良臣古之所謂民賊也辟土地侵鄰國也充府庫重賦斂也今之所謂良臣者於古之法爲民賊傷民故謂之賊也君不鄉道不志於仁而求富之是富桀也爲惡君聚斂以富之爲富桀也謂若夏桀也我能爲君約與國戰必克今之所謂良臣古之所謂民賊也連諸侯以戰求必勝也君不鄉道不志於仁而求爲之強戰是輔

桀也說與上同由今之道無變今之俗雖與之天下不能一朝居也今之道非善道今之世俗漸惡久矣若不變更雖得天下之政而治之不能自安一朝之間居其位也章指言善爲國者必藏於民賊民以往其餘何觀變俗移風非樂不化以亂濟民不知其善也

白圭曰吾欲二十而取一何如白圭周人也節以貨殖欲省賦利民使二十而稅一孟子曰子之道貉道也萬室之邑一人陶則可乎貉夷貉之人在荒服者也貉之稅二十而取一萬家之國使一人陶瓦器則可乎以此喻白圭所言也曰不可器不足用也白圭

曰一人陶則瓦器不足以供萬室之用也曰夫貉五穀不生惟黍生之無城郭宮室宗廟祭祀之禮無諸侯幣帛饔飧無百官有司故二十取一而足也貉在北方其氣寒不生五穀黍早熟故獨生之也無中國之禮如此之用故可二十取一而足也今居中國去人倫無君子如之何其可也陶以寡且不可以爲國況無君子乎欲輕之於堯舜之道者大貉小貉也欲重之於堯舜之道者大桀小桀也今之居中國當行禮義而欲效夷貉無人倫之敘無

君子之道豈可哉陶器者少尚不可以爲國況無君子之道乎堯舜以來什一而稅足以行禮故以此爲道今欲輕之二十稅一者夷貉爲大貉子爲小貉也欲重之過什一則夏桀爲大桀子爲小桀也　章指言先王典禮萬世可遵什一供貢下富上尊裔土簡惰二十而稅夷狄有君不足爲貴圭欲法之孟子斥之以王制也

白圭曰丹之治水也愈於禹丹名圭字也當諸侯時有小水白圭爲治除之因自謂過禹也孟子曰子過矣禹之治水水之道也是故禹以四海爲壑今吾子以鄰國爲壑水逆行謂之洚水洚水者洪水也仁人之所惡也吾子過矣子之所言過矣禹除中國之害以四

海爲溝壑以受其害水故後世賴之今子除水近注之
鄰國觸於洚水之名仁人惡爲之自以爲愈於禹子亦
過甚矣　章指言君子除害普爲人也白圭
壑鄰亦以狹矣是故賢者志其大者遠者也

孟子曰君子不亮惡乎執　亮信也易曰君子履信思順若爲君
子之道舍信將安執之　章指言論語曰
自古皆有死民無信不立重信之至也

魯欲使樂正子爲政　樂正子克也魯君欲使之執政於國　孟子
曰吾聞之喜而不寐　喜其人道德得行爲之喜而不寐　公孫
丑曰樂正子強乎曰否有智慮乎曰否多
聞識乎曰否　丑問樂正子有此三問之所能乎孟子皆曰否不能有此也　然則

奚爲喜而不寐丑問無此三者何爲喜而不寐曰其爲人也好善孟子言樂正子之爲人也能好善故爲之喜好善足乎丑問人但好善足以治國乎曰好善優於天下而況魯國乎夫苟好善則四海之內皆將輕千里而來告之以善夫苟不好善則人將曰訑訑予既已知之矣訑訑之聲音顏色距人於千里之外孟子曰好善樂聞善言是采用之也以此治天下可以優之虞舜是也何況於魯不能治乎人誠好善四海之士皆輕行千里以善來告之誠不好善則其人將曰訑訑賤佗人之言訑訑者自足其智不嗜善言之貌

訑訑之人發聲音見顏色人皆知其不欲受善言也道術之士聞之止於千里之外而不來也士止於千里之外則讒諂面諛之人至矣與讒諂面諛之人居國欲治可得乎懷善言之士止於千里之外不肯就之則邪惡順意之人至矣與邪惡居欲使國治豈可得乎　章指言好善從人聖人一槩禹聞讜言荅之而拜訑訑吐之善人亦逝善去惡來道若合符詩曰雨雪瀌瀌見晛聿消此之謂也

陳子曰古之君子何如則仕陳臻問古之君子得何禮可以仕也孟子曰所就三所去三迎之致敬以有禮言將行其言也則就之禮貌未衰言弗

行也則去之其次雖未行其言也迎之致敬以有禮則就之禮貌衰則去之其下朝不食夕不食飢餓不能出門戶君聞之曰吾大者不能行其道又不能從其言也使飢餓於我土地吾恥之周之亦可受也免死而已矣所去就謂下事也禮者接之以禮也貌者顏色和順有樂賢之容禮衰不敬也貌衰不悅也其下者困而不能與之祿則當去矜其困而周之苟免死而已此三就三去之道窮餓而去不疑也故不言去免死而留爲死故也權時之宜嫌其疑也故載之也　章指言士雖正道亦有量宜聽言爲上禮

貌次之困而免死斯爲下矣備此三科亦無疑也

孟子曰舜發於畎畝之中傅説舉於版築之閒膠鬲舉於魚鹽之中管夷吾舉於士孫叔敖舉於海百里奚舉於市故天將降大任於是人也必先苦其心志勞其筋骨餓其體膚空乏其身行拂亂其所爲所以動心忍性曾益其所不能舜耕歷山三十徵庸傅説築傅巖武丁舉以爲相膠鬲殷之賢臣遭紂之亂隱遁爲商文王於鬻販魚鹽之中得其人舉之以爲臣也士獄官也管

夷吾自魯囚執於士官桓公舉以爲相國孫叔敖隱處耕於海濱楚莊王舉之以爲令尹百里奚亡虞適秦隱於都市而以爲相也言天將降下大事以任聖賢必先勤勞其身餓其體而瘠其膚使其身乏資絕糧所行不從拂戾而亂之者所以動驚其心堅忍其性使不違仁困而知勤曾益其素所以不能行

人恒過然後能改困於心衡於慮而後作徵於色發於聲而後喻

人常以有繆思過行不得福然後乃更其所爲以不能爲能也困瘁於心衡橫也橫塞其慮於胷臆之中而後作爲奇計異策憤激之說也徵驗見於顏色若屈原憔悴漁父見而怪之發於聲而後喻若甯戚商歌桓公異之

入則無法家拂士出則無敵國外患者國恒亡然後知生於憂患

而死於安樂也入謂國內也無法度大臣之家輔拂之士出謂國外也無敵國可難無外患可憂則凡庸之君驕慢荒怠國常以此亡也故知能生於憂患死於安樂也死亡也安樂怠惰使人亡其知能也　章指言聖賢困窮天堅其志次賢感激乃奮其慮凡人佚樂以喪知能賢愚之叙也

孟子曰教亦多術矣予不屑之教誨也者是亦教誨之而已矣教人之道多術予我也屑絜也我不絜其人之行故不教誨之其人感此退自脩學而爲仁義是亦我教誨之一道也　章指言學而見賤恥之大者激而厲之能者以改教誨之方或折或引同歸殊塗成之而已

孟子卷第十二

# 孟子卷第十三

趙氏注

## 盡心章句上

盡心者，人之有心爲精氣主，思慮可否，然後行之，猶人法天，天之執持維綱，以正二十八舍者，北辰也。論語曰：「北辰居其所而衆星拱之。」心者，人之北辰也。曰存其心，養其性，所以事天也。故以盡心題篇

孟子曰：盡其心者，知其性也。知其性，則知天也。性有仁義禮智之端，心以制之。惟心爲正，人能盡極其心，以思行善，則可謂知其性矣。知其性則知天道之貴善者也。存其心，養其性，所以事天也。能存其心，養育其正性，可謂仁人。天道好生，仁人亦好生。天道無親，惟仁是與。行與天合，故曰所以事天。殀

壽不貳脩身以俟之所以立命也貳二也仁人之行一度而已雖見前人或殀或壽終無二心改易其道殀若顏淵壽若邵公皆歸之命脩正其身以待天命此所以立命之本也　章指言盡心竭性足以承天殀壽禍福秉心不違立命之道惟是爲珍

孟子曰莫非命也順受其正莫無也人之終無非命也命有三名行善得善曰受命行善得惡曰遭命行惡得惡曰隨命惟順受命爲受其正也是故知命者不立乎巖牆之下盡其道而死者正命也知命者欲趨於正故不立巖牆之下恐壓覆也盡脩身之道以壽終者爲得正命也桎梏死者非正命也畏壓溺禮所不弔故曰非正命也　章指言人必趨命貴受其正巖牆之

疑君子遠之

孟子曰：求則得之，舍則失之，是求有益於得也，求在我者也。謂脩仁行義事在於我，我求則得，我舍則失，故求有益於得也。

求之有道，得之有命，是求無益於得也，求在外者也。謂賢者脩其天爵而人爵從之，故曰求之有道也。脩天爵者或得或否，故言得之有命也。爵祿須知己，知己者在外，非身所專，是以云求無益於得也，求在外也。

章指言：爲仁由己，富貴在天，故孔子曰如不可求，從吾所好。

孟子曰：萬物皆備於我矣，反身而誠，樂莫

大焉物事也我身也普謂人爲成人已往皆備知天下萬物常有所行矣誠者實也反自思其身所施行能皆實而無虛則樂莫大焉強恕而行求仁莫近焉當自強勉以忠恕之道求仁之術此最爲近　章指言每必以誠恕己而行樂在其中仁之至也

孟子曰行之而不著焉習矣而不察焉終身由之而不知其道者衆也人皆有仁義之心日自行之於其所愛而不能著明其道以施於大事仁妻愛子亦以習矣而不能察知可推以爲善也由用也終身用之以爲自然不究其道可成君子此衆庶之人也　章指言人有仁端達之以爲道凡夫用之不知其爲寶也

孟子曰人不可以無恥人不可以無所羞恥也論語曰行己有恥無

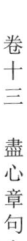

恥之恥無恥矣人能恥己之無所恥是爲改行從善之人終身無復有恥辱之累也

章指言恥身無分獨無所恥斯必遠辱不爲憂矣

孟子曰恥之於人大矣爲機變之巧者無所用恥焉恥者爲不正之道正人之所恥爲也今造機變穽陷之巧以攻戰者非古之正道也取爲一切可勝敵也宜無以錯於廉恥之心也不恥不若人何若人有不恥不如古之聖人何有如賢人之名也

章指言不慕大人何能有恥是以隰朋愧不及黃帝佐齊桓以有勳顔淵慕虞舜仲尼歎庶幾之云

孟子曰古之賢王好善而忘勢樂善而自卑若高宗得傅

謏而稟命古之賢士何獨不然樂其道而忘人之勢何獨不然何獨不有所樂有所忘也樂道守志若許由洗耳可謂忘人之勢矣故王公不致敬盡禮則不得亟見之見且由不得亟而況得而臣之乎亟數也若伯夷非其君不事伊尹樂堯舜之道不致敬盡禮可數見之乎作者七人隱各有方豈可得而臣之　章指言王公尊賢以貴下賤之義也樂道忘勢不以富貴動心之分也各崇所尚則義不虧矣

孟子謂宋句踐曰子好遊乎吾語子遊人知之亦囂囂人不知亦囂囂宋姓也句踐名也好以道德遊

欲行其道者囂囂自得無欲之貌曰何如斯可以囂囂矣句踐問何執守可囂囂也曰尊德樂義則可以囂囂矣尊貴也孟子曰能貴德而履復之樂義而行之則可以囂囂無欲矣故士窮不失義達不離道窮不失義故士得已焉達不離道故民不失望焉窮不失義不爲不義而苟得故得已之本性也達不離道思利民之道故民不失其望也古之人得志澤加於民不得志脩身見於世窮則獨善其身達則兼善天下古之人得志君國則德澤加於民人不得志謂賢者不遭遇也見立也獨治其身以立於世間不失其操也是故獨

善其身達謂得行其道故能兼善天下也　章指言內定常滿囂囂無憂可出可處故云以遊脩身立世賤不失道達善天下乃用其寶句踐好遊未得其要孟子言之然後乃喻

孟子曰待文王而後興者凡民也若夫豪傑之士雖無文王猶興凡民無異知者也故須文王之大化乃能自興起以趨善道若夫豪傑才知千萬於凡人者雖不遭文王猶能自起以善守身正行不陷溺也　章指言小人待化乃不辟邪君子特立不爲俗移故稱豪傑自興也

孟子曰附之以韓魏之家如其自視欿然則過人遠矣附益也韓魏晉六卿之富者也言人既自有家復益以韓魏百乘之家其

富貴已美矣而其人欿然不足自知仁義之道不足也
此則過人甚遠矣　章指言人情富盛莫不驕矜若能
欿然謂不如人非但
免過卓絕乎凡也

孟子曰以佚道使民雖勞不怨謂教民趨農
役有常時不
使失業當時雖勞後獲其利則佚
矣若亟其乘屋之類也故曰不怨以生道殺民雖
死不怨殺者謂殺大辟之罪者以坐殺人故也殺
此罪人者其意欲生民也故雖伏罪
而死不怨殺者　章指言勞人欲以
佚之殺人欲以生之則民無怨讟也

孟子曰霸者之民驩虞如也王者之民皡
皡如也殺之而不怨利之而不庸民日遷

善而不知爲之者霸者行善恤民恩澤暴見易知故民驩虞樂之也王者道大法天浩浩而德難見也殺之不怨故曰殺人而不怨也庸功也利之使趨時而農六畜繁息無凍餓之老而民不知獨是王者之功脩其庠序之教使日遷善亦不能覺知誰爲之者言化大也夫君子所過者化所存者神上下與天地同流豈曰小補之哉君子通於聖人聖人如天過此世能化之存在此國其化如神故言與天地同流世天地化物歲成其功豈曰使成人知其小補益也

章指言王政浩浩與天地同道霸者德小民人速覩是以賢者志其大者也

孟子曰仁言不如仁聲之入人深也仁言政教

法度之言也仁聲樂聲雅頌也仁言之政雖明不如雅頌感人心之深也善政不如善教之得民也善政使民不違上善教使民尚仁義心易得也善政民畏之善教民愛之善政得民財善教得民心畏之不逋怠故賦役舉而財聚於一家也愛之樂風化而上下親故歡心可得也　章指言明法審令民趨君命崇寬務化民愛君德故日移風易俗莫善於樂

孟子曰人之所不學而能者其良能也所不慮而知者其良知也不學而能性所自能良甚也是人之所能甚也知亦猶是能也孩提之童無不知愛其親者及其長

也無不知敬其兄也孩提二三歲之間在襁褓知孩笑可提抱者也少知愛親長知敬兄此所謂良能良知也親親仁也敬長義也無他達之天下也人仁義之心少而皆有之欲爲善者無他達通也但通此親親敬長之心施之天下人而巳章指言本性良能仁義是也達之天下恕乎己也

孟子曰舜之居深山之中與木石居與鹿豕遊其所以異於深山之野人者幾希舜耕歷山之時居木石之間鹿豕近人若與人遊也希遠也當此之時舜與野人相去豈遠哉及其聞一善言見一善行若決江河沛然莫之能

禦也舜雖外與野人同其居處聞人一善言則從之見人一善行則識之沛然不疑若江河之流無能禦止其所欲行　章指言聖人潛隱辟若神龍亦能飛天亦能小同舜之謂也

孟子曰無爲其所不爲無欲其所不欲如此而已矣無使人爲己所不欲爲者無使人欲己之所不欲者每以身況之如此則人道足也　章指言己所不欲勿施於人仲尼之道也

孟子曰人之有德慧術知者恒存乎疢疾人所以有德行智慧道術才智者在於有疢疾之人疢疾之人又力學故能成德獨孤臣孽子其操心也危其慮患也深故達此即人之疢疾

也自以孤微懼於危殆之患而深慮之勉爲仁義故至
於達也　章指言孤孽自危故能顯達膏粱難正多用
沈溺是故在上不
驕以戒諸侯也
孟子曰有事君人者事是君則爲容悅者
也事君求君之意爲苟容以悅君而已有安社稷臣者以安社稷
爲悅者也忠臣志在安社稷而後悅也有天民者達可行於
天下而後行之者也天民知道者也可行而行可止而止有大
人者正己而物正者也大人大丈夫不爲利害動移者也正己物正象
天不言而萬物化成也　章指言容悅凡臣社稷
股肱天民行道大人正身凡此四科優劣之差

孟子曰君子有三樂而王天下不與存焉父母俱存兄弟無故一樂也仰不愧於天俯不怍於人二樂也得天下英才而教育之三樂也天下之樂不得與此三樂之中兄弟無故無他故不愧天又不怍人心正無邪也育養也教養英才成之以道皆樂也君子有三樂而王天下不與存焉孟子重言是美之也　章指言保親之養兄弟無他誠不愧天育養英才賢人能之樂過萬乘孟子重焉一章再云也

孟子曰廣土衆民君子欲之所樂不存焉

中天下而立定四海之民君子樂之所性不存焉廣土衆民大國諸侯也所樂不存樂行禮也中天下而立謂王者所性不存謂性仁義也君子所性雖大行不加焉雖窮居不損焉分定故也大行行政於天下窮居不失性也分定故不變君子所性仁義禮智根於心其生色也睟然見於面盎於背施於四體四體不言而喻四者根生於心色見於面睟然潤澤之貌也盎視其背而可知其背盎盎然盛流於四體四體有匡國之綱雖口不言人以曉喻而知之也　章指言臨莅天下君國子民君子之樂尚不與存仁義內充身體履方四支不言蟠辟用張心邪意溺進

退無容於是之際知其不同也

孟子曰伯夷辟紂居北海之濱聞文王作興曰盍歸乎來吾聞西伯善養老者太公辟紂居東海之濱聞文王作興曰盍歸乎來吾聞西伯善養老者已說於上篇天下有善養老則仁人以爲己歸矣天下有能若文王者仁人將復歸之矣五畝之宅樹牆下以桑匹婦蠶之則老者足以衣帛矣五母雞二母彘無失其時老者

足以無失肉矣百畝之田匹夫耕之八口之家足以無飢矣五雞二彘八口之家畜之足以爲畜產之本也所謂西伯善養老者制其田里教之樹畜導其妻子使養其老五十非帛不煖七十非肉不飽不煖不飽謂之凍餒文王之民無凍餒之老者此之謂也所謂無凍餒者教導之使可以養老者耳非家賜而人益之也

章指言王政普大教其常業各養其老使不凍餒二老聞之歸身自託衆鳥不羅翔鳳來集亦斯類也

孟子曰：易其田疇，薄其稅斂，民可使富也。食之以時，用之以禮，財不可勝用也。易治也。疇，一井也。教民治其田疇，薄其稅斂，不踰什一，則民富矣。食取其征賦以時，用之以常禮，不踰禮以費財也，故畜積有餘，財不可勝用也。民非水火不生活，昏暮叩人之門戶求水火，無弗與者，至足矣。聖人治天下，使有菽粟如水火。菽粟如水火，而民焉有不仁者乎？水火能生人，有不愛者，至饒足故也。菽粟饒多若是，民皆輕施於人，何有不仁者也。章指言：教民之道，富而節用，畜積有餘，焉有不仁，故曰倉廩實知禮節也。

孟子曰孔子登東山而小魯登太山而小天下故觀於海者難爲水遊於聖人之門者難爲言所覽大者意大觀小者志小也觀水有術必觀其瀾瀾水中大波也日月有明容光必照焉容光小郤也言大明照幽微也流水之爲物也不盈科不行君子之志於道也不成章不達盈滿也科欿也流水滿欿乃行以喻君子學必成章乃仕進也　章指言弘大明者無不照包聖道者成其仁是故賢者志大宜爲君子

孟子曰雞鳴而起孳孳爲善者舜之徒也

雞鳴而起孳孳爲利者蹠之徒也欲知舜與蹠之分無他利與善之閒也蹠盜蹠也蹠舜之分以此別之　章指言好善從舜好利從蹠明明求之常若不足君子小人各一趣也

孟子曰楊子取爲我拔一毛而利天下不爲也楊子楊朱也爲我爲己也拔己一毛以利天下之民不爲也墨子兼愛摩頂放踵利天下爲之墨子墨翟也兼愛他人摩突其頂下至於踵以利天下己樂爲之也子莫執中子莫魯之賢人也其性中和專一者也執中爲近之執中無權猶執一也執中和近聖人之道然不權聖人之重權

執中而不知權猶執一介之人不得時變也所惡執一者爲其賊道也舉一而廢百也所以惡執一者爲其不知權以一知而廢百道也　章指言楊墨放蕩子莫執一聖人量時不取此術孔子行止唯義所在

孟子曰飢者甘食渴者甘飲是未得飲食之正也飢渴害之也飢渴害其本所以知味之性令人強甘之豈惟口腹有飢渴之害人心亦皆有害爲利欲所害亦猶飢渴得之人能無以飢渴之害爲心害則不及人不爲憂矣人能守正不爲邪利所害雖謂富貴之事不及逮人猶爲君子不爲善人

所憂患也　章指言飢不妄食忍情抑欲賤不失道不爲苟求能無心害夫將何憂

孟子曰柳下惠不以三公易其介介大也柳下惠執弘大之志不恥汙君不以三公榮位易其大量也章指言柳下惠不恭用志大也無可無否以賤爲貴也

孟子曰有爲者辟若掘井掘井九軔而不及泉猶爲棄井也有爲爲仁義也軔八尺也雖深而不及泉喻有爲者中道而盡棄前行也　章指言爲仁由己必在究之九軔而輟無益成功論之一簣義與此同

孟子曰堯舜性之也湯武身之也五霸假之也性之性好仁自然也身之體之行仁視之若身也假之假仁以正諸侯也久假而

不歸惡知其非有也五霸若能久假仁義譬若假物久而不歸安知其不真有也　章指言仁在性體其次假借用而不已實何以易在其勉之也

公孫丑曰伊尹曰予不狎于不順放太甲于桐民大悅太甲賢又反之民大悅賢者之爲人臣也其君不賢則固可放與丑怪伊尹賢者而放其君何也孟子曰有伊尹之志則可無伊尹之志則簒也大臣秉忠志若伊尹欲寧殷國則可放惡而不即立君宿留冀改而復之如無伊尹之忠見間乘利篡心乃生何可放也　章指言憂國忘家意在出身志在寧君放惡攝政伊周有焉

凡人志異則生篡心也

公孫丑曰詩曰不素餐兮君子之不耕而食何也詩魏國伐檀之篇也無功而食謂之素餐世之君子有不耕而食者何也孟子曰君子居是國也其君用之則安富尊榮其子弟從之則孝悌忠信不素餐兮孰大於是君子能使人化其道德移其習俗君安國富而保其尊榮子弟孝悌而樂忠信不素餐之功誰大於是何爲不可以食祿章指言君子正己以立於世世美其道君臣是貴所過者化何素餐之謂也

王子墊問曰士何事齊王子名墊也問士當何事爲事也孟子

曰尚志尚上也士當貴上於用志也曰何謂尚志曰仁義而已矣殺一無罪非仁也非其有而取之非義也居惡在仁是也路惡在義是也居仁由義大人之事備矣孟子言志之所尚仁義而已矣不殺無罪不取非有者爲仁義欲知其所當居者仁爲上所由者義爲貴大人之事備也　章指言人當尚志志於善也善之所由仁與義也欲使王子無過差也

孟子曰仲子不義與之齊國而弗受人皆信之是舍簞食豆羹之義也仲子陳仲子處於陵者人以爲

亷謂以不義而與之齊國必不受之孟子以爲仲子之義若上章所道簞食豆羹無禮則不受萬鍾則不辯禮義而受之也人莫大焉亡親戚君臣上下以其小者信其大者奚可哉人當以禮義爲正陳仲子避兄離母不知仁義親戚上下之敘何可以其不廉信以爲大哉章指言事有輕重行有大小以大包小可也以小信大未之聞也

桃應問曰舜爲天子皋陶爲士瞽瞍殺人則如之何桃應孟子弟子問皋陶爲士官主執罪人瞽瞍惡暴而殺人則皋陶如何孟子曰執之而已矣孟子曰皋陶執之耳然則舜不禁與桃應以爲舜爲天子使有司執其父不禁止之邪曰夫舜惡得而禁

之夫有所受之也 夫辭也孟子曰夫舜惡得禁之夫天下乃受之於堯當爲天理民王法不曲豈得禁之也 然則舜如之何 應問舜爲之將如何 曰舜視棄天下猶棄敝蹝也竊負而逃遵海濱而處終身訢然樂而忘天下 孟子曰舜視棄天下如捐棄敝蹝蹝草履可蹝者也敝喻不惜舜必負父而遠逃終身訢然忘天下之爲貴也　章指言奉法承天政不可枉大孝榮父遺棄天下虞舜之道趨將若此孟子之言揆聖意也

孟子自范之齊望見齊王之子喟然歎曰居移氣養移體大哉居乎夫非盡人之子

與范齊邑王庶子所封食也孟子之范見王子之儀聲氣高涼不與人同還至齊謂諸弟子喟然而嘆曰居尊則氣高居卑則氣下居之移人氣志使之高涼若供養之移人形身使充盛也大哉居乎者言當慎所居人必居仁也凡人與王子豈非盡是人之子也王子居尊勢故儀聲如是也　章指言人性皆同居使之異君子居仁小人處利譬猶王子殊於衆品也

孟子曰王子宮室車馬衣服多與人同而王子若彼者其居使之然也況居天下之廣居者乎言王子宮室乘服皆人之所用之耳然而王子若彼高涼者居勢位故也況居廣居謂行仁義仁義在身不言而喻也

魯君之宋呼於垤澤之門

守者曰此非吾君也何其聲之似我君也此無他居相似也垤澤宋城門名也人君之聲相似者以其俱居尊勢故音氣同也以城門不自肯夜開故君自發聲　章指言輿服器用人用不殊尊貴居之志氣以舒是以居仁由義盎然內優胷中正者眸子不眊也

孟子曰食而弗愛豕交之也愛而不敬獸畜之也恭敬者幣之未將者也恭敬而無實君子不可虛拘人之交接但食之而不愛若養豕也愛而不敬若人畜禽獸但愛而不能敬也且恭敬者如有幣帛當以行禮而未以命將行之也恭敬貴實如其無實何可虛拘致君

子之心也　章指言取人之道必以恭敬恭敬貴實虛則不應實者言敬愛也

孟子曰形色天性也　形謂君子體貌嚴尊也尚書洪範一曰貌色謂婦人妖麗之容詩云顏如蕣華此皆天假施於人也　惟聖人然後可以踐形　踐履居之也易曰黃中通理聖人內外文明然後能以正道履居此美形不言居色主名尊陽抑陰之義也　章指言體德正容大人所履有表無裏謂之柚梓是以聖人乃堪踐形也

齊宣王欲短喪公孫丑曰為朞之喪猶愈於已乎　齊宣王以三年之喪為太長久欲減而短之因公孫丑使自以其意問孟子既不能三年喪以朞年差愈於止而不行喪者　孟子曰是猶或紾其兄之臂

子謂之姑徐徐云爾亦教之孝悌而已矣紾戾也孟子言有人戾其兄之臂爲不順也而子謂之曰且徐徐云爾是豈以徐之爲差者乎不若教之以孝悌勿復戾其兄之臂也今欲行其朞喪亦猶曰徐徐之類也王子有其母死者其傅爲之請數月之喪公孫丑曰若此者何如也丑曰王之庶夫人死迫於適夫人不得行其喪親之數其傅爲請之於君欲使得行數月喪如之何曰是欲終之而不可得也雖加一日愈於已謂夫莫之禁而弗爲者也孟子曰如是王子欲終服其子禮而不能者也加益一日則愈於止況數月乎所謂不當者謂無禁自欲短之故譏之也

章指言禮斷

三年孝者欲益富貴怠厭思減其日君子正言不可阿情毋欲朞之故譬以紾兄徐徐也

孟子曰：君子之所以教者五，教民之道有五品。有如時雨化之者，教之漸漬而浹洽也。有成德者，有達財者，有荅問者，有私淑艾者，私獨淑善艾治也君子獨善其身人法其仁此亦與教法之道無差也。此五者君子之所以教也。申言之孟子貴重此教之道。

章指言教人之術莫善五者養育英才君子所珍聖所不倦其惟誨人乎

公孫丑曰：道則高矣美矣，宜若登天然，似不可及也，何不使彼為可幾及而日孳孳

也毋以爲聖人之道大高遠將若登天人不能及也何不少近人情令彼凡人可庶幾使日孳孳自勉也

孟子曰大匠不爲拙工改廢繩墨羿不爲拙射變其彀率君子引而不發躍如也中道而立能者從之大匠不爲新學拙工故爲之改鑿廢繩墨必正也羿不爲新學拙射者變其彀率之法也彀弩張嚮表率之正體望之極思用巧之時不可變也君子謂於射則引弓彀弩而不發以待彀偶也於道則中道德之中不以學者不能故卑下其道將以須於能者往取之也章指言曲高和寡道大難追然而履正者不枉軌德者不回故曰人能弘道毋欲下之非也

孟子曰天下有道以道殉身天下無道以

身殉道未聞以道殉乎人者也殉從也天下有道得行王政道從身施功實也天下無道道不得行以身從道守道而隱不聞以正道從俗人也　章指言窮達卷舒屈伸異變變流從顧守者所慎故曰金石獨止不殉人也

公都子曰滕更之在門也若在所禮而不答何也滕更滕君之弟來學於孟子也言國君之弟而樂在門人中宜答見禮而夫子不答何也

孟子曰挾貴而問挾賢而問挾長而問挾有勳勞而問挾故而問皆所不答也滕更有二焉挾接也接己之貴勢接己之有賢才接己長老接己當有功勞之恩接己與師有故舊之

好凡恃此五者而以學問望師之待以異意而教之皆所不當荅滕更有二焉挾貴挾賢故不荅矣　章指言學尚虛己師誨貴平是以滕更恃二孟子弗應

孟子曰於不可已而已者無所不已於所厚者薄無所不薄也其進銳者其退速已棄也於義所不當棄而棄之則不可所以不可而棄之使無罪者咸恐懼也於義當厚而反薄之何不薄也不憂見薄者亦皆自安矣不審察人而過進不肖越其倫悔而退之必速矣當翔而後集慎如之何　章指言賞僭及淫刑濫傷善不僭不濫詩人所紀是以季文三思何後之有

孟子曰君子之於物也愛之而弗仁物謂凡物

可以養人者也當愛育之而不知人仁若犧牲不得不殺也於民也仁之而弗親臨民以非己族類故不得與親同也親親而仁民仁民而愛物先視其親戚然後仁民仁民然後愛物用恩之次也章指言君子布德各有所施事得其宜故謂之義也

孟子曰知者無不知也當務之爲急仁者無不愛也急親賢之爲務知者知所務善也仁者務愛賢也堯舜之知而不徧物急先務也堯舜之仁不徧愛人急親賢也物事也堯舜不徧知百工之事不徧愛衆人先愛賢

使治民不二三自往親加恩惠也不能三年之喪而緦小功之察放飯流歠而問無齒決是之謂不知務尚不能行三年之喪而復察緦麻小功之禮放飯大飯也流歠長歠也齒決斷肉置其餘也於尊者前賜食大飯長歠不敬之大者齒決小過耳言世之先務舍大識小若此之類也　章指言振裘持領正羅維綱君子百行先務其崇是以堯舜親賢大化以隆道為要也

孟子卷第十三

孟子卷第十四　　趙氏注

盡心章句下

孟子曰：不仁哉梁惠王也！仁者以其所愛及其所不愛，不仁者以其所不愛及其所愛。梁，魏都也。以，用也。仁者用恩於所愛之臣民，王政不偏，普施德教，所不親愛者并蒙其恩澤也。用不仁之政加於所不親愛，則有災傷，加所愛之臣民亦并被其害。惠王好戰殺人，故孟子曰不仁哉。公孫丑曰：何謂也？丑問及所愛之狀何謂也。梁惠王以土地之故，糜爛其民而戰之，大敗，將復之，恐不能勝故驅其所愛子弟以殉之是之謂以其所不愛及其所愛也孟子言惠王貪利鄰國之土地而戰其民死亡於野骨肉糜爛而不收兵大敗而欲復戰恐士卒少不能用勝故復驅其所愛近臣及子弟而以殉之殉從也所愛從其所不愛而往趨死亡故曰及其所愛也東敗於齊長子死焉 章指言發政施仁一國被恩好戰輕民災及所親著此魏王以戒人君也

孟子曰春秋無義戰彼善於此則有之矣征者上伐下也敵國不相征也春秋所載戰伐之事無應王義者也彼此相覺有善惡耳孔子舉毫毛之善貶纖芥之惡故皆錄之於春秋也上伐下謂之征諸侯敵國

不得相征五霸之世諸侯相征於三王之法不得其正者也　章指言春秋撥亂時多戰爭事實違禮以文反正征伐誅討不自王命故曰無義戰也

孟子曰盡信書則不如無書吾於武成取二三策而已矣仁人無敵於天下以至仁伐至不仁而何其血之流杵也　書尚書經有所美言事或過若康誥曰冒聞于上帝甫刑曰帝清問下民梓材曰欲至于萬年又曰子子孫孫永保民人不能聞天天不能問民萬年永保皆不可得爲書豈可案文而皆信之哉武成逸書之篇名言武王誅討戰鬬殺人血流舂杵孟子言武王以至仁伐至不仁殷人簞食壺漿而迎其師何乃至於血流漂杵乎故吾取武成兩三簡策可用

者耳其過辭則不取也　章指言文之有美過實聖人不改録其意也非獨書云詩亦有言崧高極天則百斯男亦已過矣是故取於武成二三而已

孟子曰有人曰我善爲陳我善爲戰大罪也國君好仁天下無敵焉南面而征北夷怨東面而征西夷怨曰奚爲後我此人欲勸諸侯以攻戰也故謂之有罪好仁無敵四夷怨望遲願見征何爲後我已說於上篇武王之伐殷也革車三百兩虎賁三千人王曰無畏寧爾也非敵百姓也若崩厥角稽首征之爲

言正也各欲正己也焉用戰革車兵車也虎賁武士爲小臣者也書云虎賁綴衣趣馬小尹三百兩三百乘也武王令殷人曰無驚畏我來安正爾也百姓歸周若崩厥角犀至地稽首拜命亦以首至地也各欲令武王來征己之國安用善戰陳者　章指言民思明君若旱望雨以仁伐暴誰不欣喜是以殷民厥角周師歌舞焉用善戰故云罪也

孟子曰梓匠輪輿能與人規矩不能使人巧梓匠輪輿之功能以規矩與人人之巧在心拙者雖得規矩不以成器也　章指言規矩之法喻若典禮人不志仁雖誦憲籍不能以善善人脩道公輸守繩政成器美惟度是應得其理也

孟子曰舜之飯糗茹草也若將終身焉及

其爲天子也被袗衣鼓琴二女果若固有之糗飯乾糒也袗畫也果侍也舜耕陶之時飯糗茹草若將終身如是及爲天子被畫衣黼黻絺繡也鼓琴以協音律也以堯二女自侍亦不佚豫如固自當有之也　章指言阨窮不憫貴而思降凡人所難虞舜所隆聖德所以殊也

孟子曰吾今而後知殺人親之重也殺人之父人亦殺其父殺人之兄人亦殺其兄然則非自殺之也一間耳父仇不同天凡仇不同國以惡加人人必加之知其重也一間者我往彼來間一人耳與自害其親何異哉　章指言恕以行仁遠禍之端暴以殘

民招咎之患是以君子好生惡殺反諸身也

孟子曰古之爲關也將以禦暴今之爲關也將以爲暴古之爲關將以禦暴亂譏閉非常也今之爲關反以征稅出入之人將以爲暴虐之道也　章指言脩理關梁譏而不征如以稅斂非其式程懼將爲暴故載之也

孟子曰身不行道不行於妻子使人不以道不能行於妻子身不自履行道德而欲使人行道德妻子不肯行之言無所則效使人不順其道理不能使妻子順之而况於他人者乎　章指言率人之道躬行爲首故論語曰其身不正雖令不從

孟子曰周于利者凶年不能殺周于德者邪世不能亂周達於利營苟得之利而趨生雖凶年不能殺之周達於德身欲行之雖遭邪世不能亂其志也　章指言務利蹈姧務德蹈仁舍生取義其道不均也

孟子曰好名之人能讓千乘之國苟非其人簞食豆羹見於色好不朽之名者輕讓千乘子臧季札之儔是也誠非好名者爭簞飯豆羹變色訟之致禍鄭子公染指黿羹之類是也　章指言廉貪相殊名亦卓異故聞伯夷之風懦夫有立志也

孟子曰不信仁賢則國空虛無禮義則上

下亂無政事則財用不足不親信仁賢仁賢去之國無賢人則曰空虛也無禮義以正尊卑則上下之序泯亂無善政以教人農時貢賦則不入故財用不足　章指言親賢正禮明其五教爲政之源聖人以三者爲急也

孟子曰不仁而得國者有之矣不仁而得天下未之有也不仁得國者謂若象封有庳叔鮮叔度封於管蔡以親親之恩而得國也雖有誅亡其世有土丹朱商均天下元子以其不仁天下不與故不得有天下也　章指言王者當天然後處之桀紂幽厲雖得猶失不以善終不能世祀不爲得也

孟子曰民爲貴社稷次之君爲輕是故得

乎丘民而爲天子君輕於社稷社稷輕於民丘十六井也天下丘民皆樂其政則爲天子殷湯周文是也得乎天子爲諸侯得天子之心封以爲諸侯得乎諸侯爲大夫得諸侯之心諸侯封以爲大夫諸侯危社稷則變置諸侯爲危社稷之行則變更立賢諸侯也犧牲既成粢盛既絜祭祀以時然而旱乾水溢則變置社稷犧牲已成肥腯粢稻已成絜精祭祀社稷常以春秋之時然而其國有旱乾水溢之災則毀社稷而更置也

章指言得民爲君得君爲臣民爲貴也先黜諸侯後毀社稷君爲輕也重民敬祀治之所先故列其次而言之

孟子曰聖人百世之師也伯夷柳下惠是

也伯夷之清柳下惠之厚聖人之一槩也故聞伯夷之風者頑夫廉懦夫有立志聞柳下惠之風者薄夫敦鄙夫寬奮乎百世之上百世之下聞者莫不興起也非聖人而能若是乎而況於親炙之者乎頑貪懦弱鄙狹也百世言其遠也興起志意興起也非聖人之行何能感人若是踰聞尚然況親見熏炙者也　章指言伯夷柳下變貪厲薄千載聞之猶有感激謂之聖人美其德也

孟子曰仁也者人也合而言之道也能行仁恩者人也人與仁合而言之可以謂之有道也　章指言仁恩須人人能弘道也

孟子曰孔子之去魯曰遲遲吾行也去父母國之道也去齊接淅而行去他國之道也遲遲接淅說已見上篇　章指言孔子周流不遇則之他國遠逝惟魯斯戀篤於父母國之義也

孟子曰君子之戹於陳蔡之閒無上下之交也君子孔子也論語曰君子之道三我無能焉孔子乃尚謙不敢當君子之道故可謂孔子爲君子也孔子所以戹於陳蔡之閒者其國君臣皆惡上下無所交接故戹也　章指言君子固窮窮不變道上下無交無賢援也

貉稽曰稽大不理於口貉姓稽名仕者也爲衆口所訕理賴也謂孟子

曰稽大不賴人之口如之何

孟子曰無傷也士憎茲多口

審己之德口無傷也離於凡人而爲士者益多口

詩云憂心悄悄慍于羣小孔子也肆不殄厥慍亦不殞厥問文王也

詩邶風柏舟之篇曰憂心悄悄憂在心也慍于羣小怨小人聚而非議賢者也孔子論此詩孔子亦有武叔之口故曰孔子之所苦也大雅緜之篇曰肆不殄厥慍殄絕慍怒也亦不殞厥問殞失也言文王不殄絕畎夷之慍怒亦不能殞失文王之善聲問也

章指言正己信心不患衆口衆口讙譁大聖所有況於凡品之所能禦故荅貉稽曰無傷也

孟子曰賢者以其昭昭使人昭昭今以其

昏昏使人昭昭賢者治國法度昭昭明於道德是躬化之道可也今之治國法度昏昏亂潰之政也身不能治而欲使他人昭明不可得也

章指言以明昭闇闇者以開以闇責明闇者愈迷賢者可遵譏今之非也

孟子謂高子曰山徑之蹊間介然用之而成路爲間不用則茅塞之矣今茅塞子之心矣高子齊人也嘗學於孟子鄉道而未明去而學於他術孟子謂之曰山徑山之領有微蹊介然人遂用之不止則蹊成爲路爲間有間也謂廢而不用則茅草生而塞之不復爲路以喻高子學於仁義之道當遂行之而一反中止比若山路故曰茅塞子之心也

章指言聖人之道學而時習仁義在身當常被服舍而

不脩猶茅是塞明爲善之不可倦也

高子曰：禹之聲尚文王之聲。孟子曰：何以言之？高子以爲禹之尚貴聲樂過於文王，孟子難之，曰：何以言之。

曰：以追蠡。高子曰禹時鐘在者追蠡也。追，鐘鈕也。鈕擘齧處深矣，蠡蠡欲絕之貌也。文王之鐘不然，以禹爲尚樂也。

曰：是奚足哉？城門之軌，兩馬之力與？孟子曰是何足以爲禹尚樂乎，先代之樂器，後王皆用之，禹在文王之前千有餘歲，用鐘日久，故追欲絕耳。譬若城門之軌，齧其限切深者，用之多耳，豈兩馬之力使之然乎。兩馬者，春秋外傳曰：國馬足以行關，公馬足以稱賦。

章指言前聖後聖所尚者同，三王一體，何得相踰？欲以追蠡，未達一隅，孟子言之，將啓其蒙。

齊饑陳臻曰國人皆以夫子將復爲發棠殆不可復棠齊邑也孟子嘗勸齊王發棠邑之倉以振貧窮時人賴之今齊人復饑陳臻言一國之人皆以爲夫子復若發棠時勸王也殆不可復言之也孟子曰是爲馮婦也晉人有馮婦者善搏虎卒爲善士則之野有衆逐虎虎負嵎莫之敢攖望見馮婦趨而迎之馮婦攘臂下車衆皆悅之其爲士者笑之馮姓婦名也勇而有力能搏虎卒後也善士者以善搏虎有勇名也故進以爲士之於野外復見逐虎者攖迫也虎依阪而怒無敢迫近者也馮婦恥不如前見虎走而迎之攘臂下車

欲復搏之衆人悅其勇猛其士之黨笑其不知止也故孟子謂陳臻人欲復使我如發棠時言之於君是則我爲馮婦也必爲知者所笑也　章指言可爲則從不可則凶言善見用得其時也非時逆指猶若馮婦暴虎無已必有害也

孟子曰口之於味也目之於色也耳之於聲也鼻之於臭也四肢之於安佚也性也有命焉君子不謂性也口之甘美味目之好美色耳之樂音聲鼻之喜芬香臭香也易曰其臭如蘭四體謂之四枝四枝解倦則思安佚不勞苦此皆人性之所欲也得居此樂者有命祿人不能皆如其願也凡人則觸情從欲而求可樂君子之道則以仁義爲先禮節爲制不以性欲而苟求

之也故君子不謂性也仁之於父子也義之於君臣也禮之於賓主也知之於賢者也聖人之於天道也命也有性焉君子不謂命也仁者得以恩愛施於父子義者得以義理施於君臣好禮敬施於賓主知者得以明知知賢達善聖人得以天道王於天下此皆命祿遭遇乃得居而行之不遇者不得施行然亦才性有之故可用也凡人則歸之命祿任天而已不復治性以君子之道則脩仁行義脩禮學知庶幾聖人亹亹不倦不但坐而聽命故曰君子不謂命也　章指言尊德樂道不追佚性治性勤禮不專委命君子所能小人所病究言其事以勸戒也

浩生不害問曰樂正子何人也浩生姓不害名齊人

也見孟子聞樂正子爲政於魯而喜故問樂正子何等人也孟子曰善人也信人也樂正子爲人有善有信也何謂善何謂信不害問善信之行謂何曰可欲之謂善有諸己之謂信充實之謂美充實而有光輝之謂大大而化之之謂聖聖而不可知之之謂神樂正子二之中四之下也己之所欲乃使人欲之是爲善人己所不欲勿施於人也有之於己乃謂人有之是爲信人不意不信也充實善信使之不虛是爲美人美德之人也充實善信而宣揚之使有光輝是爲大人大行其道使天下化之是爲聖人有聖知之明其道不可得知是爲神人人有是六等樂正子能善能信在二者之中四者

之下也　章指言神聖以下優劣異差樂
正好善應下二科是以孟子爲之喜也

孟子曰逃墨必歸於楊逃楊必歸於儒歸斯受之而已矣墨翟之道兼愛無親踈之別最爲違禮楊朱之道爲己愛身雖違禮尚得不敢毀傷之義逃者去也去邪歸正故曰歸去墨歸楊去楊歸儒則當受而安之也今之與楊墨辯者如追放豚既入其苙又從而招之苙蘭也招罥也今之與楊墨辯爭道者譬如追放逸之豕豚追而還之入蘭則可又復從而罥之太甚以言去楊墨歸儒則可又復從而罪之亦云太甚

章指言驅邪反正正斯可矣來者不綏追其前罪君子甚之以爲過也

孟子曰有布縷之征粟米之征力役之征征賦也國有軍旅之事則橫興此三賦也布軍卒以爲衣也縷紩鎧甲之縷也粟米軍糧也力役民負荷斯養之役也君子用其一緩其二用其二而民有殍用其三而父子離君子爲政雖遭軍旅量其民力不竝此三役更發異時急一緩二民不苦之若竝用二則路有餓殍若竝用三分崩不振父子離析忘禮義矣　章指言原心量力政之善者繇役竝興以致離殍養民輕斂君子道也

孟子曰諸侯之寶三土地人民政事寶珠玉者殃必及身諸侯正其封疆不侵鄰國鄰國不犯寶土地也使民以時民不離散

寶人民也脩其德教布其惠政寶政事也若寶珠玉求索和氏之璧隋侯之珠與強國爭之強國加害殃及身也　章指言寶此三者以爲國珍寶於爭玩以殃其身諸侯如兹永無患也

盆成括仕於齊孟子曰死矣盆成括盆成姓括名也嘗欲學於孟子問道未達而去後仕於齊孟子聞而嗟歎曰死矣盆成括知其必死盆成括見殺門人問曰夫子何以知其將見殺門人問孟子何以知之也曰其爲人也小有才未聞君子之大道也則足以殺其軀而已矣孟子荅門人言括之爲人小有才慧而未知君子仁義謙順之道適足以害其身也　章指言小知自私藏怨之府大雅先人福之所聚

勞謙終吉君子道也

孟子之滕館於上宮館舍也上宮樓也孟子舍止賓客所館之樓上也有業屨於牖上館人求之弗得或問之曰若是乎從者之廋也屨扉屨也業織之有次業而未成也置之窻牖之上客到之後求之不得有來問孟子者曰是客從者之廋廋匿也孟子與門徒相隨從車數十故曰侍從者所竊匿也曰子以是爲竊屨來與孟子謂館人曰子以是衆人來隨事我本爲欲竊屨故來邪曰殆非也館人曰殆非爲是來事夫子也自知問之過夫子之設科也往者不追來者不距苟以是

心至斯受之而已矣孟子曰夫我設教授之科教人以道德也其去者亦不追呼來者亦不距逆誠以是學道之心來至我則斯受之亦不知其取之與否君子不保異心也見館人言殆非爲是來亦云不能保知謙以荅之　章指言教誨之道受之如海百川移流不得有距雖獨竊屨非己所絕順荅小人小人自咎所謂造次必於是也

孟子曰人皆有所不忍達之於其所忍仁也人皆有所愛不忍加惡推之以通於所不愛皆令被德此仁人也人皆有所不爲達之於其所爲義也人皆有不喜爲謂貧賤也通之於其所喜爲謂富貴也抑情止欲使若所不喜爲此者義人也人能充無欲害人之心

而仁不可勝用也人皆有不害人之心能充大之以爲仁仁不可勝用也人能充無穿踰之心而義不可勝用也穿牆踰屋姦利之心也人既無此心能充大之以爲義義不可勝用人能充無受爾汝之實無所往而不爲義也爾汝之實德行可輕賤人所爾汝者也既不見輕賤不爲人所爾汝能充大而以自行所至皆可以爲義也士未可以言而言是以言餂之也可以言而不言是以不言餂之也是皆穿踰之類也餂取也人之爲士者見尊貴者未可與言而強與之言欲以言取之也是失言也見可與言者而不與之言不知賢人可與之言而反欲

以不言取之是失人也是皆趨利入邪無知之人故曰穿踰之類也　章指言善恕行義充大其美無受爾汝何施不可取人不知失其臧否比之穿踰善亦遠矣

孟子曰言近而指遠者善言也守約而施博者善道也君子之言也不下帶而道存焉言近指遠近言正心遠可以事天也守約施博約守仁義大可以施德於天下也二者可謂善言善道也正心守仁皆在胷臆吐口而言之四體不與焉故曰不下帶君子之守脩其身而天下平身正物正天下平矣人病舍其田而芸人之田所求於人者重而所以自任者輕芸治

也田以喻身舍身不治而欲責人治求人大重自任大輕　章指言言道之善以心爲原當求諸己而責於人君子尤之況以妄芸言失務也

孟子曰堯舜性者也湯武反之也堯舜之體性自善者也殷湯周武反之於身身安乃以施人謂加善於民動容周旋中禮者盛德之至也人動作容儀周旋中禮者盛德之至哭死而哀非爲生者也死者有德哭者哀也經德不回非以干祿也言語必信非以正行也經行也體德之人行其節邪非以求祿位也庸言必信非必欲以正行爲名也性不忍欺人也君子行法以俟命而已矣

君子順性蹈德行其法度夭壽在天待命而已矣 章指言君子之行動合禮中不惑禍福脩身俟終堯舜之盛湯武之隆不是過也

孟子曰說大人則藐之勿視其巍巍然 大人謂當時之尊貴者也孟子言說此大人之法心當有以輕藐之勿敢視之巍巍富貴若此而不畏之則心舒意展言語得盡 堂高數仞榱題數尺我得志弗爲也 仞八尺也榱題屋霤也高堂數仞振屋數尺奢汰之室使我得志不居此堂也大屋無尺丈之限故言數仞也 食前方丈侍妾數百人我得志弗爲也 極五味之饌食列於前方一丈侍妾衆多至數百人也 般樂飲酒驅騁田獵

後車千乘我得志弗爲也般大也大作樂而飲酒驅騁田獵從車千乘般于遊田也在彼者皆我所不爲也在我者皆古之制也吾何畏彼哉在彼貴者驕佚之事我所恥爲也在我所行皆古聖人所制之法謂恭儉也我心何爲當畏彼人乎哉章指言富貴而驕自遺咎也茅茨采椽聖堯表也以賤說貴懼有蕩心心謂彼陋以寧我神故以所不爲爲之寶玩也

孟子曰養心莫善於寡欲其爲人也寡欲雖有不存焉者寡矣養治也寡少也欲欲利也雖有少欲而亡者謂遭橫暴若單豹臥深山而遇飢虎之類也然亦寡矣其爲人也多欲雖有存

焉者寡矣謂貪而不亡蒙先人德業若晉欒黶之類也然亦少矣不存者衆也　章指言清靜寡欲德之高者畜聚積實穢行之下廉者招福濁者速禍雖有不然蓋非常道是以正路不可不由也

曾皙嗜羊棗而曾子不忍食羊棗公孫丑問曰膾炙與羊棗孰美羊棗棗名也曾子以父嗜羊棗父沒之後惟念其親不復食羊棗故身不忍食也公孫丑怪之故問羊棗孰與膾炙美也　孟子曰膾炙哉言膾炙固美也何比於羊棗　公孫丑曰然則曾子何爲食膾炙而不食羊棗曰膾炙所同也羊棗所獨也諱名不諱姓姓所同也名所獨也

孟子言膾炙雖美人所同嗜獨曾子父嗜羊棗耳故曾子不忍食也譬如諱君父之名不諱其姓姓與族同之名所獨也故諱之也　章指言情禮相扶以禮制情人所同然禮則不禁曾參至孝思親異心羊棗之感終身不甞孟子嘉焉故上章稱曰豈有非義而曾子言之者也

萬章問曰孔子在陳曰盍歸乎來吾黨之士狂簡進取不忘其初孔子在陳何思魯之狂士孔子戹陳不遇賢人上下無所交蓋歎息思歸欲見其鄉黨之士也簡大也狂者進取大道而不得其正者也不忘其初孔子思故舊也周禮五黨爲州五州爲鄉故曰吾黨之士也萬章怪孔子何爲思魯之狂士也孟子曰孔子不得中道而與之必也

狂獧乎狂者進取獧者有所不爲也孔子豈不欲中道哉不可必得故思其次也中道中正之大道也狂者能進取獧者能不爲不善時無中道之人以狂獧次善者故思之敢問何如斯可謂狂矣萬章曰人行何如斯則可謂之狂也曰如琴張曾皙牧皮者孔子之所謂狂矣孟子言人行如此三人者孔子謂之狂也琴張子張也子張之爲人踸踔譎詭論語曰師也僻故不能純善而稱狂也又善鼓琴號曰琴張曾皙曾參父也牧皮行與二人同皆事孔子學者也何以謂之狂也萬章問何以謂此人爲狂曰其志嘐嘐然曰古之人古之人夷考

其行而不掩焉者也嘐嘐志大言大者也重言古之人欲慕之也夷平也考察其行不能掩覆其言是其狂也狂者又不可得欲得不屑不絜之士而與之是獧也是又其次也屑絜也不絜汙穢也既不能得狂者欲得有介之人能恥賤汙行不絜者則可與言矣是獧人次於狂者也孔子曰過我門而不入我室我不憾焉者其惟鄉原乎鄉原德之賊也憾恨也人過孔子之門不入則孔子恨之獨鄉原不入者無恨心耳以其賊德故也曰何如斯可謂之鄉原矣萬章問鄉原之惡云何曰何以是嘐嘐也言不顧行行不

顧言則曰古之人古之人行何爲踽踽涼涼生斯世也爲斯世也善斯可矣閹然媚於世也者是鄉原也孟子言鄉原之人言何以是嘐嘐若有大志也其言行不顧則亦稱曰古之人古之人行何爲踽踽涼涼有威儀如無所施之貌也鄉原者外欲慕古之人而其心曰古之人何爲空自踽踽涼涼而生於今之世無所用之乎以爲生斯世但當取爲人所善善人則可矣其實但爲合衆之行媚愛也故閹然大見愛於世也若是者謂之鄉原也萬子曰一鄉皆稱原人焉無所往而不爲原人孔子以爲德之賊何哉萬子即萬章也孟子錄之以其不解於聖人之意故謂之萬子子男子之

通稱也美之者欲以責之也萬子言人皆以爲原善所至亦謂之善人若是孔子以爲賊德何爲也曰非之無舉也刺之無刺也同乎流俗合乎汙世居之似忠信行之似廉絜衆皆悅之自以爲是而不可與入堯舜之道故曰德之賊也孟子言鄉原之人能匿蔽其惡非之無可舉者刺之無可刺者志同於流俗之人行合於汙亂之世爲人謀居其身若似忠信行其身若似廉絜爲行矣衆皆悅美之其人自以所行爲是而無仁義之實故不可與入堯舜之道也無德而人以爲有德故曰德之賊也孔子曰惡似而非者惡莠恐其亂苗也惡佞恐其亂義也惡

利口恐其亂信也惡鄭聲恐其亂樂也惡紫恐其亂朱也惡鄉原恐其亂德也似眞而非眞者孔子之所惡也莠之莖葉似苗佞人詐飾似有義者利口辯辭似若有信鄭聲淫人之聽似若美樂紫色似朱朱赤也鄉原惑衆似有德者此六似者皆孔子之所惡也君子反經而已矣經正則庶民興庶民興斯無邪慝矣經常也反歸也君子治國家歸其常經謂以仁義禮智道化之則衆民興起而家給人足矣倉廩實而知禮節安有爲邪惡之行也

章指言士行有科人有等級中道爲上狂獧不合似是而非色厲內荏鄉原之惡聖人所甚反經身行民化於已子率而正孰敢不正也

孟子曰：由堯舜至於湯五百有餘歲，若禹皋陶則見而知之，若湯則聞而知之。言五百歲聖人一出，天道之常也；亦有遲速，不能正五百歲，故言有餘歲也。見而知之，謂輔佐也，通於大賢次聖者亦得與在其間，親見聖人之道而佐行之，言易也。聞而知之者，聖人相去卓遠，數百歲之間變故衆多，踰聞前聖所行，追而遵之，以致其道，言難也。由湯至於文王五百有餘歲，若伊尹萊朱則見而知之，若文王則聞而知之。伊尹，摯也。萊朱亦湯賢臣也。一曰仲虺是也。春秋傳曰：仲虺居薛，爲湯左相。是則伊尹爲右相，故二人等德也。由文王至於孔子五百有餘歲，若太公望散宜生則見而知之若孔子則聞而知之太公望呂尚也號曰師尚父散宜生文王四臣之一也呂尚有勇謀而爲將散宜生有文德而爲相故以相配而言之也由孔子而來至於今百有餘歲去聖人之世若此其未遠也近聖人之居若此其甚也然而無有乎爾則亦無有乎爾至今者至今之世當孟子時也聖人之間必有大賢名世者百有餘年適可以出未爲遠而無有也鄒魯相近傳曰魯擊柝聞於邾近之甚也言己足以識孔子之道能奉而行之既不遭值聖人若伊尹呂望之爲輔佐猶可應備名世如傅説之中出於殷高宗也然而世謂之無有此乃天不欲使我行道也故重言之知

天意之審也言則亦者非實無有也則亦當使爲無有也乎爾者歎而不怨之辭也　章指言天地剖判開元建始三皇以來人倫攸敘引析道德班垂文采莫貴乎聖人聖人不出名世承間雖有斯限蓋有遇不遇焉是以仲尼至獲麟而止筆孟子以無有乎爾終其篇章斯亦一契之趣也

# 孟子卷第十四

## 孟子篇敘

孟子篇敘者言孟子七篇所以相次敘之意也孟子以爲聖王之盛惟有堯舜堯舜之道仁義爲上故以梁惠王問利國對以仁義爲首篇也仁義根心然後可以大行其政故次以公孫丑問管晏之政答以曾西之所羞也政莫美於反古之道滕文公樂反古故次以文公爲世子始有從善思禮之心也奉禮之謂明明莫甚於離婁故次以離婁之明也明者當明其行行莫大於孝故

次以萬章問舜往于田號泣也孝道之本在於情性故次以告子論情性也情性在內而主於心故次以盡心也盡己之心與天通道道之極者也是以終於盡心也篇所以七者天以七紀璿璣運度七政分離聖以布曜故法之也章所以二百六十有一者三時之日數也不敢比易當期之數故取其三時三時者成歲之要時故法之也三萬四千六百八十五字者可以行五常之道施七政之紀故法五七之數而不敢盈也文章多少擬其大數不必適等猶詩三百五篇而論曰詩三百也章有大小分章賦篇篇趣五千以卒其文無所取法猶論四百八十六章章次大小各當其事亦無所法也蓋所以佐明六藝之文義崇宣先聖之指務王制拂邪之隱括立德立言之程式也洋洋浩浩具存乎斯文矣

# 孟子音義

士禮居叢書本

孟子篇敘

孟子篇敘者言孟子七篇所以相次敘之意也孟子以爲聖王之盛惟有堯舜堯舜之道仁義爲上故以梁惠王問利國對以仁義爲首篇也仁義根心然後可以大行其政故次以公孫丑問管晏之政荅以曾西之所羞也政莫美於反古之道滕文公樂反古故次以文公爲世子始有從善思禮之心也奉禮之謂明明莫甚於離婁故次以離婁之明也明者當明其行行莫大於孝故次以萬章問舜往于田號泣也孝道之本在於情性故次以告子論情性也情性在內而主於心故次以盡心也盡已之心與天通道道之極者也是以終於盡心也篇所以七者天以七紀璿璣運度七政分離聖以布曜故法之也章所以二百六十有一者三時之日數也不敢比易當期之數故取其三時三時者成歲之要時故法之也三萬四千六百八十五字者可以行五常之道施七政之紀故法五七之數而不敢盈也文章多少擬

其大數不必適等猶詩三百五篇而論曰詩三百也章有大小分章賦篇篇趣五千以卒其文無所取法猶論四百八十六章章次大小各當其事亦無所法也蓋所以佐明六藝之文義崇宣先聖之指務王制拂邪之隱括立德立言之程式也洋洋浩浩具存乎斯文矣

# 孟子音義序

朝散大夫尚書兵部郎中充龍圖待　制知通進銀臺司兼門下封駮事兼判國子監上護軍賜紫金魚袋臣孫　奭　辞撰進

夫摠羣聖之道者莫大乎六經紹六經之教者莫尚乎孟子自昔仲尼既没戰國初興至化陵遲異端竝作儀衍肆其詭辯楊墨飾其淫辭遂致王公納其謀以紛亂於上學者循其蹤以蔽惑於下猶洚水懷山時盡昏墊繁蕪塞路孰可芟夷惟孟子挺名世之才秉先覺之志拔邪樹正高行厲辭道尊王化之源以救時弊開聖人之

道以斷羣疑其言精而贍其旨淵而通致仲尼之教獨尊於千古非聖賢之倫安能至於此乎其書由炎漢之後盛傳於世爲之注者則有趙岐陸善經爲之音者則有張鎰丁公著自陸善經已降其所訓說雖小有異同而共宗趙氏今既奉
勑校定仍據趙注爲本惟是音釋宜在討論臣今詳二家撰録俱未精當張氏則徒分章句漏略頗多丁氏則稍識指歸譌謬時有若非刊正詎可通行謹與尚書虞部員外郎同判國子監

臣王旭諸王府侍講太常博士國子監直講臣馬龜符鎮寧軍節度推官國子學說書臣吳易直前江陰軍江陰縣尉國子學說書臣馮元等推究本文參考舊注采諸儒之善削異說之煩證以字書質諸經訓疏其疑滯備其闕遺集成音義二卷雖仰測至言莫窮於奧妙而廣傳博識更俟於發揮謹上

# 孟子音義上

孟子題辭 張鎰云即序也趙生尚異故不謂之序而謂之題辭也 趙氏 丁公著云案本傳名岐字邠卿京兆長陵人也初名嘉生於御史臺因字臺卿後避難故改名岐少明經有才藝公府屢辟爲京兆尹延篤功曹先是岐常鄙

議中常侍唐珩兄玹爲京兆尹歧遂避難四方無所不歷及諸唐滅乃出仕歷并州刺史議郎後以老病就拜太常九十餘建安六年卒

通稱丁云稱去聲下有此字以意讀之　郝陟輸切　所并必正切下同　長師張丈切　縱音蹤　隳許規切　墨翟音狄後墨翟皆放此　壅底張云音邸言否塞不通也　迂音紆又音于　值炎丁作直音值　信三音伸　詒後丁云音義與貽同　難疑乃旦切　繫本亦作系同胡計切　錧鎋丁云上音管方言作輨車釭也下音黠車轄也　衿音今　問陳直刃切　毀鬲丁音隔蓋譖毀之使情隔耳又音歷　焉能於虔切　依放方往切　遂絀音黜　罷傳直戀切下經傳同　心勦下子小切絕也　形瘵側界切病也　弛擔音豕下都濫切　睠音眷　漂撫昭切　亂思張云亂治也思去聲　縕奥於粉切淵奥也　章別彼列切

梁惠王章句上丁云案史記梁惠王魏武侯之子名罃罃音罌　凡七章

以爲于僞切下爲王爲其曰爲抑爲爲是故爲皆同　放於方往切　夷羿音詣羿夷姓　饜

一鹽切又於豔切復申扶又切下章注同重嗟直用切下申重重言皆同亦樂音洛盡此卷皆同王好呼報切下好戰同集穆張云當爲輯穆夸咤丁丑嫁切云誇也玉篇作詫規度大各切下忖度同亟音棘不督音篤丁作蹙子六切來趣丁音趨亦如字麀音憂鶴鶴張云詩本作翯翯戶角切古字假借今依詩本音於牣於如字下音刃丁本作仞歡樂本亦作勸樂害喪如字張音曷書作曷喪及女音汝大平丁音泰下有此字以意求之填然音田者不方久切後皆放此直不如字丁音值勝食音升下同數罟七欲切網也丁張音朔下音古洿音烏喪死丁如字衣帛於既切注及下文衣帛同數口丁色主切不王者丁云去聲下文以意讀之風王音諷餓莩平表切義同殍字丁張眦小切莩有梅眦小切又平表切丁云韓詩也詩作摽與莩同刺人七亦切又七四切改行下孟切下德行同以梃丁徒頂切從木惡之烏路切注及下夫惡同惡在音烏惡猶安也下惡乎定惡知皆同

偏音勇 夫惡音扶此字既多可以意求疑者別出 死邪以嗟切後不音者皆放此 長子張丈
切下長上長者皆同 洒之丁音洗謂洗雪其恥也 省刑所梗切 稅斂丁力斂切 易耨
以豉切下奴豆切字亦作薅音同 以養餘亮切 語人魚據切下語人同 卒然七沒切 槁
音考 沛字亦作霈普蓋切 浡音勃 由水由與猶同古字通用 宓音伏 戲音羲 齕
恨沒切 釁許覲切 舍之音捨 觳觫丁斛速二音恐貌 鍾與音餘下何與心與聞與甚
與口與體與目與前與皆同 郄音隙 大祝音泰 隳許規切 遠庖于萬切 王說
音悅 挾音協 以超超或作趨 折枝之舌切趙云折枝按摩折手節解罷枝也陸善經云折枝折草樹枝
罷枝音疲 少者詩妙切 以御如字鄭箋詩云御治也 思齊音齋 適妻丁亦
切 好惡皆去聲 度之待各切注稱度度心度物皆同餘並音渡 便嬖婢氏切下音臂 辟土
音闢 賈音古 愬音訴 惛音昏 放辟音僻 邪侈張氏切丁作移 爲已音以

絕句圉民張如字丁作司民下音同焉有於虔切以畜許六切當章丁浪切諂

音決

## 梁惠王章句下

暴見賢徧切下他日見及後注虹見皆同王語丁音御下當語同好樂呼報切此卷內皆同惟下注美好如字慍於問切恚一睡切與民同樂音洛聞與音餘下病與慎與罪與皆同獨樂樂丁上音岳下音洛下文及注樂樂皆同孰樂音洛此章內孰樂樂邪樂也同樂樂其事皆同餘並音岳爲王于僞切下同舉疾首蹙頞丁云舉猶皆也屬下句蹙子六切頞音過隙綺戟切何惡烏路切下讒惡同於傳直戀切下同蕘音饒刈音乂爲

阱才性切混夷丁音昆昆夷犬戎別名喙許穢切困也大王音泰後大師大王皆放此

獯鬻丁云上音熏下音育夏曰獯鬻商曰鬼方周曰獫狁秦漢曰匈奴魏曰突厥句踐古侯切會

音鱠夫差音扶樂天音洛此卷内惟下文相說之樂及注樂師樂章樂詩樂正皆音岳餘竝皆音洛彼惡音烏瞋尺真切書曰天降下民至越厥志丁曰注云尚書逸篇也案今尚書大誓有此文但三五字詳略不同耳此注云逸書者古文太誓自孔安國注遭巫蠱事亦遂寢藏於私家故先儒鄭康成馬季長杜元凱等皆以爲逸書故此注亦云逸書不見古文也衡行丁音横云詳注意即依字從欲丁音縱本亦作縱爲之赴難爲難二字竝去聲朝儛音舞放方往反琅音郎邪以嗟切王觀丁音貫亦如字其相息亮切下相亡同春省息井切下同從容七容切睊睊字亦作詗張古縣切云側目視貌言睊睊然怒目相嫉而相讒也慝吐得切湎彌兖切蹯音煩行也下孟切下之行同無厭丁一兼切公說音悦下相說臣説皆同徵招張音韶下同畜君許六切下子畜同孥音奴譏難乃旦切下狄難之難赴難其難免難皆同惡惡烏路切下如字哿矣工可力煢音瓊糇音侯橐音託思戢詩作

輯同音集啓行如字道也裹盛音成滸音虎恂音荀比其丁必二切及也無

墮許規切亦音惰下不墮同舍之音捨下舍女同防比毗志切核音覈惡直如字

又烏路切大辟婢亦切舍女音汝人少詩妙切鎰音溢簞食音丹下音嗣後

簞食皆放此霓五稽切徯胡禮切係累張音繫下力追切弁燕音併下弁得同旄

倪丁云上音耄下音鯢老也詳注意倪謂繄倪小兒也繄烏兮切夫將丁音扶下屬下句鬨

張胡弄切云鬭聲從門下者下降切義與巷同此字從門丁豆切與門不同丁又胡降切劉熙曰鬨構也構兵以鬭也說文云鬭也

長上張丈切下其長長者皆同軍率所類切忿敷吻切阨音厄無已音以以

偪音逼以遺去聲貉音鶴乃屬丁音燭會聚也鼎與音餘曰否方久切本

亦作不音同後不出者皆放此沮慈呂切本亦作阻各隨字讀之尼之女乙切郭璞注尔雅引孟子作此字丁本

作屔云居字焉能於虔切

# 公孫丑章句上　凡九章

可復扶又切下同蹵子六切蹴同踖子亦切艴丁音勃張音拂何曾丁音憎則也乃也慍於問切不帥音率重言直用切爲我于僞切注及後章非爲皆同爲與音餘下法與聞與同與皆同以齊王張于況切云此字既多可以義詳由反手丁云義當作猶猶如也古字借用耳下文由弓人由矢人義同易然以豉切丁朝音潮膠鬲丁隔歷二音輔相息亮切丁本作押音甲廣雅云輔也義與夾同鎡基鎡或作兹音同畋辟音闢鄒丁音尤今之驛也畏難乃旦切我四十不動心楊子曰請問孟軻之勇曰勇於義而果於德不以貧富貴賤死生動其心於勇也其庶乎賁音奔黝伊糾切橈丁奴効切百行下孟切下之行德行隨行皆同要之音邀後以要同子好呼報切下好殘所好皆同吾不惴焉之睡切丁本作遄云音揣恐懼也之帥所類切或音率注同本亦作師度大各切蹶音厥又居衞切顛

倒字或作傎音同惡乎音烏下曰惡同所趨音趣下同無是餒也奴罪切陸云言
以道義配之則能充塞無是餒也慊口簟切助長張丈切注及下不長苗長長天下皆同揠烏八
切拔也芒芒丁音忙亟音棘疾也罷音皮舍之丁張竝音捨下舍是舍已皆同詖
彼寄切自斷丁音短以譽音餘亦音豫下譽之同麗姬呂支切邪辟音僻廋
音搜說辭張音稅丁又依字夫聖音扶屬下句汙丁音蛙不平貌垤大結切行
潦音老大過音泰後章注大宰及章表大隘其大皆同惡辱烏路切章內文注及後章非惡皆同榮
樂音洛下文般樂樂爲樂閒樂取皆同居埤音卑閒暇音閑徹直列切桑土丁音
杜綢繆音稠下武彪切鴟處脂切鴞于嬌切般樂音盤怠敖五勞切又五到
切孽魚列切不可活如字丁云尚書作逭音換下離婁篇同雊古候切廛直連切
頫藏或作臧音藏不橫去聲坻或作萌或作甿音音盲怵惕音黜內交張音

納本亦作納羞惡丁烏故反又如字爲行下孟切擴丁音郭張大也字亦作彍音霍函

音舍鎧苦愛切又苦亥切祝丁亦音呪蚤售音早授不中張仲切讜音黨直言

也書作昌推惡此章惟此字烏路切餘如字浼張莫罪切丁亡但切說文曰汙也方言曰東齊之間謂汙曰浼

汙也烏故切下文同就已音以注同遺佚音義與逸同或作迭或作失皆音逸阨窮音厄

本亦作厄袒裼裸裎袒音但裼音錫裸郎果切裎音程竝露也裎亦作程焉能於虔切浼

也音滿又摸本切本亦作滿援而止之或作正之憚徒案切儷音麗絀音黜

伯夷隘或作阸或作阨竝烏懈切彈正音壇介者丁云字多作分誤也

公孫丑章句下

王相二字竝去聲和樂音洛下樂道樂義皆同不下丁去聲後注下士同馮皮冰切

寡助之至至或作主畔之張云與叛同惡寒烏路切造朝七到切下同

之從才用切數人要丁上色主切下音邀曰惡音烏注及下惡得曰惡惡知皆同宜

與丁音餘下是與死與言與伐與殺與之與過與皆同此宜與亦如字慊口簟切長民張丈切注及下

長者好呼報切下同餽音饋後皆放此贐囚刃切爲兵于僞切下必爲之爲王爲其所

以爲爲我爲孟下爲子爲皆同可鬻本或作育音同有處昌呂切下同焉有於虔切則

去之起呂切其行胡郎切幾千丁蟣祈二音賑丁音振素餐七丹切

蚳音遲鼃丁烏花切張烏媧切先後丁云竝去聲毋使音無不中張仲切藉

道本亦作籍蓋大夫古盍切王驩音歡同使所吏切相比毗志切亦如字

曰夫音扶注夫人同危行下孟切稱之尺證切翣山洽切辟世音避度

而大各切不可稱丁如字且比丁音庇及也恔乎音效方言云快也丁音皎說文

云憭也沈同張音審或作沉誤子噲苦壞切燕易王子監古咸切更也古衡切

孟子下　二

龍斷趙云龍斷謂堁斷而高者丁云案龍與隆聲相近隆高也蓋古人之言耳如胥須之類也張云斷如字或讀如斷割之斷非也陸云龍斷謂岡壟斷而高者如陸之釋則龍音壟堁丁云廣雅音課開元文字音塊隱几於靳切據也齊宿側皆切字亦作齋語子魚據切魯繆音穆慍於問切豈舍音捨下舍我同悻悻丁云字當作婞形頂切很也直也又胡耿切字或作硜硜然論語音鏗見於丁音現狷古縣切恚一睡切宿留上音秀下音霤食功丁音嗣

## 滕文公章句上

使於所吏切考公麋居筠切從禾相直音值復見扶又切重受直用切下同覸古莧切一音閑瞑眩莫甸切下音縣又作眠眴音同瞑眩憒亂瞑或作慎即音顛憒古對切又音潰景行下孟切下忘行孝行並同論語曰力行近仁丁云近音附近案論語無此語是禮記中庸篇趙氏以爲論語文之誤也齎音資疏所居切飦諸延切縗

或作衰同音崔餈字亦作餈音義與糜同更也古衡切好馳呼報切下好者好聚好施皆同爲

我于僞切下既爲復爲爲天下親爲非爲皆同歠川悅切帥音率督趣丁音促于

茅張云或作苗誤也索綯桑洛切下音挑亟其乘屋丁云亟音棘乘登也閒暇

音閑放辟音僻後放辟同邪侈張云諸本作移誤也罔民張云或作司誤也徹直列切

受禪音擅校數色主切有易丁以豉切下及後章不易同樂歲音洛棄捐

與專切盻盻說文五禮切恨視也亦匹莧切丁作盻許乙切以養餘亮切下莫養奉養皆同稱貸

竝如字惡在音烏安也後章惡得惡能皆同養食音嗣耒任音壬雨我于付切學

校音效下同射也神夜切各去起呂切汙吏烏路切又音烏長爭張丈切

絀音黜田萊音來草田曰萊夫圭田丁云夫如字謂餘夫也鄭康成注禮記訓夫爲治也磽

苦交切別野彼列切下有別同勠音六師知音智許行丁音衡又下孟切下同踵

之隴切氓亡庚切與甿同衣褐於既切下同捆屨丁音閫案許叔重曰捆織也埤倉曰捆敂也從

才從木者誤也張作裍音同叩椓丁音卓擊也從扌旁豕陳相丁云去平並通饔音雍飧

音孫當身丁去聲粗布音麤後注同之與音餘下爲與同舍皆丁音赦止也路

也丁張並云路與露同羸路力爲切字亦作羸郎果切食人音嗣食於人如字氾

濫音泛偪音逼瀹濟漯丁云上音藥中子禮切下他合切作濕誤也呱音孤使

契音薛放勳方往切曰丁音馹或作日誤勞之來之丁云並去聲不

與焉丁音豫亦如字倍之丁云義當作借古字借用耳下子倍同治任丁而針切云治任謂治擔

任之具強其丈切暴之蒲木切皜音杲質放丁方往切倣像似鴃舌丁音

決又古役切鳴鴃丁云毛詩作古役切大古音泰閟宮丁音祕清淨之宮謂姜嫄之廟膺

擊丁本作應云案古訓應訓當此注訓擊蓋以當對是擊敵之義故轉訓耳懲艾丁廢切市賈音嫁

下皆同倍蓰丁音師云從竹下徙開元禮文字音義曰倍謂半倍而益之又音灑山綺切史記作倍灑徐廣曰一作五倍曰蓰子比丁音鼻次比也徐辟音壁又音闢道不見丁音現注不見同匍音蒲匐蒲北切蠅蜹姑張音汭云諸本或作蟉誤也丁云蟉未詳所出或以蟉與蝣同謂蜉蝣也音由又一說云蟉姑即螻姑也嘬楚怪切說文云飲歃也有泚七禮切睨音詣虆梩丁力追切土籠也或作蔂下力知切土轝也籠臿楚治切鍬也憮音武

滕文公章句下　凡十章

志曰丁云志記也謂志記之言也介音界丁云謂徇介也信道音伸為與音餘下食與善與築與樹與皆同要利音邀下章要其同奚乘音剩下同強而其丈切注同射之食亦切範我或作范氏范氏古之善御者詭遇陸云詭遇詭計以要禽也舍矢音捨下舍其同不貫丁音慣注貫習同中之張仲切貫臧如字者比毗志切下同熄音息

從橫音蹤下從長合從皆同從長張丈切下長幼長逸皆同焉得於虔切安也之冠音貫女家音汝出疆音姜載質張音贄云義與贄同以見音現下注願見同粢音咨盛音成繅素刀切皿武永切藉秦昔切腯徒忽切絀音黜爲出于僞切下爲之爲其爲匹夫爲此皆同難仕丁乃憚切又如字媒妁音酌丁云謂媒氏酌二姓之可否故謂之媒妁也隙去逆切又惡烏路切下又惡楚惡惡無禮皆同彭更古衡切從者才用切傳食丁直戀切言轉食也簞食音嗣比章內文注可食而食食志食功食乎子食不食皆同餘皆如字笥相吏切羨似面切又余見切畫音獲墁張武安切云與謾同素餐七丹切亳音薄遺之惟季切餉式亮切徯胡禮切匪厥丁云義當作篚篚以盛贄幣此作匪古字借用下同救字或作捄同咻之音休嚾也丁云案玉篇音讙囂召呼也今釋注意音歡爲便蓋字讙譁同涅奴結切辟之音避不內音納繆公音穆矙或作瞰同音勘

使人所吏切　胥虛業切又許及切　畦胡圭切　竦音聳　強其丈切　赧女簡
切　去關起呂切　攘如羊切　子好呼報切下注及文皆同　汜孚劒切　埤音卑
度之大各切　洚水張音絳又下江切丁胡貢切說文胡工切　洚洞丁云案玉篇下江切從夅夅下
江切今注宜音胡貢切從夅夅音逢洚洪水也下徒送切又音同　菹側魚切丁音嗟　既遠丁于願切　壞
宮音怪　汙音烏　邪說如字張音稅　暴行張下孟切注及下詖行操行皆同　沛丁蒲
內切　更興音庚　放辟音僻　相武息亮切　素王于況切又如字　橫議去聲　爲
我于僞切　莩皮表切或作莩或作殍皆同丁音孚　詖音賁　駢躓蒲田切下張尼切丁云史記作
胼胝謂手足生胝也此躓乃顛躓字音致義依史書讀之乃便　周公仰思案字書仰讀如仰又離婁下章云周
公思兼三王以施四事其有不合者仰而思之夜以繼日幸而得之坐以待旦是其事也　螬音曹　匍音蒲　匐
蒲北切　咽音宴　擘博厄切　惡能音烏下惡用同　辟音壁　纑音盧　戴蓋丁張

孟音二　十

竝音盡 鵝張云與鵞同 已頻顣丁上音紀頻亦作頻同下子六切 鶂鶂丁五歷切鶃也

哇丁張竝於佳切 毋食音嗣

## 離婁章句上　凡二十八章

黃帝亡其玄珠丁案莊子以玄珠喻玄妙至道耳非實亡其珠也 蔟音湊 姑洗音銑 無射音亦 徵陟里切 仁聞音問注同 嘉樂丁云案詩作假樂假音暇樂音洛 衣於既切 揆度大各切後章注不度同 度量丁竝去聲 僥古堯切 甲兵或作鉀音同

不辟音闢 方蹶俱衛切 泄泄弋制切 沓沓徒合切 動女音汝 厲王

流於彘丁音帶韋昭曰彘晉地漢為縣屬河東案史記周厲王立三十年暴虐侈敖國人謗王王殺謗者三十四年民莫敢言道路以目三年乃襲王王奔彘 戲音羲 避遠于願切 惡死烏故切下惡醉所惡皆同 而

樂音洛此卷內皆放此惟後章樂正樂之實禮樂即音岳 強酒其丈切下注同 治人不治張云

上直之切將理之義也下直吏切已理之義也後皆放此行有張下孟切下改行之行正行皆同踣朋北切

沛普害切能令力政切而女丁去聲以女妻人曰女裸音灌暢丁云謂鬯酒也

好仁呼報切下好仁好爲皆同以濯張直角切丁作瀹音藥其菑音災滄浪音郎夫

人音扶下同孽魚列切恐栗丁云義當作慄古字借用走壙張音奏下音曠爲淵

于僞切下爲叢爲湯爲之爲無後皆同敺音驅鸇諸延切埤音卑獱音頻獺別名卒

求于忽切後章卒至同舍正音捨注同長其長並張丈切注及下同三省息井切焉

往於虔切下章焉廋同辟草音闢任土如禁切合從音蹤眸音牟瞭音了

眊音耄瘦音搜惡得音烏卷末烏可已也音同而錯音措髡音坤禮與音餘

援音爰養親餘亮切下同晳先歷切徹直列切與適丁音謫注同足

閒古莧切非訧音尤君難乃旦切易其以豉切桐子音義與童字同子

敖五高切見孟張音現使而所吏切亟見音棘餔張博孤切亦音哺啜昌悅切底之爾切

孟子音義上

# 孟子音義下

## 離婁章句下　凡三十三章

畎夷始犬切或音犬書曰太子發上祭於畢下至盟津音孟丁云案古文尚書無此文先儒以爲此文是僞泰誓也酆音豐鎬音浩度量音杜亮不比毗志切近也乘輿音剩注同溱音臻洧榮美切杠張音江方橋也可通徒行人過者辟人丁張竝音闢亦如字注辟除同焉得於虔切卑辟音避由天丁云由義當作猶猶如也古字通用後皆放此禮爲于僞切下爲服爲之爲父爲其爲得爲武皆同田菜丁云菜謂菜地菜之言采也故禮曰大夫有菜以處其子孫下於下去聲搏執音愽極之張紀力切又如字惡而烏故切下惡傷禹惡皆同風諭音諷見幾音機微也謂禍福之兆也陳質本亦作賈藉交慈夜切樂有音洛下其樂而樂同相覺丁音教云義當作校有惡如字惡人烏路切下

所惡無惡心惡皆同 難及乃旦切下濟難同 好言呼報切下好之而好好貨好勇皆同 忮支義切
之行下孟切下行之本行高行行惡皆同 行其如字 養生張餘亮切注及下養親之養得養皆同
深造七報切 五伯如字丁云伯者長也言爲諸侯之長亦音霸 當直音值下同 亟稱
去吏切 徐辟音璧又音闢 舍音捨 放乎方往切 澮古外切 涸下各切 潦
音老 卒千忽切 聲聞音問 強仁其丈切 辟害音避 讜言丁音黨尚書作昌言
泄遢丁案注云泄狎也案媟訓狎今注以泄訓狎借聲訓耳 熄與息同 之乘丁音剩云晉名春秋
爲乘者取其善惡無不載 檮杌丁逃兀二音檮杌惡獸名也楚謂春秋爲檮杌者在記惡而興善也 跌徒結切
汙音烏 逢蒙丁張竝薄江切從夆夆下江切 惡得音烏 之他張徒何切 邪辟音僻
乘矢丁音剩乘矢四矢 桮音杯 棬丘圓切 驩音歡 敖五高切 脅虛業切又
許及切 何難乃旦切下難矣之難其難赴乃死難皆同 我由丁云田與猶義同後皆放此 很胡懇

切　惰解音懈　與焉音預注不與同　瞷夫古莧切又音閑　蚤音早　饜於豔切　施

從丁音迤注同張音易謂延施而往也　播燔潘二音　訕所晏切　施施丁依字詩曰將其來施施

張音怡　扁扁丁眦綿切

## 萬章章句上　凡九章

見惡烏路切下惡之惡已皆同　是恝張古黠切丁音界說文作忿忽也許介切　爲言于僞切下因爲

爲不順爲爲楚所爲主當爲皆同　共爲音供　求禪音擅後皆放此　不見音現比章及下見瞽皆同　人

少詩妙切　知好此章惟此字呼報切餘竝如字　衣五於既切　匍音蒲　匐蒲北切

百行下孟切下行莫之行皆同　懟直類切　妻舜七祭切下妻也妻之同　捐音緣又音旋

揜張云與掩同　浚音峻　弤都禮切丁音彫云義與弴同　彫弓如字或作彤誤　忸女六

切　怩音尼　愕五各切　己與音餘注及下者與皆同　校人張音效丁音教　畜之

許六切僑音喬重言直用切舍小音捨庳音鼻史記作鼻驩音歡堯師

音率下同蹙子六切岌魚及切蹐子亦切勛音勳得養余亮切下皆同興

事去聲諄諄之純切以行張去聲下行歸惡行皆同此以行亦如字暴之步卜切露也

篡楚患切施澤所豉切橫爲胡孟反自艾音刈治也要湯音邀下要而以

要皆同莘所巾切而樂音洛下同覦音俞眄莫甸切囂囂五高切又許驕

切幡張云與翻同推而丁土回切亦如字下卷同内之張音納下卷同説之如字亦音

税浼我音每伊訓曰天誅造攻自牧宫朕載自亳丁曰

注云伊訓尚書逸篇不見古文耳今文尚書伊訓曰造攻自鳴條朕哉自亳與此文小異癰於容切疽七余

好事呼報切下及卷末自好好名皆同讎由張音醜之平聲亦如字阨音厄魋杜回

阨難乃旦切鬻音育食牛音嗣繆公音穆羖音古屈産九勿切之

乘音剩 時舍音捨

萬章章句下 凡九章

橫政丁胡孟切下同 橫民橫或作揔各依本字讀 行不下孟切下之行行夜皆同 不與音豫 佚音逸 阨音厄 袒音但 裼音錫 裸郎果切 裎音程 焉能於虔切

浼張音每丁音漫 接淅接如字淅丁張竝先歷切漬米也說文接作滰云浚乾漬米也從水竟聲孟子曰夫子去齊滰淅而行其兩切浚音峻瀝也 亟也紀力切 動中張仲切下其中中也皆同 始條理本亦作治條理下同 有殺所界切 不橈奴教切 強增其丈切 錡魚綺切 惡其烏路切注憎惡同 采地音菜 食九音餉下文及注食九幷下章蔬食皆同 佃音甸 挾長音協下張文切注同 費惠音祕 顏般音班 造之七到切 糲盧葛切 迭為徒結切張云或作佚誤 更迭音庚 妻舜七計切 郤之正體郤字下皆同或作郄誤 餽音饋

下皆同 御與音余下道與召與非與皆同 不譈徒對切 將比丁毗失切云比地而誅猶言比

屋而誅也亦毗志切 獵較丁張竝音角 簿正丁步古切本多作薄誤 可卒千忽切 度

珍丁大各切 爲之于僞切下爲貧爲養本爲何爲也哉爲欲爲其皆同 宿留音秀下音霤 爲

養餘亮切 惡乎音烏後章賢惡同 柝音託 椎直追切 會計古外切 乘

田音剩 茁阻刮切 壯長張丈切 委積於僞切下子智切 當直音值 葭

音加 稱職尺證切 垊音萌 繆公音穆 亟問去吏切卷內竝同 摽使音杓又音

拋下所吏切 數問音朔下同 慍於問切 猥於賄切 二女女焉張云上如字下

去聲 傳質丁讀如贄 敢見音現注及下往見見君皆同 如厎詩作砥同之履切 沮溺

七餘切 好善呼報切下同 景行下孟切 伊發有莘所巾切 爲殷興

道丁云言伊尹有莘之媵臣發起於草萊爲殷湯興其王道也

# 告子章句上　凡二十章

桮棬 音杯下丘圓切張云屈木爲之也丁云方言曰海岱之間謂盌爲棬盌音椀 柜 丁音舉 戕 音牆

義與 音餘下白與也與性與長與外與非與謂與若與皆同 長義 張丈切下不出者皆同 拂之 丁扶勿切戾也下曲拂同此拂之亦如字 湍 他端切陸云湍波流也 無分 如字丁扶問切下同 瀠 字書作瀠余傾切波勢回貌 搏之 張補各切云以手擊水丁作摶音團 顙 蘇黨切 好下 呼報切卷内皆同惟下注好人好耳如字 耆秦 音嗜本亦作嗜下同 炙 之夜切 惡在 音烏 而强 其丈切

羞惡 丁烏故切 舍則 音捨下舍魚舍生舍其舍貴舍大皆同 倍蓰 音師又音灑山綺切解見滕文公章句 阨 音戹 麰 音牟 耰 丁音憂耰苗根也 浡 音勃 磽 苦交切 相覺 丁音教義訓爲校 蕢 音匱 姣也 古卯切 狂且 丁子餘切云且助句辭 孽 五割切 好惡 丁呼報切下烏路切下所惡同 有梏亡之 丁云梏古沃切謂悔各利害也言利害之乱其性猶桎梏

之刑其身故喻之之行下孟切下其行同易生以豉切暴之步卜切繳音灼射

之食亦切爲是于僞切下爲宫同能蹯音煩不辟音避下同嘑呼故切蹴

爾張取六切或作踓音同咄嗟丁都忽切叱也下七内切呼也不辯丁本作變云於義當爲辯辯別

世得我與張云平聲亦如字鄉爲丁云竝去聲下今爲爲指鄉爲其但爲亦爲皆同不信

音伸下同惡之烏路切下同溉古代切檟音賈樲音貳樂善音洛下自樂而樂皆

同以要音邀注及下同令聞音問不熄音息荑音蹄稗蒲賣切幾成

丁音祈又音機彀古候切用思丁息二切

告子章句下　凡十六章

任人張音壬親迎張魚慶切下同人難乃旦切卷末可難同曰於丁張竝音烏歎辭也

斷句揣初委切奚翅張云翅與啻同古字通用施智切紾張音軫又徒展切摟音婁後章

同以長張如字匹雛張如字下士于切丁作疋雛云案注云疋雛小雛也即疋訓小而詁訓及諸書疋訓
耦訓小無文今案方言疋小也音節蓋與疋字相似後人傳寫誤耳後長張丈切下先長年長長君皆同之行
下孟切下堯行桀行之行循行身行過行皆同得見音現下亨見見顏見於皆同較音角小弁音盤
下同爲詩丁云爲猶解說也關弓丁張竝音彎而射食亦切下同重言直用切
邶風音佩可磯音機墐音僅丁云路旁冢也宋牼口莖切說而音稅下皆同
將爲于僞切下爲其爲人自爲爲湯城爲之皆同樂罷音洛下樂聞樂賢安樂皆同閒矣音閑
相與息亮切下爲相相得皆同下音餘下得與同隙去逆切身造七到切髡音坤不
惡烏路切下所惡惡爲皆同汙烏路切其趨張讀如趨言其趨向正道無異也下注同繆公
音穆下注秦穆同華周胡化切注同不稅音脫注同以爲爲肉下爲字于僞切下爲
無爲君爲爲魯一戰爲君爲君爲惡爲之爲人奚爲皆同膊炙普各切下之石切五霸丁云案先儒說五霸不同

有以夏伯昆吾商伯大彭豕韋周伯齊桓晉文爲五霸今此注以齊桓晉文秦穆宋襄楚莊爲五霸 地辟 音闢下辟土同

掊克 丁薄侯切深也聚斂也 歃 所洽切 翟 音狄 于好 呼報切下好戰好善皆同 長

君 張丈切丁又如字 滑釐 丁張竝音骨下力之切 鄉道 音向下同 變更 音庚 貉

音陌 饔飧 音雍孫 洚水 張音絳又下江切丁胡貢切 惡乎執 音烏本亦無乎字 舍

信 音捨 有知 音智 訑訑 張吐禾切云蓋言辭不正欺罔於人自誇大之貌丁云此字音他又達可切說

文云欺也字作訑者音怡訑訑自足其智不耆善言之貌今諸本皆作訑即不合注意當借讀爲詑音怡 見顏 音現下見

於同 雨雪 于付切 瀌瀌 符驕切又彼苗切 見晛 如字丁音現下奴見切 周之 與賙

同救贍也 傳說 音悅後卷傳說皆放此 膠鬲 張音隔 拂亂 丁音佛 忍性 張如字丁

音刃注同 鬻 字或作育音同 曾益 張云曾與增同丁云依注曾讀當作增依字訓義亦通也 瘁 音萃 屈

九勿切 拂 音弼 知生 丁依注音智注同陸如字云言憂患者以生全安樂者得死亡也 或折 丁之

設切

盡心章句上　凡四十七章

共之求用切亦作拱居勇切　好生呼報切下所好好善好以好利好仁之好皆同　行與下孟切下之行改行善行行有百行皆同　殀與夭同　命有三名丁云案此三命事出孝經援神契　壓烏甲切　遠之于願切下遠辱同　舍則音捨下是舍舍大皆同　樂莫音洛下樂在樂善樂其所樂樂堯樂義之樂樂風樂爲而樂樂而三樂樂也所樂樂之皆同　以錯音措　亟見去吏切下同　數也音朔下同　下賤去聲　宋句古侯切　語子魚據切　囂囂五高反又許驕切　不離力智切　見於音現　才知音智下術知同　辟邪音僻　欲然張音坎字林云欲得也今詳此義內顧不足而有所然也下注滿欲同　亟其音棘　大辟音闢　驩虞丁云義當作歡娛古字通用耳　皞皞張云皞與昊同說文胡老切義與浩同古字通用　所過者化所存者神

陸云言君子所過人者在於政化存其身者在於神明　襁褓丁紀享切説文云負兒衣也博物志曰織縷爲之廣八寸

長一尺二寸以負小兒於背上下音保聲類曰褓者小兒被子也　少知詩妙切下少而同　長知張丈切下

敬長挾長皆同　辟若丁音璧下辟若同　疢丑刃切　孽魚列切　王天于況切　不

與音豫　怍音昨　重言直用切　分定扶問切下之分同　睟然見丁上音粹

下音現　盎張烏曩切下注同又烏浪切陸云盎於背如負之於背　蟠辟音盤下音闢　辟紂音避

衣帛於既切　易其以豉切　輕施始豉切　焉有於虔切　小郄丁去逆切

義與隙同　孳張云與孜同古字通用下文同　蹠張云蹠與跖同之石切　别之彼列切　爲我

于僞切注爲已及下爲其爲之不爲皆同　放踵丁方往切至也下之隴切　摩突丁徒忽切穿突也　子

莫執中陸云言子等無執中　所惡烏路切注同　强甘其丈切　其介陸云介謂

特立之行　掘衢物切又其月切　軔丁音刃云義與仞同借用耳先儒以七尺爲仞注云八尺曰軔　論之

一簣丁音匱論謂論語也　惡知音烏下惡在惡得皆同　放與音餘下禁與予與皆同　宿留音秀霤　素餐七丹切　墊丁念切　陶音姚　蹝蹝所綺切注皆同　訢音忻　喟丘愧切　乘服音剩　呼於丁火故切　垤大結切　瞀丁云案開元文字音茂目不明也張亡角切　食而丁音飼　畜之張許六切　蕣音舜　柚榛丁云上以究切似橙而醋下音臻從木莘字亦作榛榛似栗而小引此二物者皆謂內不稱外　紾音軫又徒展切　漸漬子廉切亦如字　達財陸云達財周恤之一本作才説云以有善才就開其性理也　淑艾丁音刈治也張五泰切養也　幾及音機　彀率古候切丁云率循也謂彀張其弩又當循其射道令必中於表陸云率法也躍如心願中也能者從之當勤求也則讀爲律　躍如也丁云躍如猶言卓爾陸云躍如心願中　和寡胡卧切　滕更張音庚　挾音協　知者音智注知者及下文之知皆同　不徧正體遍字　歠昌悅切

# 盡心章句下　凡三十七章

孟音下　二

王好呼報切下好戰好仁好生好名之好好禮好善皆同　卒少子忽切後章注卒以同　長子張丈
切　相覺音教義與校同　爲陳音陣　百兩丁音亮　虎賁丁音奔先儒言如猛虎之奔
焉用於虔切　贅衣丁之稅切　取馬千走切　頷角犀厥地丁云頷即頷字
犀音西義與棲遲同息也久也字從尸下辛或作犀牛字誤也　糗去久切　茹音汝　袗衣之忍切陸云袗
衣之美者　糒音備丁音敗　袗畫胡卦切下同　一閒張音澗亦如字　遠禍于願切　惡
殺烏路切下惡似惡莠惡佞惡利惡鄭惡紫惡鄉所惡皆同　舍生音捨下舍而舍其舍身皆同　見於
音現下注見上同　魭羮丁音元左傳作黿　庳音鼻畀　皆樂音洛下樂工樂者樂道般樂皆同　之
行下孟切下之行德行正行穢行人行行與其行汙行皆同　更古衡切下同　盛音成　腯徒忽切
勳炙字與熏同　接淅先歷切解見萬章章句　戹於或作戹同　貉稽丁云貊鶴二音既是
人姓當音鶴篆文曰俗人姓也張亡百切說文云北方人豸種也　訕所諫切　殄徒典切　蹊閒張如

字**爲閒**皆如字注同**鄉道**音嚮**追蠡**音堆下音禮**鈕**音紐**兩馬**如字
丁云古人駕車以兩馬軌謂限之轍迹也孟子意言城門限迹切深以目久遠爲車所轢多故也豈是一時兩馬駕車而過之使然
**力與**音餘下來與同**摶**補各切**嵎**音愚**攖**丁於盈切從手嬰蒼云攖梏也此注云迫也**依**
**阪**子于切又子侯切隅也**解倦**音懈**從欲**音縱又如字**知之**音智注明知學知小知皆
同**王於**于況切**亹亹**音尾**不意**音億又如字**爲之**于僞切下爲已是爲本爲非爲
皆同**苙**丁音立欄也圈也**蘭**與欄字同**罥**涓兖切謂羂其足也**橫興**胡孟切下撗㬥同**紩**
音秩**鎧**苦愛切又苦亥切**斯養**斯義同廝賤役也**有殍**皮表切張音孚**從者**才用切下
從車同**庾**或作廋同音搜**屝**符費切**造**七報切**餂之**丁曰注云餂取也今案字書及諸書
竝無此餂字郭璞方言注云音忝謂挑取物也其字從金今此字從食與方言不同蓋傳寫誤也學者宜詳本亦作⿰食占奴兼切**臧**
**否**音鄙**不與**音豫下與竝同**中禮**張仲切或如字**說大**音稅下注同**藐之**丁音

邈藐然輕易之皃又音眇　魏魏音巍丁云當作巍　榱題丁楚危切爾雅曰桶謂之榱題頭也　屋霤力救切　汏音泰　般樂音盤　自遺以醉切　單豹音善　黶乙斬切　晳音錫

不復扶又切　炙之夜切　狂獧丁音絹與狷同　踸踔丁勑甚切下勑効切又勑角切　譎音決　詭過委切　嘐嘐火包切　重言直用切下同　言不顧行行不顧言古之人行張云三行並去聲注及下行合爲行之行士行皆同　何爲踽踽張云爲于僞切踽俱禹切爲又如字　閹然音奄　不解音蟹　汙世音烏又烏故切　莠音誘　慝吐得切

子率如字又所類反　虺虛鬼切　散宜素但切　尚父如字　爲將即亮切　然而無有乎爾則亦無有乎爾陸本作然而無乎爾則亦有乎爾云孟子意自以當之鄒魯相鄰故曰近聖人之居無乎爾有乎爾疑之也此意以況絕筆於獲麟也　柝音託　剖普后切

孟子篇敘此趙氏述孟子七篇所以相次敘之意也

其行下孟切下同當期音朞括古活切

孟子音義下

吳門黃氏百
宋一廛刊行

重雕蜀大字本孟子音義跋

孟子音義二卷近時非無傳本然欲求宋本面目邈不可見矣余偶得影宋鈔本爲虞山錢遵王述古堂藏書即以付梓其用爲校勘者復假香嚴書屋藏本係汲古閣影宋鈔與此同出一源卷中有一二誤字兩本多同當是宋刊原有且文義顯然讀者自辨弗敢改易致失其真毛本有斧季跋云余在京師得宋本孟子音義發而讀之其條目有孟子篇叙注云此趙氏述孟子七篇所以相次叙之意茫然不知所謂書賈

又挾北宋板章句求售亦係蜀本大字皆章丘李氏開先藏書也卷末有篇叙之文任喜叫絶令僮子影寫攜歸附於音釋之後後人勿易視之也據斧季所云是最後一葉本非音義所有故毛本於此葉首一行有孟子卷第十四六大字錢鈔已削之非其舊矣因著於此再香嚴本尚有孝經今文音義論語音義各一卷與孟子音義合裝一册兹就余所有刻之餘二種尚須倩工模寫願以異日聞此三種宋刻真本在揚州某家五硯樓主人曾見之親爲余言云嘉慶

己巳仲夏之月四日黃丕烈書于學耕堂

黃丕烈 蕘圃

# 孟子音義

通志堂經解本

# 孟子音義序

朝散大夫尚書兵部郎中充龍圖待制知通進銀臺司兼門下封

駮事兼判國子監上護軍賜紫金魚袋臣孫　奭　辭撰進

夫總羣聖之道者莫大乎六經紹六經之教者莫尚乎孟子自昔仲尼既没戰國初興至化陵遲異端竝作儀衍肆其詭辯楊墨飾其淫辭遂致王公納其謀以紛亂於上學者循其踵以蔽惑於下猶洚水懷山時盡昏墊繁蕪塞路孰可芟夷惟孟子挺名世之才秉先覺之志拔邪樹正高行厲辭道尊王化之源以救時弊開聖人之道以

斷羣疑其言精而贍其旨淵而通致仲尼之教獨尊於千古非聖賢之倫安能至於此乎其書由炎漢之後盛傳於世爲之注者則有趙岐陸善經爲之音者則有張鎰丁公著自陸善經巳降其所訓說雖小有異同而共宗趙氏今旣奉

勑校定仍據趙注爲本惟是音釋宜在討論臣今詳二家撰録俱未精當張氏則徒分章句漏略頗多丁氏則稍識指歸譌謬時有若非刊正詎可通行謹與尚書虞部員外郎同判國子監臣王旭諸王府侍講

太常博士國子監直講臣馬龜符鎮寧軍節度推官國子學説書臣吳易直前江陰軍江陰縣尉國子學説書臣馮元等推究本文參考舊注采諸儒之善削異説之煩證以字書質諸經訓疏其疑滯備其闕遺集成音義二卷雖仰測至言莫窮於奥妙而廣傳博識更俟於發揮謹上

# 孟子音義上

## 孟子題辭

張鎰云即序也趙注尚異故不謂之序而謂之題辭也

趙氏 丁公著云案本傳名岐字邠卿京兆長陵人也初名嘉生於御史臺因字臺卿後避難故改名岐少明經有才藝公府屢辟為京兆尹延篤功曹先是岐常貶議中常侍唐衡兄玹為京兆尹岐遂避難四方無所不歷及諸唐滅乃出仕歷并州刺史議郎後以老病就拜

太常九十餘建安六年卒通稱丁云稱去聲下有此字以意讀之郱陟輸切所弁

必正切下同長師張丈切縱音蹤隳許規切墨翟音狄後墨翟皆放此

壅底張云音邸言否塞不通也迂音紆又音于值炎丁作直音值信三

音伸詒後丁云音義與貽同難疑乃旦切繫本亦作系同胡計切錧鎋

丁云上音管方言作輨車釭也下音轄車轄也矜音今問陳直刃切毀鬲丁音

隔蓋譖毀之使情隔耳又音歷焉能於虔切依放方往切遂絀音黜罷

傳直戀切下經傳同心勦下子小切絕也形瘵側界切病也弛擔音豕

下都濫切睠音眷漂撫昭切亂思張云亂治也思去聲縕奧於粉切淵奧也

章別後列切

梁惠王章句上丁云案史記梁惠王魏武侯之子名罃罃音鸎凡七章

以爲于僞切下爲王爲其曰爲抑爲爲是故爲皆同放於方往切夷羿音詣羿夷姓

饜一鹽切又於豔切復申扶又切下章注同重嗟直用切下申重重言皆同亦

樂音洛盡此卷皆同王好呼報切下好戰同集穆張云當爲輯穆夸咤

丁丑嫁切云誇也玉篇作詫規度大各切下忖度同亟音棘不督音篤丁作

督子六切來趣丁音趨亦如字麀音憂鶴鶴張云詩本作翯翯戶角切古字

假借今依詩本音於牣於如字下音刄丁本作仞歡樂本亦作勸樂害喪

如字張音曷書作曷喪及女音汝大平丁音泰下有此字以意求之填然

音田者不方久切後皆放此直不如字丁音值勝食音升下同數罟

七欲切網也丁張音朔下音古洿音烏喪死丁如字衣帛於既切注及下文衣帛同數

口丁色主切不王者丁云去聲下文以意讀之風王音諷餓莩平表切義同殍

字丁張眦小切莩有梅眦小切又平表切丁云韓詩也詩作摽與莩同刺人七亦切又七四

切改行下孟切下德行同以梃丁徒頂切從木惡之烏路切注及下夫惡同

惡在音烏惡猶安也下惡乎定惡知皆同俑音勇夫惡音扶此字既多可以意求疑者
別出死邪以嗟切後不音者皆放此長子張丈切下長上長者皆同洒之丁音洗謂
洗雪其恥也省刑所梗切稅斂丁力劒切易耨以豉切下奴豆切字亦作蓐音
同以養餘亮切語人魚據切下語人同卒然七没切槁音考沛
字亦作霈普蓋切浡音勃由水由與猶同古字通用宓音伏戲音羲齕恨没
切舋許覲切舍之音捨觳觫丁斛速二音恐貌鍾與音餘下何
與心與聞與甚與口與體與目與前與皆同郄音隙大祝音泰隨許規切遠庖
于萬切王說音悅挾音協以超超或作趨折枝之舌切趙云折枝按摩折
手節解罷枝也陸善經云折枝折草樹枝罷枝音疲少者詩妙切以御如字鄭箋
詩云御治也思齊音齋適妻丁亦切好惡皆去聲度之待各切注
稱度度心度物皆同餘竝音渡便嬖婢緜切下音臂辟土音闢賈音古愬音訴

惛音昏放辟音僻邪侈張尺氏切丁作移爲已音以絶句罔民張如字丁作司民下音同焉有於虔切以畜許六切當章丁浪切譎音決

## 梁惠王章句下　凡十六章

暴見賢徧切下他日見及後注虹見皆同王語丁音御下嘗語同好樂呼報切此卷内皆同惟下注美好如字慍於問切恚一睡切與民同樂音洛聞與音餘下病與愼與鼎與與皆同獨樂樂丁上音岳下音洛下文及注樂樂皆同孰樂音洛此章内孰樂樂邪樂也同樂樂其字皆同餘並音岳爲王于僞切下同舉疾首蹙頞丁云舉猶皆也屬下句蹙子六切頞音遏隙綺戟切何惡烏路切下讒惡同於傳直戀切下同蕘音饒刈音乂爲阱才性切混夷丁音昆昆夷犬戎别名喙許穢切困也大王音泰後大師大王皆放此獯鬻丁云上音熏下音育夏曰獯鬻商曰鬼方周曰

獫狁秦漢曰匈奴魏曰突厥　勾踐古侯切　會音鱠　夫差音扶　樂天音洛此卷內惟下文相說之樂及注樂師樂章樂詩樂正皆音岳餘並皆音洛　彼惡音烏　瞋尺眞切　書曰天降下民至越厥志丁曰注云尚書逸篇也案今尚書太誓有此文但三五字詳略不同耳此注云逸書者古文太誓自孔安國注遭巫蠱事亦遂寢藏於私家故先儒鄭康成馬季長杜元凱等皆以爲逸書故此注亦云逸書不見古文也　衡行丁音橫云詳注意即依字　從欲丁音縱本亦作縱

爲之赴難爲難二字並去聲　朝儛音舞　放方往反　琅音郎　邪以嗟切　王觀丁音貫亦如字　其相息亮切下相土同　春省息井切下同　從容七容切　盻盻字亦作詺張古縣切云側目視貌言盻盻然怒目相嫉而相讒也　慝吐得切

湎彌兖切　蹯音煩　行也下孟切下之行同　無厭丁一兼切　公說音悅下相說臣說皆同　徵招張音韶下同　畜君許六切下注子畜同　孥音奴　譏難乃旦切下狄難之難赴難其難免難皆同　惡惡烏路切下如字　哿矣工可切　㷀音瓊　糇

音侯　橐音託　思戢詩作輯同音集　啓行如字道也　裹盛音成　滸
音虎　恂音荀　比其丁必二切及也　無隳許規切亦音惰下不隳同　舍之音捨
下舍女同　防比毗志切　核音覈　惡直如字又烏路切　大辟婢亦切　舍
女音汝　人少詩妙切　鎰音溢　簞食音丹下音嗣後簞食皆放此　霓五稽
切　徯胡禮切　係累張音繫下力追切　幷燕音併下幷得同　旄倪
丁云上音耄下音齯老也詳注意倪謂繄倪小兒也　繄烏兮切　夫將丁音扶屬下句　鬨
張胡弄切云鬭聲從門下者下降切義與巷同此字從鬥丁豆切與門不同丁又胡降切劉熙曰鬨構也構兵以鬭也說文云
鬭也　長上張丈切下其長長者皆同　軍率所類切　忿敷吻切　阨音厄　無
已音以　以偪音逼　以遺去聲　貉音鶴　乃屬丁音燭會聚也　鼎
與音餘　曰否方久切本亦作不音同後不出者皆放此　沮慈呂切本亦作阻各隨字讀之　尼
之女乙切郭璞注爾雅引孟子作此字丁本作屔云居字　焉能於虔切

孟子音義卷上　五　通志堂

公孫丑章句上　凡九章

可復扶又切下同蹵子六切蹴同踖子亦切艴丁音勃張音拂何曾丁音憎則也乃也慍於問切不帥音率重言直用切爲我于僞切注及後章非爲皆同爲與音餘下法與聞與同與皆同以齊王張于況切云此字既多可以義詳由反手丁云義當作猶猶如也古字借用耳下文由弓人由矢人義同易然以豉切丁朝音潮膠鬲丁隔歷二音輔相息亮切丁本作押音甲廣雅云輔也義與夾同鎡基鎡或作兹音同改辟音闢郵丁音尤今之驛也畏難乃旦切我四十不動心楊子曰請問孟軻之勇曰勇於義而果於德不以貧富貴賤死生動其心於勇也其庶乎賁音奔黝伊糾切橈丁奴効切百行丁孟切下之行德行隨行皆同要之音邀後以要同子好呼報切下好惑所好皆同吾不惴焉之睡切丁本作遄云音揣恐懼也之帥所類切或音率注同本亦作師度大各切蹶音厥又居衛切顛

倒字或作傎音同　惡乎音烏下曰惡同　所趨音趣下同　無是餒也奴罪
切陸云言以道義配之則能充塞無是餒也　慊口簟切　助長張丈切注及下不長苗長長天下皆同
揠烏八切拔也　芒芒丁音忙　亟音棘疾也　罷音皮　舍之丁張並音捨下舍是
舍己皆同　詖彼寄切　自斷丁音短　以礜音餘亦音豫下礜之同　麗姬
呂支切　邪辟音僻　廋音搜　詖辭張音秘丁又依字　夫聖音扶下句
汙丁音蛙不平貌　垤大結切　行潦音老　大過音泰後章注大宰及章末大濫其大
皆同　惡辱烏路切章內文注及後章非惡皆同　榮樂音洛下文般樂樂為樂聞樂取皆同　居
埤音卑　閒暇音閑　徹直列切　桑土丁音杜　綢繆音稠下武彪切　鴟
處脂切　鴞于嬌切　般樂音盤　怠敖五勞切又五到切　孽魚列切　不
可活如字丁云尚書作逭音換下離婁篇同　雊古候切　廛直連切　願藏或作
臧音藏　不橫去聲　氓或作萌或作甿皆音盲　怵惕音黜　內交張音納本

亦作納　羞惡丁烏故切又如字　爲行下孟切　擴丁音郭張大也字亦作彍音霍

函音含　鎧苦愛切又苦亥切　祝丁亦音呪　蚤售音早授　不中張仲切

讜音黨直言也書作昌　推惡此章惟此字烏路切餘如字　浼張莫罪切丁亡但切說文曰汙

也方言曰東齊之間謂汙曰浼　汙也烏故切下文同　就已音以注同　遺佚音義與逸

同或作迭或作失皆音逸　阨窮音厄本亦作厄　袒裼裸裎袒音但裼音錫裸郎果切裎音

程並露也裎亦作程　焉能於虔切　浼也音滿又謨本切本亦作滿　援而止之

或作正之　憚徒案切　儷音麗　絀音黜　伯夷隘或作阸或作阨並烏懈切　彈

正音壇　介者丁云字多作分誤也

公孫丑章句下　凡十四章

王相二字並去聲　和樂音洛下樂道樂義皆同　不下丁去聲後注下士同　馮

皮冰切　寡助之至至或作主　畔之張云與叛同　惡寒烏路切　造

朝 七到切下同 之從 才用切 數人要 丁上色主切下音邀 曰惡 音烏注及下惡得曰惡惡知皆同 宜與 丁音餘下是與與死與言與伐與殺與之與過與皆同此宜與亦如字 慊 口簟切 長民 張丈切注及下長者同 好 呼報切下同 餽 音饋後皆放此 賮 因刃切

爲兵 于僞切下必爲之爲王爲其所以爲爲我爲孟下爲子爲皆同 可鬻 本或作育音同 有處 昌呂切下同 焉有 於虔切 則去之 起呂切 其行 胡郎切 幾千 丁蟣祈二音 賑 丁音振 素餐 七丹切 蚔 音遲 鼃 丁烏花切張烏媧切

先後 丁云並去聲 毋使 音無 不中 張仲切 藉道 本亦作籍 蓋大夫 古盍切 王驩 音歡 同使 所吏切 相比 毗志切亦如字 曰夫 音扶注夫人同 危行 下孟切 稱之 尺證切 翣 山洽切 辟世 音避 度而 大各切 不可稱 丁如字 且比 丁音庇及也 恔乎 音效方言云快也丁音皎說文云憭也 沈同 張音審或作沉誤 子噲 苦壞切燕易王子 監 古咸切

孟子音義上 七

通志堂

更也古衡切龍斷趙云龍斷謂堁斷而高者丁云案龍與隆聲相近隆高也蓋古人之言耳如胥

須之類也張云斷如字或讀如斷割之斷非也陸云龍斷謂岡壟斷而高者如陸之釋則龍音壟堁丁云廣雅音課

開元文字音塊隱几於靳切據也齊宿側皆切字亦作齋語子魚據切魯

繆音穆慍於問切豈舍音捨下舍我同悻悻丁云字當作婞形頂切很也直也又

胡耿切字或作悻悻然論語音鏗見於丁音現狷古縣切恚一睡切宿留上音

秀下音霤食功丁音嗣

滕文公章句上　凡五章

使於所吏切考公麇居筠切從禾相直音值復見扶又切

重受直用切下同覸古莧切一音閑瞑眩莫甸切下音縣又作眠眴音同瞑眩

憒亂瞑或作傎即音顛憒古對切又音潰景行下孟切下忘行孝行並同論語曰

力行近仁丁云近音附近案論語無此語是禮記中庸篇趙氏以爲論語文之誤也齎音資

蹝所居切 飦諸延切 縗或作衰同音崔 [广林食]字亦作[广林食]食音義與糜同 更也古衡切 好馳呼報切下好者好聚好施皆同 爲我于僞切下既爲爲復爲爲爲天下親爲爲非爲爲皆同 歠川悅切 帥音率 督趣丁音促 于茅張云或作苗誤也 索綯桑洛切下音桃 亟其乘屋丁云亟音棘乘登也 閒暇音閑 放辟音僻後放辟同 邪侈張云諸本作移誤也 罔民張云或作司誤也 徹直列切 受禪音擅 校數色主切 有易丁以豉切下及後章不易同 樂歲音洛 棄捐與專切 盻盻說文五禮切恨視也亦四莧切丁作肹許乙切 以養餘亮切下莫養奉養皆同 稱貸並如字 惡在音烏安也後章惡得惡能皆同 養食音嗣 未任音壬 雨我于付切 學校音效下同 射也神夜切 各去起呂切 汙吏烏路切又音烏 長爭張丈切 絀音黜 田萊音來草田曰萊 夫 圭田丁云夫如字謂餘夫也鄭康成注禮記訓夫爲治也 磽苦交切 別野彼列切下有別同

勠音六師知音智許行丁音衡又下孟切下同踵之隴切氓亡庚切與甿同衣褐於既切下同捆屨丁音閫案許叔重曰捆織也埤倉曰捆致也從才從木者誤也張作稛音同叩椓丁音卓擊也從才旁豕陳相丁云去平並通饔音雍飧音孫當身丁去聲粗布音麤後注同之與音餘下為與同舍皆丁音赦止也路也丁張並云路與露同羸路力為切字亦作蠃郎果切食人音飼食於人如字氾濫音泛偏音遍瀹濟漯丁云上音藥中子禮切下他合切作濕誤也呱音孤使契音薛放勳方往切曰丁音馹或作曰誤勞之來之丁云並去聲不與焉下音豫亦如字倍之丁云義當作借古字借用耳下子倍同治任丁而針切云治任謂治擔任之具強其丈切暴之蒲木切鶮音杲質放丁方往切傚像似鴃舌丁音決又古役切鳴鴃丁云毛詩作鶪古役切大古音泰閟宮丁音祕清淨之宮謂姜嫄之廟膺擊丁本作應云案古訓應訓當此注訓擊蓋以當對是擊敵

之義故轉訓耳徵艾丁廢切市賈音嫁下皆同倍蓰丁音師云從竹下從開元禮文字音義曰倍謂半倍而益之又音灑山綺切史記作倍灑徐廣曰一作五倍曰蓰子比丁音鼻次比也徐辟音壁又音闢道不見丁音現注不見同匍音蒲匐蒲北切蠅蚋姑張音汭云諸本或作蟵誤也丁云蟵未詳所出或以蟵與蝣同謂蜉蝣也音由又一說云蟵姑即螻姑也嘬楚怪切說文云飲歃也有泚七禮切睨音詣虆梩丁力追切土籠也或作蔂下力知切土轝也籠臿楚洽切鍬也憮音武

滕文公章句下　凡十章

志曰丁云志記也謂志記之言也介音界丁云謂猶介也信道音伸爲與音餘下食與善與築與樹與皆同要利音邀下章要其同奚乘音剩下同強而其丈切注同射之食亦切範我或作范氏范氏古之善御者詭遇陸云詭遇詭計以要禽也舍矢音捨下舍其同不貫丁音慣注貫習同中之張仲切貫臧

如字者比眦志切下同熄音息從横音蹤下從長合從皆同從長張丈切下長幼長逸皆同焉得於虔切安也之冠音貫女家音汝出彊音姜載質張音贄云義與贄同以見音現下注願見同粢音咨盛音成繅素刀切皿武永切藉秦昔切腯徒忽切絀音黜爲出于僞切下爲之爲其爲匹夫爲此皆同難仕丁乃憚切又如字媒妁音酌丁云謂媒氏酌二姓之可否故謂之媒妁也隙去逆切又惡烏路切下又惡楚惡惡無禮皆同彭更古衡切從者才用切傳食丁直戀切言轉食也簞食音嗣此章內文注可食而食食志食功食乎子食不食皆同餘皆如字笥相吏切羨似面切又余見切畫音獲墁張武安切云與謾同素餐七丹切亳音薄遺之惟季切餉式亮切徯胡禮切匪厥丁云義當作篚篚以盛贄幣此作匪古字借用下同救字或作捄同咻之音休嚾也丁云案玉篇音囂召呼也今釋注意音歡爲便葢字讙譁同涅奴結切辟之音避不內音納繆公音穆

瞯或作瞰同音勘使人所吏切脅虛業切又許及切眭胡圭切竦音聳強
其丈切赧女簡切去關起呂切攘如羊切子好呼報切下注及文皆同汜
孚劒切埤音卑度之大各切洚水張音絳又下江切丁胡貢切說文胡工切洚
洞丁云案玉篇下江切從夅夅下江切今注宜音胡貢切從夅夅夅音逢洚洪水也下徒送切又音同菹側魚
切丁音嗟既遠丁于願切壞音怪宮汙音烏邪說如字張音稅暴行
張下孟切注及下詖行操行皆同沛丁蒲內切更興音庚放辟音僻相武息亮
切素王于況切又如字橫議去聲爲我于僞切莩皮表切或作苃或作
殍皆同丁音孚詖音賁駢蹟蒲田切下張尼切丁云史記作胼胝謂手足生胝也此蹟乃顛蹟字音致義依
史書讀之乃便周公卬思案字書卬讀如仰又離婁下章云周公思兼三王以施四事其有不合者仰
而思之夜以繼日幸而得之坐以待旦是其事也螬音曹匍音蒲匐蒲北切咽音宴擘
博厄切惡能音烏下惡用同辟音劈纑音盧戴蓋丁張並音盍鵝

張云與鵝同 己頻顣 丁上音紀頻亦作頞同下子六切 鶃鶃 丁五歷切鵝也 哇 丁張

並於佳切 母食 音嗣

# 離婁章句上 凡二十八章

黃帝亡其玄珠 丁案莊子以玄珠喻玄妙至道耳非實亡其珠也 蔟 音湊 姑

洗 音銑 無射 音亦 徵 陟里切 仁聞 音問注同 嘉樂 丁云案詩作假樂假

音暇樂音洛 衣 於既切 揆度 大各切後章注不度同 度量 丁並去聲 僥

古堯切 甲兵 或作鉀音同 不辟 音闢 方蹶 俱衞切 泄泄 弋制切

沓沓 徒合切 動女 音汝 厲王流於彘 丁音滯韋昭曰彘晉地漢為縣

屬河東案史記周厲王立三十年暴虐侈敖國人謗王王殺謗者三十四年民莫敢言道路以目三年乃襲王王奔彘

戲 音羲 避違 于願切 惡死 烏故切下惡醉喻惡皆同 而樂 音洛此卷內皆

放此惟後章樂正樂之實禮樂即音岳 強酒 其丈切下注同 治人不治 張云上直之切

將理之義也下直吏切已理之義也後皆放此行有張下孟切下改行之行正行皆同踣朋北切沛
普害切能令力政切而女丁去聲以女妻人曰女裸音灌暢丁云謂鬯酒也
好仁呼報切下好仁好爲皆同以濯張直角切丁作瀹音藥其菑音災滄浪
音郎夫人音扶下同孽魚列切恐栗丁云義當作慄古字借用走壙
張音奏下音曠爲淵于僞切下爲叢爲湯爲之爲無後皆同敺音驅鸇諸延切埤
音卑獱音頻獺別名卒求千忽切後章卒至同舍正音捨注同長其長
並張丈切注及下同三省息井切焉往於虔切下章焉廋同辟草音闢任
土如禁切合從音蹤眸音牟瞭音了眊音耄廋音搜惡得音烏
卷末烏可已也音同而錯音措髡音坤禮與音餘援音爰養親餘亮
切下同晳先歷切徹直列切與適丁音謫注同足間古莧切非
訧音尤君難乃旦切易其以豉切桐子音義與童字同子敖五高

通志堂

切見孟張音現使而所吏切亟見音棘餔張博孤切亦音哺啜

昌悅切厎之爾切

孟子音義上

後學 成德 挍訂

# 孟子音義下

## 離婁章句下　凡三十二章

昳夷始犬切或音犬書曰太子發上祭于畢下至盟音孟津丁云案古文尚書無此文先儒以爲此文是僞泰誓言也酆音豐鎬音浩度量音杜亮不比毗志切近也乘輿音剩注同湊音臻洧榮美切杠張音江方橋也可通徒行人過者辟人丁張並音闢亦如字注辟除同焉得於虔切畢辟音避由天丁云由義當作猶猶如也古字通用後皆放此禮爲于僞切下爲服爲之爲父爲其爲得爲武皆同田菜丁云菜謂菜地菜之言采也故禮曰大夫有采以處其子孫下於下去聲搏執音博極之張紀力切又如字惡而烏故切下惡傷禹惡皆同風諭音諷見幾音機微也謂禍福之兆也陳質本亦作賈藉交慈夜切樂音洛下其樂而樂同有相覺丁音教云義當作校有惡如字惡人烏路切下

六百卌四

所惡無惡心惡皆同　難及乃旦切下濟難同　好言呼報切下好之而好好貨好勇皆同　忮支義切　之行下孟切下行之本行高行行惡皆同　行其如字　養生張餘亮切注及下養親之養得養皆同　深造七報切　五伯如字丁云伯者長也言爲諸侯之長亦音霸　當直音值下同　亟稱去吏切　徐辟音襞又音闢　舍音捨　放乎方往切　澮古外切　涸下各切　潦音老　卒千忽切　聲聞音問　強仁其丈切　辟害音避　讜言丁音黨尚書作昌言　泄邇丁案注云泄狎也案媟訓狎今注以泄訓狎借聲訓耳　熄與息同　之乘丁音剩云晉名春秋爲乘乘者取其善惡無不載　檮杌丁逃兀二音檮杌惡獸名也楚謂春秋爲檮杌者在記惡而興善也　跌徒結切　汙音烏　逢蒙丁張並薄江切從夆夆下江切　惡得音烏　之他張徒何切　邪辟音僻　乘矢丁音剩乘矢四矢　桰音栝　棬丘園切　驩音歡　敖五高切　脅虛業切又許及切　何難乃旦切下難矣之難其難赴乃死難皆同　我由丁云由與猶義同後皆放此　很胡懇切　惰解音懈　與

高元

焉音預注不與同　瞯夫古莧切又音閑　饜於豔切　蚤音早　施從丁音迤注同張音易謂延施而

往也　墦燔潘二音　訕所晏切　施施丁依字詩曰將其來施施張音怡　扁扁丁毗緜切

萬章章句上　凡九章

見惡烏路切下惡之惡己皆同　是恝張古黠切丁音界說文作忿忽也許介切　爲言于僞

切下因爲爲不順爲楚所爲主當爲皆同　共爲音供　求禪音擅後皆放此　不見音現

此章及下見瞽皆同　人少詩妙切　知好此章惟此字呼報切餘並如字　衣五於既切

匍音蒲　匐蒲北切　百行下孟切下行莫之行皆同　懟直類切　妻舜七祭

切下妻也妻之同　捐音緣又音旋　浚音峻　揜音掩同　弤都禮切丁音彫云義與弴

同　彫弓如字或作彤誤　忸女六切　怩音尼　愕五各切　己與音餘注及下者

與皆同　校人張音效丁音敎　畜之許六切　僑音喬　重言直用切　舍

小音捨　庳音鼻史記作鼻　驩音歡　堯帥音率下同　蹙子六切　岌魚及

六切 踖子亦切 勛音勳 得養餘亮切下皆同 興事去聲 諄諄之純
切 以行張去聲下行歸惡行皆同此以行亦如字 暴之步卜切露也 篡楚患切 施
澤所鼓切 橫爲胡孟反 自艾音刈治也 要湯音邀下要而以要皆同 莘
所巾切 而樂音洛下同 覦音俞 眄莫甸切 囂囂五高切又許驕切 幡張云與翻
同 推而丁土回切亦如字下卷同 內之張音納下卷同 說之如字亦音稅 浼我
音每 伊訓曰天誅造攻自牧宮朕載自亳丁日
注云伊訓尚書逸篇不見古文耳今文尚書伊訓曰造攻自鳴條朕哉自亳與此文小異 癰於容切 疽七余
切 好事呼報切下及卷末自好好名皆同 讎由張音醜之平聲亦如字 阨音厄 魋
杜回切 阨難乃旦切 鬻音育 食牛 繆公音穆 羖音古 屈
九勿切 產之乘音剩 時舍音捨

萬章章句下 凡七章

橫政丁胡孟切下同橫民横或作總各依本字讀行不下孟切下之行行夜皆同不
與音豫佚音逸阨音厄袒音但裼音錫裸郎果切裎音程焉
能於虔切浼張音每丁音漫援淅援如字淅丁張並先歷切漬米也說文援作滰云浚乾漬
米也從水竟聲孟子曰夫子去齊滰淅而行其兩切浚音峻瀝也亟也紀力切動中張仲切下其中
中也皆同始條理本亦作治條理下同有殺所界切不橈奴教切強
增其丈切錡魚綺切惡其烏路切注憎惡同采地音菜食九音嗣
下文及注食良九并下章疏食皆同佃音甸挾長音協下張丈切注同賁惠音祕
顏般音班造之七到切糲盧葛切迭為徒結切張云或作佚誤更
迭音庚妻舜七計切郤之正體却字下皆同或作郤誤餽音饋下皆同禦
與音余下道與召與非與皆同不譈徒對切將比丁毗失切云比地而誅猶言比屋而誅也
亦毗志切獵較丁張並音角簿正丁步古切本多作薄誤可卒千忽切度

珍丁大各切爲之于僞切下爲貧爲養本爲何爲也哉爲欲爲其皆同宿留音秀下音霤
爲養餘亮切惡乎音烏後章賢惡同柝音託椎直追切
會計古外切乘田音剩茁阻刮切壯長張丈切委積於僞
切下子智切當直音值葭音加稱職尺證切氓音萌繆公音穆
亟問去吏切卷內並同摽使音杓又音拋下所吏切數問音朔下同慍
於問切猥於賄切二女女焉張云上如字下去聲傳質丁讀如贄敢
見音現注及下往見見君皆同如底詩作砥同之履切沮溺七餘切好善
呼報切下同景行下孟切伊發有莘所巾切爲殷興道
丁云言伊尹有莘之媵臣發起於草萊爲殷湯與其王道也

告子章句上　凡二十章

桮棬音杯下丘圓切張云屈木爲之也丁云方言曰海岱之間謂盌爲棬盌音椀柜丁音舉戕

音牆

義與 音餘下白與也與性與長與外與非與謂與若與皆同

長義 張丈切下不出者皆同

拂之 丁扶勿切戾也下曲拂同此拂之亦如字

湍 他端切陸云湍湍波流也

無分 如字丁扶問切下同

瀠 字書作瀠余傾切波勢回貌

摶之 張補各切云以手擊水丁作搏音團

顙 蘇黨切

好下 呼報切卷內皆同惟下注好人好耳如字

耆秦 音嗜本亦作嗜下同

炙之 之夜切

惡在 音烏

而強 其丈切

羞惡 丁烏故切

舍則 音捨下舍魚舍生舍其舍貴舍大皆同

倍蓰 音師又音灑山綺切解見滕文公章句

阨 音厄

麰 音牟

耰 丁音憂壅苗根也

浡 音勃

磽 苦交切

相覺 丁音敎義訓爲校

蕢 音匱

姣也 古卯切

狂且 丁子餘切云且助句辭

蘖 五割切

好惡 丁呼報切下烏路切下所惡同

有梏亡之 丁云梏古沃切謂悔吝利害也言利害之亂其性猶桎梏之刑其身故喻之

之行 下孟切下其行同

易生 以豉切

暴之 步卜切

繳 音灼

射之 食亦切

爲是 于僞切下爲宮同

熊蹯 音煩

不辟 音避下同

嘑 呼故

六百四五

切蹴爾張取六切或作蹵音同咄啐丁都忽切叱也下七内切呼也不辯丁本作變

云於義當爲辯辯別也得我與張云平聲亦如字鄉爲丁云並去聲下今爲爲指

鄉爲其但爲亦爲皆同不信音伸下同惡之烏路切下同漑古代切檟

音賈樲音貳樂善音洛下自樂而樂皆同以要音邀注及下同令聞

音問不熄音息荑音蹄稗蒲賣切幾成丁音祈又音機彀古候切

用思丁息二切

告子章句下　凡十六章

任人張音壬親迎張魚慶切下同人難乃旦切卷末可難同曰於丁張並音

烏歎辭也斷句揣初委切奚翅張云翅與啻同古字通用施智切紾張音軫又徒展切

摟音婁後章同以長張如字匹雛張如字下士于切丁作疋雛云案注云疋雛小雛也即疋

訓小而詁訓及諸書疋訓耦訓小無文今案方言疋小也音節蓋與疋字相似後人傳寫誤耳後長張丈切下先長



世明

年長長君皆同之行下孟切下堯行桀行之行循行身行過行皆同得見音現下享見見顏見於皆同

較音角小弁音盤下同爲詩丁云爲猶解說也關弓丁張並音彎

而射食亦切下同重言直用切邶風音佩可磯音機墐音僅

丁云路旁家也宋牼口莖切說而音稅下皆同將爲于僞切下爲其爲人自爲

爲湯墟爲之皆同樂罷音洛下樂聞樂賢安樂皆同閒矣音閑相與息亮

切下爲相相得皆同下音餘下得與同隙去逆切身造七到切髡音坤不惡

烏路切下所惡惡爲皆同汚烏路切其趨張讀如趣言其趣向正道無異也下注同繆公

音穆下注秦穆同華周胡化切注同不稅音脫注同以爲爲肉下爲

字于僞切下爲無爲君爲魯一戰爲君爲惡爲之爲人奚爲皆同膊炙普各切下之石切五

霸丁云案先儒說五霸不同有以夏伯昆吾商伯大彭豕韋周伯齊桓晉文爲五霸今此注以齊桓晉文秦穆宋

襄楚莊爲五霸地辟音闢下辟土同掊克丁薄侯切深也聚斂也歃所洽切糴

六百六三

音狄于好呼報切下好戰好善皆同長君張丈切丁又如字滑釐丁張並音

骨下力之切鄉道音向下同變更音庚貉音陌饔飧音雍孫洚

水張音絳又下江切丁胡貢切惡乎執音烏本亦無乎字舍信音捨有

知音智訑訑張吐禾切云蓋言辭不正欺罔於人自誇大之貌丁云此字音他又達可切說文云欺也字作

訑者音怡訑訑自足其智不耆善言之貌今諸本皆作訑即不合注意當借讀爲訑音怡見顏音現下見於同

雨雪于付切瀌瀌符驕切又彼苗切見晛如字丁音現下奴見切周

之與賙同救贍也傅說音悅後卷傅說皆放此膠鬲張音隔拂亂

丁音佛忍性張如字丁音刃注同鬻字或作育音同曾益張云曾與增同丁云依注

曾讀當作增依字訓義亦通也瘁音萃屈九勿切拂音弼知生丁依注音智注同陸

如字云言憂患者以生全安樂者得死亡也或折丁之設切

盡心章句上　凡四十七章

共之求用切亦作拱居勇切 好生呼報切下所好好善好以好利好仁之好皆同 行與丁孟切下之行改行善行行有百行皆同 殀與夭同 命有三名丁云案此三命事出孝經援神契 壓烏甲切 遠之于願切下遠辱同 舍則音捨下是舍舍大皆同 樂莫音洛下樂在樂善樂其所樂樂道樂義之樂樂風樂爲而樂樂而三樂樂也所樂樂之皆同 以錯音措 亟見去吏切下同 數也音朔下同 下賤去聲 宋句古侯切 語子魚據切 嚻嚻五高反又許驕切 不離力智切下同 見於音現 才知音智下術智同 邪辟音僻 欲然張音坎字林云欲得也今詳此義內顧不足而有所欲然也下注滿欲同 亟其音棘 大辟音闢 驩虞丁云義當作歡娛古字通用耳 皡皡張云皡與昊同說文胡老切義與浩同古字通用 所過者化所存者神陸云言君子所過人者在於政化存其身者在於神明 襁褓丁紀享切說文云負兒衣也博物志曰織縷爲之廣八寸長一尺二寸以負小兒於背上下音保聲類曰褓者小兒被子也 少知詩妙切下少而

六百八四

同 長知 張丈切下敬長挾長皆同 辟若 丁音譬下辟若同 疢 丑刃切 孽
魚列切 王天 于況切 不與 音豫 怍 音昨 重言 直用切 分定
扶問切下之分同 睟然見 丁上音粹下音現 盎 張烏曩切下注同又烏浪切陸云盎於背如負
之於背 蟠辟 音盤下音闢 辟紂 音避 衣帛 於既切 易其 以豉切
輕施 始豉切 焉有 於虔切 小郄 丁去逆切義與隙同 孳 張云與孜同古
字通用下文同 蹠 張云蹠與跖同之石切 別之 彼列切 爲我 于僞切注爲己及下爲其
爲之不爲皆同 放踵 丁方往切至也下之隴切 摩突 丁徒忽切穿突也 子莫執
中 陸云言子等無執中 所惡 烏路切注同 強甘 其丈切 其介 陸云介謂特立
之行 掘 衢物切又其月切 軔 丁音刃云義與仞同借用耳先儒以七尺爲仞注云八尺曰軔 論之
一簣 丁音匱論謂論語也 惡知 音烏下惡在惡得皆同 放與 音餘下禁與于與皆
同 宿留 音秀霤 素餐 七丹切 墊 丁念切 陶 音姚 敝蹝 所綺

切注皆同　訢音忻　喟丘愧切　乘服音剩　呼於丁火故切　垤大結切　瞀丁云案開元文字音茂目不明也張亡角切　食而丁音嗣　畜之張許六切　蕣音舜　柚樺丁云上以究切似橙而醋下音臻從木華字亦作榛榛似栗而小引此二物者皆謂內不稱外　紾音軫又徒展切　漸漬子廉切亦如字　達財陸云達財周恤之一本作才說云以有善才就開其性理也　淑艾丁音乂治也張五泰切養也　幾及音機　彀率古候切丁云率循也謂彀張其弩弓又當循其射道令必中於表陸云率法也躍如心願中也能者從之當勤求也則讀爲律　躍如丁云躍如猶言卓爾也陸云躍如心願中　和寡胡卧切　滕更張音庚　挾音協　知者音智注知者及下文之知皆同　不偏正體遍字　歠昌悅切

盡心章句下　凡三十七章

王好呼報切下好戰好仁好生好名之好好禮好善皆同　卒少子忽切後章注卒以同　長子張丈切　相覺音教義與校同　爲陳音陣　百兩丁音亮　虎

賁丁音奔先儒言如猛虎之奔　焉用於虔切　贅衣丁之稅切　趣馬千走切

頷角犀厥地丁云頷即頟字犀音西義與棲遲同息也久也字從尸下辛或作犀牛字誤也

糗去久切　茹音汝　袗衣之忍切陸云袗衣之美者　糒音備丁音敗　袗

畫胡卦切下同　一間張音澗亦如字　逵禍于願切　惡殺烏路切下惡似惡莠惡佞惡利惡鄭惡紫惡鄉所惡皆同

舍生音捨下舍而舍其舍身皆同　見於音現下注見上

魭羹丁音元左傳作黿　庳音鼻　皆樂音洛下樂其樂者樂道般樂皆同　之

行下孟切下之行德行正行穢行人行行與其行污行皆同　更古衡切下同　盛音成　腯徒忽切

勳炙字與熏同　接淅先歷切解見萬章章句　尼於或作尼同　貉

稽丁云貊鶴二音既是人姓當音鶴篆文曰俗人姓也張亡百切說文云北方人豸種也　訕所諫切　殄徒典切

蹊間張如字　爲間皆如字注同　鄉道音嚮　追蠡音堆下音禮

鈕音紐　兩馬如字丁云古人駕車以兩馬軌謂限之轍迹也孟子意言城門限迹切深以日久達

爲車所轢多故也豈是一時兩馬駕車而過之使然力與音餘下來與同搏補各切嵎

音愚攖丁於盈切從手埤蒼云攖梏也此注云迫也依阨子于切又子侯切隅也解倦

音懈從欲音縱又如字知之音智注明知學知小知皆同王於于況切亹

亹音尾不意音億又如字爲之于僞切下爲已是爲本爲非爲皆同苙丁音立欄

也圈也蘭與欄字同罥涓兖切謂羂其足也橫輿胡孟切下橫暴同紩音秩鎧

苦愛切又苦亥切斯養斯義同廝賤役也有殍皮表切張音孚從者才用

切下從車同庾或作廋同音搜屝符費切造七報切餂之丁曰注云餂取也今

案字書及諸書並無此餂字郭璞方言注云音忝謂挑取物也其字從金今此字從食與方言不同蓋傳寫誤也學者宜

詳本亦作餂奴兼切臧否音鄙不與音豫下與並同中禮張仲切或如字說

大音稅下注同藐之丁音邈藐然輕易之貌又音眇魏魏音巍丁云當作巍櫰

題丁楚危切爾雅曰桷謂之櫰題也屋霤力救切汰音泰般樂音盤自

遺以醉切單豹音善饜乙斬切晳音錫不復扶又切炙之夜切狂獧音絹與狷同踸踔丁勑甚切下勑効切又勑角切譎音決詭過委切嘐嘐火包切重言直用切下同言不顧行行不顧言古之人行張云三行並去聲注及下行合爲行之行士行皆同何爲踽踽張云爲于僞切踽俱禹切爲又如字閹然音奄不解音蟹汙世音烏又烏故切莠音誘慝吐得切子率如字又所類反虺虛鬼切散宜素但切尚父如字爲將即亮切然而無有乎爾則亦無有乎爾陸本作然而無乎爾則亦有乎爾云孟子意自以當之鄒魯相鄰故曰近聖人之居無乎爾有乎爾疑之也此意以況絕筆於獲麟也柝音託剖普后切

孟子篇敘此趙氏述孟子七篇所以相次敘之意也

其行下孟切下同當期音朞括古活切

甘世

# 孟子音義下

後學　成德　挍訂

廿六

孟子音義

甘信

# 宋槧大字本孟子校記

孟森 撰

# 宋槧大字本孟子校記

## 序

自集注行而古注之存者寡，僅注疏本通行。注疏本有宋十行本爲祖本，轉輾翻印，訛謬益多。阮文達取所藏十行本覆印而加校勘記，始將當時所見各善本一一校其異同。就孟子一書言之，古時單注刻本已無存者。先是，吴中有吴寬、毛扆、何焯、何煌、朱奂、余蕭客先後傳校之稿鈔本，由戴震得之，以授曲阜孔繼涵、安邱韓岱雲兩家，先後鐫版，各從其所校定，兩本又微有不同。而舊時何氏校記所謂北宋蜀大字本、宋劉氏丹桂堂巾箱本、岳珂相臺書塾本、廖瑩中世綵堂本皆從傳校爲據，並未得其原書，而以孔、韓所刊行者爲善本。又有日本刻之七經孟子考文所引二本，曰古本，曰足利本。阮氏據以校宋十行本孟子注疏者僅此。記中又出咸淳衢州本及九經本，則不見於序目中，當亦諸家傳校中所引及耳。今大字本審其時代刊於南宋孝宗時，北宋諸帝諱皆避，南宋則僅避高、孝兩朝。高宗名構，「搆怨」「搆兵」之「搆」避嫌名而缺筆。孝宗名昚，故「術不可不慎」及「慎子爲將軍」之「慎」亦皆缺筆。至光宗諱惇，宋書版避諱例「享」作「亯」，「郭」字亦缺筆作「郭」。今本「享多儀」及「七里之郭」「城郭不完」皆不缺筆，「使虞敦匠」之「敦」音義皆同，又同偏旁，亦無缺筆，是不避光宗諱也。至寧宗諱擴，「擴而充之」不避。理宗諱昀，「舉百鈞」「井地不均」「鈞是人也」不避。度宗諱禥，「雖有鎡基」不避。度宗以後，宋不國矣，可不復論。卷中梁惠王下、滕文公下兩卷之首皆有「至正二十五年正月」之印記兩處，合觀字迹可盡辨。至告子上「仁之勝不仁也」章後乃顯一長方印，其前一行字之可辨者爲「不許借出」，而後一行即「至正二十五年正月」，則知此爲元代收藏家所鈐，當時已極鄭重。盡心下卷之首又有此長方印形迹，而字已無存，僅有墨點數小點。首卷之首有「蕉林藏書」四字章，知先爲真定梁相所藏，後入大內，而不見於天禄琳瑯書目。版心有「關西」二字，南宋關西地大半入金，孝宗時吴璘尚守秦、鳳數州以保蜀，當即刊版於是間也。阮氏昔校孟子，僅得孔、韓二刻爲善本，今此書既出，乃有真宋本面目。持校阮氏舊校，凡據孔、韓及二何校語、日本考文所改定者，什九相同，可以不復標識。而阮校所未及者，異同正自不少，一一記出。又有並不同各善本，反同通行之注疏本者，亦爲標明。惟亦有顯係此本之訛奪者，並爲指出，要其訛奪亦正非小誤，如經文「北宫錡」章，落去「伯一位」三字，至五等不全；注文更脱落數處。故知得一古本，誠可裨益經傳，使存真相，而亦未可徒視爲瑰寶，至有貽誤承學之禍。書有善本，重在校讎，使舉世皆受其益，若徒尊爲束閣之具，則爲此間多一贅物耳。即如此本，存世七百餘年以至今日，清一代頗講典籍，而此物閣置於貴人架閣中，旋爲媚兹一人之進奉品，禁錮於號稱右文之朝，可慨也。校竟先叙其大略如此。

# 孟子題辭

首兩條本書標題與阮本不同，自第三條以下皆用阮本爲底，以本書之異同注於下而辨析之。〔一〕

**〇〇一頁一行** 孟子題辭〔二〕 注疏本惟明監本及毛本有此篇，而作「題辭解」。阮校云：「按：音義『孟子題辭，張鎰云即序也』，不云『題辭解』，疑此『解』字是僞疏增。」今按：此本正作「孟子題辭」，無「解」字。據阮校語，所見本皆誤增「解」字。

**〇〇一頁一行** 趙氏 阮校云：「音義『孟子題辭』下出『趙氏』字，今本無之，蓋失其舊。」今按：此本正有「趙氏」字。

**〇〇二頁四行** 治儒述之道 十行本如此，阮無校語。今按：「述」作「術」，焦本作「術」。

**〇〇二頁五行** 用兵争强 「强」作「彊」。此係避宣祖諱「弘」之故。〔三〕

**〇〇二頁七行** 陵遲隳廢 「隳」作「墮」。按：音義作「隳」，云「許規切」，則孫宣公本實作「隳」。

---

〔一〕編者案：此文原在作者序文之後，今移於此。

〔二〕編者案：出文原無，今補。

〔三〕編者案：阮本「强」本作「強」。説文云「強」字从虫弘聲，故校記云避宣祖諱「弘」作「彊」。底本鉛排作「强」，今則「強」爲「强」之異體字，故統一作「强」，下同。

但兩字皆通，今未能遽定孰是。焦本作「墮」。

**○○二頁八行** 以干時感衆者非一　「感」作「惑」，焦本作「惑」。

**○○七頁七行** 辭不迫切而意以獨至　「以」作「已」。焦本作「已」，四考、考文古本、足利本並作「已」。

**○○九頁七行** 章別其旨　「旨」作「指」。按：「旨」字未嘗不通，但通體皆作「章指」，則自應作「指」。

## 梁惠王章句上

**○一一頁一行** 孟子卷第一　趙氏注　**二行**　梁惠王章句上〔一〕　阮校云：「宋高宗御書石經，篇題並頂格不空字，十行本正與之合，蓋猶是舊款。閩、監、毛三本並低一字，非。」今按：阮但言閩、監、毛本之不頂格，未言韓、孔等本，蓋以後出之本不可據以正行款之是非也。此本正頂格。又云：「篇題下，近孔繼涵、韓岱雲所刻經注本及考文古本無『凡幾章』字，音義及足利本有。」今按：此本無。又云：「十行本『孫奭疏』三字在第二行篇題下，『趙氏注』三字在第三行，上低一字，下接注文。閩、監、毛三本並作『漢趙氏注』『宋孫奭

〔一〕編者案：出文原無，今補。

疏』，在篇題之前，其注移在『凡幾章』之下。考文古本注在『趙氏注』下，與十行本合。足利本注及題名在篇題後，其題名作『後漢太常趙岐邠卿注』，與各本皆不合，非也。廖瑩中經注本『趙氏』作『趙岐』，亦非。按：音義『題辭』下出『趙氏』字，然則舊本題名不作『趙岐』，亦無『注』字也。」今按：此本第一行作「孟子卷第幾」，下題名作「趙氏注」。第二行篇題下接注，此最合理。至阮云音義「題辭」下出「趙氏」字，謂舊本題名下無「注」字，此未必然。題辭下自作「趙氏」，與此本合，七篇中首行自作「趙氏注」，非必相合。

## 孟子見梁惠王章

**〇一二頁七行（注）** 千乘諸侯也　作「千乘，兵車千乘，謂諸侯也」。按：上云「萬乘，兵車萬乘，謂天子也」，文義一律。焦本有「兵車千乘謂」五字。

**〇一三頁一行（注）** 食采邑　「采」作「菜」。

**〇一三頁二行（注）** 亦以避萬乘稱故稱家　上「稱」字下有「國」字。焦本有「國」字。

**〇一三頁七行（注）** 無行義而忽後其君長　無「無」字，「長」字同阮校作「者」。今按：同阮校者本不覆載，因在應補校之句內，故並及，下同。

〇一三頁八行（注）　重歎[一]其禍也　無「也」字，「重」字下同阮校有「嗟」字。

## 王立於沼上章

〇一四頁五行（注）　謂修堯舜之道　「修」作「脩」。

〇一四頁八行（注）　言文王始初經營規度此臺　無「初」字。

〇一四頁八行（注）　而不與之相期日限自來成之　作「不與期日自來成之也」。阮校：宋本作「不與之[二]期曰限自來成之」，廖本作「而不與之期日自來成之也」，孔本但句下多一「也」字，韓本、考文古本作「不與之期日自來成之也」。　各本無一同者，惟最近韓本及考文古本耳。周氏四考之宋本同今本。

〇一五頁一行（注）　衆民自來赴　「赴」作「趣之」二字。

〇一五頁二行（注）　牝鹿也　「牝」作「牸」。阮校：廖、孔、韓作「牸」，古作「牸」。　此本同古，阮又云：「『牸』與『牝』[三]同義，『牸』乃『牸』之誤，俗刊多此誤字。」

〇一五頁八行（注）　言古賢之君　廖、孔、韓、足利各本「賢之」皆作「之賢」。此本獨同注疏本，四

---

〔一〕編者案：「歎」，原作「嘆」，據阮本改。

〔二〕編者案：阮校此條原作「宋本無『而』『之』『相』三字，『日』作『曰』」，則此「之」字當係衍文。

〔三〕編者案：「牝」，原作「牡」，據阮校改。

考之宋本亦同。

## 寡人之於國也章

〇一八頁二行（注） 直爭不百步耳 「爭」作「事」。按：「事」字不如「爭」字之義爲顯，當是此本之訛。

〇一九頁四行（經） 五畝之宅 「畝」此本悉作「畆」。

〇一九頁四行（經） 樹之以桑 「樹」此本悉作「樹」，缺末一點。此避英宗諱「曙」之嫌名。

〇二〇頁一行（注） 不可以徭役奪其時功 「徭」作「傜」。

〇二〇頁三行（注） 頭半白班班者也 「班」作「斑」。阮校：「宋本『白』下有『曰』字。」與此本不同。

〇二〇頁四行（注） 故頒白者不負戴也 「頒」作「斑」。「故」下有「曰」字，「戴」下有「於道路」三字，同阮校。四考之宋本但改「頒」作「斑」，爲與今本之不同。〔一〕

〇二〇頁八行（注） 不知以法度檢斂也 宋、孔、韓各本句首有「而」字。此本獨同注疏本。

## 寡人願安承教章

〇二二頁八行（注） 孟子欲以政喻王 「政」作「次」。

---

〔一〕 編者案：續古逸叢書本作「故斑白者不負戴也」，與孟氏校語不合，而與四考之宋本合。孟氏所見本有「曰」及「於道路」，僅同於阮校之孔、足利二本。

**晉國天下莫强焉章**

○二三頁四行（注）　故惠王言晉國天下之〔一〕强焉　「焉」作「也」。

○二四頁二行（經）　修其孝悌忠信　「修」作「脩」。

○二五頁一行（注）　己修仁政　「修」作「脩」。

**孟子見梁襄王章**

○二五頁四行（注）　魏之嗣王也　廖、孔、韓、足利各本「魏」作「梁」。此本獨同注疏本，四考之宋本正同此。

○二五頁八行（注）　言今諸侯有不甘樂殺人者　「今」作「令」。

○二六頁四行（注）　以苗生喻人歸也　「歸」作「象」。阮校：宋、古作「象」。　此本正同。

**齊桓晉文章**

○三三頁一行（經）　挾太山　「太」作「大」，下經文及注皆同。

○三五頁一行（注）　可以稱輕重　可以量長短　二句下皆有「也」字。阮校於下句云：「考文古本『短』下有『也』字。」上句未及。

---

〔一〕編者案：續古逸叢書本無「之」字。

〇三五頁六行（注）　遂因而陳之　「遂因而」三字作「緣以」二字。阮校云：「宋本、廖本、孔本、韓本、考文古本『因而』作『緣以』。」則猶多一「遂」字。

〇三七頁五行（經）　寡固不可以敵强〔一〕　「强」作「彊」，注同。

〇三八頁一行（注）　蓋當反王道之本耳　無「耳」字。四考宋本作「蓋亦反〔二〕王道之本」，與此不同。

〇三九頁六行（注）　侈於姦利　「姦」作「奸」。

〇四〇頁六行（注）　何暇修禮行義乎　「乎」作「也」，「修」作「脩」。

〇四一頁五行（注）　乃王政之本　句上有「此」字。

## 梁惠王章句下

### 莊暴見孟子章

〇四四頁一行（注）　王言我不能好先聖王之樂　句下有「也」字。阮校出此句亦有「也」字，而不以爲校出之異同，其校之之用意乃在「聖」字之有無耳。四考之宋本有「也」字。

〔一〕編者案：阮本經文原文作「寡固不可以敵衆，弱固不可以敵强」。

〔二〕編者案：「反」，原作「及」，據孟子四考改。

**○四四頁五行（注）** 與人共聽其樂爲樂邪　作「與人共聽其〔一〕樂樂也」。

**○四四頁五行（注）** 不如與衆共聽之爲樂也　無「爲」字。

**○四六頁二行（經）** 百姓聞王鍾鼓之聲　此句各本皆同，惟集注本作「鐘」。〔二〕以集注爲學者所最習，於經文有異同處特爲指出，下同。

**○四七頁二行（注）** 効古賢君　「効」作「效」。

### 交鄰國有道乎章

**○四九頁四行（注）** 詩云昆夷兑〔三〕矣　「昆」亦同經文作「混」。阮校於經文「昆夷」據音義〔四〕、石經、廖、孔、韓作「混夷」。　注未及。

**○四九頁七行（注）** 身自官事吴王夫差　「官」字阮校據孔、韓、考文古本作「臣」。此本同注疏本。

**○五〇頁二行（注）** 聖人樂行天道　「行天」二字阮校據廖、孔、韓本作「天行」。此本同注疏本。

### 見孟子於雪〔五〕宫章

---

〔一〕編者案：續古逸叢書本無「其」字。

〔二〕編者案：集注宋本作「鍾」，清吴志忠本作「鐘」。

〔三〕編者案：「兑」，原作「兄」，據阮本改。

〔四〕編者案：「音」，原作「意」，據阮本改。

〔五〕編者案：「雪」，原作「靈」，底本排印之誤。

○五三頁二行（注）不責己仁義不自修　「修」作「脩」。

○五四頁三行（注）當何修治可以比先王之觀遊乎　「修」〔一〕作「脩」。「觀遊」，阮校據廖、孔、韓作「遊觀」。此本同注疏本。焦亦作「遊觀」。

○五四頁八行（注）秋省斂助其力不給也　「給」亦作「足」，當誤。焦亦作「給」。

○五五頁四行（注）我何以得見賑贍　「賑」作「振」。

○五六頁一行（注）方猶逆也逆先王之命　作「方猶放也放棄不用先生之命」。阮據各本改「方猶放也」「放棄不用先王之命」，正與此本合，但此「王」字誤作「生」字耳。又按：周氏廣業孟子四考云：「宋『王』作『生』，誤。」則「王」誤爲「生」正是宋版真相。

○五六頁六行（注）使人徒引舟舡上行而亡反以爲樂　「舡」作「船」，「亡」作「忘」。

○五七頁七行（注）章指　不循四溢之行　阮校：「孔本、韓本『四』作『肆』，是也。」此本正作「四」。按：注疏本本無章指，阮刻原據日本考文刻入，而孔、韓改「四」作「肆」，阮以爲是，竊謂不然。「四溢」指「流」「連」「荒」「亡」四者，趙氏文義恒有此種，如「如此然後可以爲民父母」下注云「行此三愼之聽，乃可以子畜百姓也」是。所謂「三

〔一〕編者案：「修」，原作「條」，據阮本改。

慎之聽」，「慎」字從「可不慎與」來，「三慎之聽」即「左右皆曰賢」以下之三「勿聽」也。以此例彼，正當作「四」。

**人皆謂我毀明堂章**

○五八頁八行（注）　使岐民修井田　「修」作「脩」。

○五九頁六行（注）　詩人言居今之世可矣　無「詩人」二字。

○六〇頁二行（經）　乃褁餱糧　「褁」作「裹」，下「褁囊」同，注中「褁」字皆作「裹」。

○六一頁五行（注）　於是與姜女俱來相土居也　「是」作「其」，當誤。「於是」字正貼經文「爰及姜女」之「爰」字。

**所謂故國章**

○六四頁三行（注）　論曰衆好之必察焉　阮校：「孔、韓、古本作『論語曰』。」此本同注疏本。按：趙氏於「論語」多作「論」。

**湯放桀章**

○六六頁二行（注）　章指　垂戒於後也　「於」作「于」。

**齊人伐燕勝之章**

○六八頁三行（注）　朞三百有六旬　「朞」作「歲」。四考：「宋本作『歲』。案：史記五帝本紀正作『歲』。」

○六八頁八行（經）　豈有他哉　「他」作「它」。〔一〕

**齊人伐燕取之章**

○七○頁六行（注）　面者向也東向征西夷怨王　「向」皆作「嚮」，「王」同阮校作「者」。

○七二頁一行（注）　老耄也　阮校：「廖本『耄』作『旄』。」此本同各本作「耄」。四考：「宋本作『旄』。」此本不同。〔二〕

○七二頁一行（注）　弱小倪倪者也　阮校：「孔、韓『倪倪』作『繄倪』。案：音義出『繄』字，『旄倪』下云『詳注意，倪謂繄倪，小兒也』，與今孔、韓本合。」按：此本同注疏本。

**鄒與魯鬨章**

○七三頁二行（注）　有以賑〔三〕救之　「賑」作「振」。

**滕文公問曰滕小國也間於齊楚章**

○七四頁三行（經）　効死而民弗去　「効」作「效」。

**齊人將築薛章**

---

〔一〕編者案：阮本作「豈有它哉」，續古逸叢書本作「豈有他哉」。

〔二〕編者案：續古逸叢書本作「旄」。

〔三〕編者案：「賑」，阮本原誤作「賬」，孟氏引改。

〇七五頁一行（注）　困於强暴　「强」作「彊」。

竭力以事大國章

〇七七頁二行（經）　効死勿去　「効」作「效」。

魯平公將出章

〇七九頁一行（經）　謂棺椁衣衾之美也　「椁」字各本皆同，惟集注本作「槨」。

# 公孫丑章句上

夫子加齊之卿相章

〇八八頁二行（經）　不膚橈　阮校：宋九經本、岳本、廖本、孔本、韓本同十行注疏本，皆爲「橈」，惟閩、監、毛注疏本作「撓」。　此本獨同閩、監、毛作「撓」。又阮云：「音義出『橈』字。作『撓』非也」。

〇八八頁三行（經）　思以一豪挫於人　此惟集注「豪」作「毫」，[一]阮校閩、監、毛作「毫」。[二]

〔一〕編者案：集注宋本、清吴志忠本作「豪」。
〔二〕編者案：此條原在上條「木膚橈」之前，據原文順序乙正。

〇八八頁七行（注）言所養育勇氣如是也　無「也」字。

〇八九頁二行（注）孟姓舍名　下有「也」字。

〇九三頁三行（注）包絡天地　「絡」作「落」。按：「絡」「落」古通，莊子秋水：「落馬首，穿牛鼻。」

〇九三頁四行（注）常以充滿五臟　「臟」作「藏」。按：此爲正字。

〇九四頁六行（注）芒芒然罷倦之貌　無「然」字。

〇九八頁二行（經）曰伯夷伊尹何如　阮校從盧文弨説，據注云「丑曰伯夷之行何如，孟子心可願比伯夷否」，則不當有「伊尹」字，下文孟子自因夷而及尹耳。然各本皆有，今本亦有。

〇九八頁三行（注）孟子心可願比伯夷否　「否」作「不」。

〇九八頁三行（經）曰不同道　（注）言伯夷之行不與孔子伊尹同道也　此段經注俱無。按：翟灝四書考異於此經文「曰不同道」四字云「宋本無」，則翟所見之宋本爲同此本。考異但考經文之異，故不及注；既無經文，自並注無之。

〇九八頁七行（注）冀得行道而已矣　「冀」作「其」，當誤。阮校不及「冀」字，但云「各本同，考文古本『矣』作『也』」。

一〇〇頁一行（注）此三人君國　「三」作「二」。按：下文云「是則孔子同之矣」，趙之解「是則同」

句如此。是所〔一〕「得百里而君之，皆能朝諸侯有天下」等語，專就伯夷、伊尹言之，則作「二人」爲合趙注本旨。各本作「三」，皆譌也。

**一〇〇頁四行（注）** 亦不至阿其所好以非其事阿私所愛而空譽之　上「阿」字作「於」。阮校：「各本同，考文古本『阿』誤『於』。」按：阮氏誤也。「於其所好」不至「阿私所愛」，「好」字在前，「阿」字在後，句中不相複。觀其文作「阿私所愛」，知不欲複「好」字，則上文自應讓出「阿」字也。

**一〇一頁二行（注）** 知其政之可以致太平也　「太」作「大」。

**仁則榮章**

**一〇四頁五行（注）** 明修其政教　「修」作「脩」。

**一〇五頁六行（經）** 太甲曰　「太」作「大」，注同。

**一〇五頁八行（注）** 章指言國必修政　「修」作「脩」。

**尊賢使能章**

**一〇六頁三行（注）** 萬人者稱傑　阮校：「韓本、考文古本上有『勝』字。」按：此本亦無「勝」字。「萬

〔一〕編者案：各本「得百里而君之」上皆無「所」字。或乃排版時漏一「謂」字，即「所謂『得百里……』」云云是也。

人」謂「萬於人」，自含有勝字意。

**一〇七頁一行（注）** 文治岐　「文」下有「王」字。

**一〇七頁五行（注）** 田不耕者有屋粟　「有」作「出」。

**一〇七頁八行（經）** 自生民以來　阮校：注疏四本皆如此，韓亦同；孔本、古本「自」字下有「有」字，石經此文漫漶，然細審此句是六字，亦當有「有」字。按：今本正有「有」字。是亦經文與集注本之不同，〔一〕故爲拈出。又按：考異云考文古本、宋刻本、舊趙注本俱有「有」字。所云「宋刻本」當即如今本；所云「舊趙注本」，當是未刻之傳鈔宋本，即後來孔氏所刻之底本也。

**一〇八頁四行（注）** 章指言修古之道　「修」作「脩」。

## 人皆有不忍之心章

**一〇九頁六行（注）** 情發於中　阮校：「廖本、孔本無『情』字，韓本、足利本『情』作『以』。」今按：此本同注疏本作「情」。

## 矢人章

---

〔一〕編者案：集注宋本有「有」字，清吴志忠本無。

一一二頁一行（注）　故治術當慎修其善者也　「修」作「脩」。

一一二頁七行（經）　矢人而恥〔一〕爲矢也　阮校：「孔本上有『由』字。按：音義『由反手』下云『下文〔二〕由弓人由矢人義同』，是音義本此文上有『由』字。」今按：此本正有「由」字。〔三〕

## 子路人告之以有過章

一一三頁六行（注）　大舜虞舜也　阮校：「各本同，廖本、考文古本作『虞也』。按：當本作『虞舜也』，淺人或删『舜』，或改爲『帝』。」今按：此本正作「虞也」。又按：周氏四考「大舜虞帝也」下注「今本」，周氏所謂「今本」，沿考文之舊稱，乃指毛本及明刻諸注疏本。又云「考文謂古本脱『帝』字，金、孔、韓同今本」，所云「金本」，即永懷堂本，然則各本皆作「虞帝也」，惟十行本作「虞舜也」。阮校既云各本同作「舜」，又云淺人或改爲「帝」，蓋最不信「帝」字，遂並凡作「帝」字之本皆以爲應本作「舜」，特爲淺人所改，不必認爲有此本耳。阮似太存成見，而今之大字本則正與廖本、古本同。從阮則孔、韓作「舜」，從周則孔、韓作「帝」，未知孰是，俟檢原文。

〔一〕編者案：「恥」，原作「治」，據阮本改。
〔二〕編者案：「文」，原作「父」，據阮本改。
〔三〕編者案：續古逸叢書本作「由弓人而恥爲弓，矢人而恥爲矢也」。「弓人」句首有「由」字，「矢人」句首仍無。

## 伯夷非其君不事章

**一一五頁一行（注）** 望望然慚愧之貌也　「然」字作「代之」二字。阮校：「廖、孔、韓、足利本作『望望去之』。考文古本作『望望伐之』，後作『望望代之』，古本並非。」今按：阮氏誤也。「代之」字屬下句，誤連「望望」二字，故疑其不可通耳。周氏四考云宋本作「代之」，則同此本。又云：「今本、金本『代之』作『然』，孔、韓作『去之』，考文云『古本作伐，後改爲代，倶不可解；足利本作去，近是』。廣業案：『代之』謂代冠不正者抱慚，故去之也，於義爲長。」據此則山井鼎輯考文即誤斷句法，遂致不解。阮氏又爲考文所誤，竟斷以爲非，惟周氏所見獨真。所云「宋本」，據周氏自言得方氏所藏改注汲古閣本，注有宋本及小字宋本、廖本各異同，然則所謂「宋本」乃大字宋本，殆即阮元所謂北宋蜀大字本也。方氏藏改注本，注爲宋本作「代之」；阮氏從何氏校本，則但知廖本作「去之」，校注各有脱漏也。

**一一五頁三行（注）** 伯夷不潔諸侯之行　「潔」作「絜」，下同。

**一一六頁七行（注）** 章指　純聖能然　「然」作「終」。

# 公孫丑章句下

## 天時不如地利章

一一八頁五行（注） 不爲兵革之威 「爲」作「馮」。按：阮校不及此，意其未見作「馮」之本也。然焦循作正義正作「馮」字，則當時實有作「馮」字之本，阮偶漏未之校，或十行本本作「馮」，上版時誤作「爲」字耳。

## 孟子將朝王章

一二一頁一行（注） 具以語景丑氏耳 作「具以語景子」，同廖本、考文古本。

一二一頁七行（注） 今人皆謂王無知 阮校：「廖本、考文古本『皆』作『言』，誤。」此本同廖、古作「言」。

一二三頁一行（注） 無有如我敬王者也 作「豈有如我敬王者邪」。阮校校語中「無」已作「豈」，而云：「閩、監、毛三本同，廖本、孔本、韓本、考文古本『也』作『邪』，足利本作『耶』。」

一二三頁二行（注） 我臣輕於王乎 阮校：「考文古本同，閩、監、毛三本，孔本、韓本、足利本『臣』作『豈』。按：『豈』是也。」此本同古本作「臣」，亦同十行本。

一二四頁六行（注） 言今天下之人君 無「之」字。

一二四頁六行（注） 無它 「它」作「他」。

一二四頁六行（注）　但好臣其所教勑役使之才　「勑」作「敕」。

### 孟子之平陸章

一二七頁二行（注）　大夫居邑大夫也　「居」作「治」。阮校不云有異同，焦氏正義本已作「治」，則先自有作「治」之本。

### 孟子謂蚳鼃章

一二九頁四行（注）　知其欲近王以諫正刑罰之不中者　「以」作「似」，合經文「似也」句。

一二九頁七行（注）　譏孟子爲蚳鼃謀　阮校：「監、毛本『謀』誤『諫』。」此本正誤作「諫」，然則監、毛出於十行本，而其誤乃亦有由來也。

一二九頁八行（注）　公都子孟子弟子也　無「也」字。

一三〇頁四行（注）　孟子言人臣居官不得守其職諫正君不見納者皆當致仕而去　此數句此本作「孟子言人去」五字，蓋中間脱二十字，宋本之荒唐往往如此。

### 孟子自齊葬於魯章

一三二頁五行（注）　厚薄無尺寸之度　「厚薄」作「薄厚」，焦本同。

一三二頁七行（注）　謂一世之後　「後」作「厚」，當誤。

一三三頁五行（經）　吾聞之君子不以天下儉其親　此與集注本經文之不同，考異云：「宋本、宋石經、舊趙注

本、注疏本俱無『也』字。」焦本作「吾聞之也」，當沿集注本而來。〔一〕

**沈同章**

**一三四頁二行（注）**　自以私情問　「自以」下有「其」字，焦本亦有。

**一三五頁一行（注）**　彼然而伐之也　無「也」字。

**一三五頁四行（注）**　彼不復問孰可　無「問」字，當脱。

**一三五頁四行（注）**　便自往伐之矣　無「矣」字。

**燕人畔章**

**一三八頁五行（注）**　作大誥明勑庶國　「勑」作「敕」。

**一三八頁五行（注）**　順過飾非或爲之辭　「或」作「就」，焦本同。

**孟子致爲臣而歸章**

**一三九頁二行（注）**　今致爲臣棄寡人而歸　「歸」下有「也」字。

**一三九頁三行（注）**　遂使寡人得相見否乎　「遂」作「還」，此非阮校所及。無「乎」字，阮校及之。

**一四〇頁一行（注）**　孟子弟子陳臻也　無「也」字。

---

〔一〕編者案：集注宋本、清吴志忠本皆無「也」字。焦氏叢書本孟子正義無「也」字，經解本有，爲孟氏所據。

一四〇頁五行（注）　我往者饗十萬鍾之禄　「饗」作「享」。「饗」字本沿避宋光宗「惇」字諱而改，此本作「享」，尤可證其刊於孝宗時。

一四一頁三行（經）　古之爲市也　此經文之異於集注本者，惟孔本同集注本「也」作「者」。

## 孟子去齊宿於晝章

一四二頁三行（經）　孟子去齊宿於晝〔一〕　考異：「『晝』舊趙注本作『畫』，注同。」

## 尹士章

一四四頁三行（經）　三宿而後出晝　考異：「『晝』舊趙注本作『畫』，下同。」據考異，則舊趙注本「晝」字概作「畫」，翟所見舊趙注本非此本也。

一四四頁五行（注）　怪其淹久　阮校作「怪其孰久」，而其校語云：「韓本、考文古本同，廖本、孔本『孰』作『猶』，閩、監、毛三本作『淹』。」據校語，十行本本作「怪其孰久」，今刻阮本作「淹」乃妄從閩、監、毛三本改也。此本則同廖、孔作「猶」。

一四五頁一行（經）　予三宿而出晝　考異：「『出』上有『後』字，據宋刻本。」此本無「後」字。然則翟氏所見宋刻本又非此本。

---

〔一〕編者案：出文原無，今補。

**一四五頁四行（注）** 心浩浩有遠志也　無「也」字。

### 充虞路問章

**一四六頁六行（經）** 夫子若不豫色然　阮校：「諸本『若』下有『有』字。」此本亦有「有」字。獨十行本脱此一字耳。

### 居休章

**一四八頁三行（注）** 丑問古人之道仕而不受禄邪　無「而」字。

**一四八頁五行（注）** 崇地名　「地名」作「齊地」，四考宋本正如此本作「齊地」。

**一四八頁五行（注）** 非古之道　下有「也」字。

## 滕文公章句上

### 滕文公爲世子章

**一五〇頁二行（注）** 天下之道一而已矣　「一而已矣」作「一言而已」。阮校：「注疏本皆作『天下之道一而已矣』，廖作『夫天下之道一言已矣』，孔、韓作『夫天下之道一言而已』，古本、足利本『一而已矣』作『一言而已』。」此本蓋同古本、足利本。

## 滕定公薨章

**一五一頁八行（注）** 大故謂大喪也　無「也」字。按：此段注文「也」字下有一空格，而此本則空二格，然則可有「也」字。

**一五二頁五行（經）** 齋疏之服　「齋」作「⿱齊衣」。阮校：「閩、監、毛三本，孔本『齋』作『齊』，韓本作『⿱齊衣』。案：音義出『⿱齊衣』。疏作『⿱齊衣』，采用音義也。」今案：閩、監、毛、孔正同集注本。韓作「⿱齊衣」，既謂采用音義，此本正同音義，可貴也。

**一五二頁七行（注）** 齋疏齋衰也　作「⿱齊衣疏⿱齊衣縗也」。阮校：「考文古本『衰』作『縗』。案：音義出『縗』字，云『或作衰』。」此本正同音義。

**一五二頁七行（注）** 飦糜粥也　「糜」作「⿸麻食」。阮校：「宋本、孔本、韓本作『⿸麻食』。音義出『⿸麻食』字，云『字亦作⿸麻食』。案：『⿸麻食』字大誤。」此本亦正同音義。

**一五二頁八行（經）** 父兄百官皆不欲也故曰　十行本如此，阮校未及此，豈諸本同耶。集注本即無「也故」二字，此本亦無之。按：考異於此不紀其異，翟氏本以集注本爲底本者，然則未見有「也故」二字者也。汪文臺十三經注疏識語云：「衍『也故』二字。」

**一五三頁六行（經）** 吾他日　「他」作「佗」。

**一五四頁二行（經）** 不可以他求者也　「他」作「佗」。

## 滕文公問爲國章

一五八頁五行（注）　凶年饑歲　「饑」作「飢」。

一五八頁六行（注）　不若從歲饑穰以爲多少　「饑」作「飢」。案：以上兩「饑」字不應作「飢」。

一六〇頁八行（注）　惟文王新復修治禮義　「修」作「脩」。

一六一頁四行（經）　井地不鈞　集注「鈞」作「均」，此亦經文之異於集注者。〔一〕

一六一頁五行（注）　乃可均井田　「均」作「鈞」。

一六一頁五行（注）　周禮小司徒云〔二〕乃經土地而井其田野　阮校云：「補案：『井』下應有『牧』字。」此本正有「牧」字，據阮校乃從周禮原文定其應補，然則各本皆脱，此本自可貴。

一六二頁六行（注）　二十而税一以寬之也　無「也」字。

一六二頁八行（注）　圭潔也　「潔」作「絜」，下同。

一六四頁五行（注）　其井田之大要如是也　無「也」字。

## 有爲神農之言者章

一六六頁八行（經）　許子必織布然後衣乎　集注「然」作「而」，此亦經文之異於集注者。阮校：「石經、

〔一〕編者案：集注宋本、清吴志忠本皆作「鈞」。

〔二〕編者案：續古逸叢書本「云」作「曰」。

廖本、孔本、閩本同，監、毛本、韓本『然』誤『而』。」按：此本自同石經、廖、孔及注疏本中之十行本、閩本。以意度之，誤始集注，而監本注疏從之，毛遂沿監本之誤。

**一六七頁八行（經）** 陶冶亦以械器易粟者　「以」下有「其」字。集注本有「其」字，與注疏本不同。阮校云「諸本同」，則謂各本悉無也，然此本則有「其」字。考異謂注疏本脱「其」字，又引宋刻九經本兩「械器」皆作「器械」，則九經本惟「械器」不同，「其」字則明有矣。阮校不及「械器」之異同，所見本又少於翟氏也。

**一六九頁一行（經）** 有小人之事　「人」作「民」。阮校：各本皆作「人」，惟石經及考文古本作「民」。按：「民」字唐人因避太宗諱，多改爲「人」，此本獨同石經及古本，亦經文之異於集注者。〔一〕

**一六九頁四行（注）** 是率導天下人以羸困之路也　「羸困之路」作「羸路之困」。阮校：「案：音義出『羸路』，云『字亦作羸』，案：此則宣公所見本無『困之』二字。」今按：此本既出，乃知音義所據趙注真相，非無「困之」二字，乃倒在下而作「之困」耳。「羸困之路」

〔一〕編者案：集注宋本作「民」，清吴志忠本作「人」。

句文義本與注「率天下而路」之「路」字不合，非注「路」字，轉以「路」字爲「羸困」之贅文矣。阮氏又案：「『路』與『露』古通用，『露羸』見於古書者多矣。大雅『串夷載路』，鄭箋以『瘠』釋『路』，俗人乃改『瘠』爲『應』，此添『困之』二字，其謬同也。」又按：「露」與「路」通，亦見音義，云：「丁、張並云『路與露通』。」故「羸」又作「羸」。若作「羸」，又可作疲於道路解。

**一七二頁二行（經）** 放勳曰　「曰」作「日」，阮校：「石經、閩、監、毛、韓同，孔作『日』，音義出『日』，云『丁音馹，或作曰，誤』。」按：據音義，宣公時已有誤作「曰」〔一〕者，且據丁音爲説，是唐時已有此誤也。此本正作「日」，蓋亦經文之異於集注者。

**一七四頁三行（經）** 未能或之先也　「能」作「聞」。考異云：「宋本作『聞』。」

**一七五頁六行（注）** 曾子不肯以爲聖人之潔白　「潔」作「絜」。

**一七六頁三行（注）** 鴂博勞鳥也　「博」作「搏」，四考宋本作「搏」。無「鳥」字，同阮校廖、孔、韓、古。

**一七六頁四行（注）** 許子託於太古　「太」作「大」。

---

〔一〕編者案：「曰」，原作「日」，據文義改。

一七七頁五行（注）　不相爲詐不相欺愚小大　作「不相僞誕不欺愚小也」。阮校：閩、監、毛「爲」作「僞」；孔、韓「詐」作「誕」，「不相欺愚小大」作「不欺愚小民也」；考文作「不相爲誕不相欺愚小也」。　按：各本無一與此本盡同者，要以此本爲最明顯。阮氏原按謂「愚小，五尺之童也，考文古本得之」，蓋已得其解，特未見真宋本，不知有此最明確之文耳。

一七七頁七行（經）　或相什百　「百」，集注本作「伯」，此亦經文與集注本之異。

一七八頁四行（注）　時許子教人僞者耳　「時」作「特」。

## 墨者夷之章

一七九頁一行（注）　以辭卻之　「卻」作「却」。

一八〇頁六行（經）　徐子以告孟子孟子曰　不重「孟子」二字。考異云宋刻本不重。按：阮氏未見宋刻本，而翟氏見之，周氏四考亦未及此。又按：不重「孟子」字，則以「以告」爲句也。

一八一頁一行（注）　與愛鄰人之子等耶　「耶」作「邪」。

# 滕文公章句下

## 陳代章

一八六頁五行（注）　尚知羞恥此射者　阮校云：各本「羞恥」作「恥羞」，注疏本皆作「羞恥」。此本獨同注疏本。

一八六頁七行（注）　章指言修禮守正　「修」作「脩」。

## 周霄章

一八八頁八行（注）　周霄魏人也　無「也」字。

一九〇頁三行（注）　言惟詘禄之士　「詘」作「絀」。焦本已作「絀」，而阮校不及，或十行本作「絀」，此本刊刻時誤耳。

一九一頁七行（注）　如不由其道亦與鑽穴隙者無異　阮校：「閩、監、毛三本同，廖、孔、韓、古『道』上有『正』字，『亦』作『是』，『無』作『何』。」今按：此本全同廖、孔、韓、古，而又少一「隙」字。

## 彭更章

一九三頁一行（注）　作車者也　無「也」字。

一九四頁四行（注） 其意〔一〕反欲求食 阮校：惟閩、監、毛「意」作「志」。此本自作「意」。四考：古本作「意」，諸本同，宋、金作「志」。其説與阮相反，恐有誤。

一九四頁六行（注） 章指言 修仁尚義 「修」作「脩」。

## 宋小國也章

一九五頁五行（經） 葛伯率其民 「率」作「帥」。〔二〕考異云宋本作「帥」，又言注疏本作「帥」。今按：注疏十行本作「率」，翟氏言注疏本當指毛本。

一九六頁四行（經） 南面而征北狄怨 「狄」同阮校廖本作「夷」。汪文臺識語「疏正作『夷』」。按：集注同注疏本作「狄」，此亦經文與集注本之不同者。〔三〕

一九七頁一行（注） 民曰待我君來〔四〕則無罰矣 阮校孔、韓、古重「君」。今案：此本獨同注疏本不重「君」字。

一九七頁二行（經） 有攸不惟臣 與集注本異。〔五〕阮校：「各舊本經注及各注疏本皆作『惟』，疏云『惟

〔一〕編者案：阮本注作「志」，校勘記出文作「意」，爲孟氏所據。

〔二〕編者案：續古逸叢書本仍作「率」。

〔三〕編者案：集注宋本作「夷」，清吴志忠本作「狄」。

〔四〕編者案：阮本、續古逸叢書本「來」下有「我」字。

〔五〕編者案：集注宋本、清吴志忠本皆作「惟」。

念臣服之節』，固不誤也，朱子訛作『爲臣』，不可不正。」考異云：「注云『無不惟念執臣子之節』，各本之外，宋人四書纂箋本、四書通本皆作『惟』，王氏漢藝文志考證舉此亦作「惟」。」

一九八頁八行（注） 章指言修德無小 「修」作「脩」。

**不見諸侯章**

二〇一頁五行（注） 距之太甚 「太」作「大」。

二〇二頁六行（注） 面赤心不正之貌也 無「之」字，焦本亦無，阮氏失校。

二〇一頁七行（經） 則君子之所養可知已矣 考異：「宋九經本無『則』字。」今按：此本亦有「則」字，惟阮氏未見九經本，校未及此。

二〇二頁八行（注） 由是觀曾子子路之言 「曾」作「君」，當誤。四考宋作「君」，則宋本實誤。

**戴盈之章**

二〇三頁三行（經） 然後已何如 「何如」作「如何」，考異：「宋本作『如何』。」

**外人皆稱章**

二〇五頁三行（經） 驅蛇龍而放之菹 「蛇龍」作「龍蛇」，考異：「宋本作『龍蛇』，宣和博古圖録引，文作『龍蛇』。」

二〇七頁六行（經）　知我者其惟春秋乎　無「者」字。按：此固不見阮校，考異亦無之。據文義下「罪我者」仍有「者」字，則此句或是脱誤，而翟氏所見之宋本要非此本。

二〇八頁二行（經）　楊朱墨翟之言盈天下　「楊」作「揚」，下同。

二〇八頁七行（經）　此率獸而食人也　「率」下有「禽」字。阮校廖本、古本有。　此經文之異於集注本者。〔一〕

### 匡章曰章

二一一頁八行（注）　蚓蚯蚓之蟲也　「蚯」作「丘」。

二一二頁六行（注）　彼仲子身自織屨　「自」作「目」，〔二〕當是缺蝕。

## 離婁章句上

二一五頁二行（注）　離婁者古之明目者　上「者」字作「者」。據阮校，惟注疏本作「者」，宋本作「乃」，孔、韓無此字。　今獨同注疏本。四考宋本作「者」。

---

〔一〕　編者案：集注宋本有「禽」字，清吴志忠本無。

〔二〕　編者案：續古逸叢書早印本作「目」，後描作「自」。

## 離婁章

二一五頁六行（注）　晉平公之樂太師也　「太」作「大」。

二一五頁七行（注）　大蔟　「大」作「太」。

二一八頁七行（注）　亡在朝夕無復有期日　「日」作「日」，當是誤作「目」，而後刓去一筆者。

## 人有恒言章

二二三頁三行（注）　家謂卿大夫家　作「家謂卿大夫之家也」。阮校：孔、韓作「家謂卿大夫也」，考文古本作「家謂卿大夫家也」。　皆不同。四考宋本同此本。

## 不仁者可與言哉章〔一〕

二二八頁二行（經）　而後人毀之　而後人伐之　兩「而後」皆同上「然後人侮之」句作「然後」，考異：宋本皆作「然」。

二二八頁三行（經）　太甲曰　「太」作「大」。

二二八頁五行（注）　章指言　戰戰恐栗〔二〕懼也　「懼」作「慄」。阮校孔、韓及考古本作「栗」。

## 自暴者章

〔一〕編者案：此章名原無，出文接於「人有恒言章」下，今補。

〔二〕編者案：阮本無「栗」字，蓋誤衍。

二三一頁六行（注）　是可哀傷也　「也」作「哉」。阮校有此條云：「閩、監、毛三本同，廖本、孔本、韓本、考文古本『也』作『哉』。」但以此條誤連屬於上章章指之末，似爲上章章指之文，此阮刻本之誤也。汪氏識語專爲阮刻本而作，未及此句。

## 道在邇章

二三一頁七行（經）　道在邇　阮校：「考文古本『邇』作『爾』，注同。」按：集注本正作「爾」，此亦經文之異於集注者。

二三二頁二行（注）　章指言　則邇而易也　阮校亦云：「考文古本『邇』作『爾』。」此本皆作「邇」。〔一〕

二三一頁七行（經）　而求諸遠　而求諸難〔二〕　兩「諸」字皆作「之」。考異：「宋刻本、舊趙注本、注疏本俱作『之』。」據此則惟集注本作「諸」也。今阮校不及此句，而所刻十行本作「諸」，豈十行本原作「之」，而刻時誤從集注本改作「諸」字耶。阮刻十行本在翟氏之後，翟所未見。

---

〔一〕編者案：此條若獨立則本當在「而求諸遠　而求諸難」下，然揆諸文義似應直接上條之後爲一條，不應獨立成條，亦或底本排版之失歟。

〔二〕編者案：阮本經文如此。續古逸叢書本僅下「諸」字作「之」，上一字仍作「諸」，與孟氏所據不同。集注宋本、清吴志忠本皆同此本。

**伯夷辟紂章**

二三四頁六行（注）　天以七紀故云七年　無「云」字，焦本亦無，而阮校不及。

**求也章**

二三五頁八行（注）　況於争城争地而殺人滿之乎　無「争城」二字。按：經文自有，注不應單提一項，當亦脱誤，焦本亦有「争城」。

二三六頁四行（注）　章指言聚斂富君　阮校：「孔本、韓本『君』作『民』。」按：阮氏補章指，當搜考文本。今此本亦作「君」，不同孔、韓。從經文「君不行仁政而富之」，自應作「富君」也。焦本作「君」，正義曰：「韓、孔作『民』，非。」

**存乎人者章**

二三六頁六行（經）　眸子不能掩其惡　「掩」作「奄」，考異：「宋本作『奄』。」

二三七頁二行（注）　章指言目爲神候　作「目可神候」。

**君子之不教子章**

二四〇頁一行（注）　不欲自相責以善也　阮校：廖、孔、韓、足利各本皆無「相」字。今按：此本獨同注疏本有「相」字。四考：「宋本有『相』字，小字宋本無。」

**人不足與適也章**

二四一頁七行（經） 政不足與間也　無「與」字。阮校：「閩、監、毛同。」則注疏本皆有「與」字。集注云：「『間』上亦當有『與』字。」朱子所見本無「與」字，而意欲增之。音義出「足間」，是無「與」字。十行本蓋從朱子說而誤增，閩、監、毛又仍之耳。

## 離婁章句下

### 舜生於諸馮章

二五〇頁一行（注） 土地相去千有餘里千里以外也　無「千里」二字。阮校止云閩、監、毛『以』誤『之』，廖、孔、韓、古則皆同十行本。

二五〇頁二行（注） 節王節也　「王」作「玉」。阮校：「閩、足利同，監、毛、孔、韓作『玉』，是也。」汪文臺則曰：「『王節』是也，兼周禮六節言之，云『玉節』則偏舉矣。」

### 子產聽鄭國之政章

二五〇頁五行（注） 以其乘車度之也　「度」作「渡」。

二五〇頁七行（注） 以爲子產有惠民之心　「心」作「用」。

二五〇頁七行（注） 當以時修橋梁　「修」作「脩」。

**二五〇頁八行（注）** 周十月夏九月　周十一月夏十月　作「周十一月夏九月」「周十二月夏十月」。阮校：閩、監、毛同，廖、孔、韓「十」作「十一」，而「十一」則廖、孔、韓、古作「十二」。又按云：「爾雅釋宫注引孟子曰『歲十一月，徒杠成』，邢疏云『郭注作十月』。推求文義，趙注本作『周十月，夏八月』『周十一月，夏九月』，而經文本作『歲十月，徒杠成；十一月，輿梁成』也。後人亂之，而閩、監、毛本尚存舊迹，餘本似是實非。周禮之例，凡夏正皆曰歲，凡曰歲終，曰正歲，曰歲十二月，皆謂夏時也。凡言正月之吉，不曰歲，謂周正也，説詳戴震文集。孟子言『歲十月』『十一月』謂夏正，兩〔一〕言『七八月之間』，則謂周正。正與周禮同例。趙注未解其例，今本則經注又皆舛誤矣。夏令曰『十月成梁』，孟子與國語合。」今按：考異謂「舊本趙氏注自爲『周十一月』『周十二月』，此舊書所以可貴。」焦氏正義於阮説亦不敢輕信。要之翟氏所謂舊本，則如此本者當之矣；焦氏正義引仲尼燕居疏引孟子亦作「歲十一月，徒杠成；十二月，輿梁成」。阮從閩、監、毛本之注誤而改經，殊爲無據。

**二五一頁三行（注）** 欲自加恩以成其意　「成」作「悦」。

---

〔一〕編者案：「兩」原誤「而」，據阮校改。

二五一頁四行（注）　章指言　是以子産渡人　「以」作「故」。

## 君之視臣章

二五二頁一行（注）　何如則可以爲服　無「以」字。阮校未及，而焦本亦無「以」字，當是阮校之漏。

二五二頁二行（經）　則使人導之出疆　「則」下有「君」字，阮校亦云十行本無「君」字。

二五二頁五行（注）　諫行言從惠澤加民　「諫」作「諫」，「惠」作「德」。

二五二頁六行（注）　乃收其田里田業也里居也　作「乃收其田萊及里居也」。阮校：「廖、韓作『乃收其田菜及里居也』，音義亦出『田菜』。『菜』當作『采』，大夫采地字古書多或作『菜』，『菜』誤爲『萊』，作『業』則更誤矣。」今按：孔、古同此本。足利作「乃收其田里田萊及里居」，阮謂足利誤衍尤非，而以作「菜」爲最有據，蓋與音義合也。

## 君仁莫不仁章

二五四頁一行（注）　政必從之　「政」作「故」。

## 人有不爲也章

二五五頁四行（注）　章指言貴賤廉恥　「賤廉」作「廉賤」。按：僞疏割截章指，自作「貴賤廉恥」，義不可通，當從此本。但焦本已如此，則阮刻或上版之誤，非據本然也。

## 君子深造章

二五七頁六行（注）　故使君子欲其自得之也　無「其」字，阮校已及。「自」作「目」乃缺蝕。

**孟子曰禹惡旨酒章**

二六一頁六行（注）　遠謂諸侯也　阮校：「宋本『也』作『者』。」此本作「也」，則非阮氏所謂宋本。

**君子之澤章**

二六三頁三行（注）　澤者滋潤之澤〔一〕　阮校：「宋本注分兩段。」此本正分兩段。「予未得爲孔子徒也」另起，而注文分隸之。

二六三頁六行（注）　章指言　是以君子恨不及乎仲尼也　「君子」作「孟子」，焦本同。

**逢蒙章**

二六五頁六行（注）　端人用心不邪辟　「辟」作「僻」。

**西子章**

二六六頁七行（經）　西子蒙不潔　「潔」作「絜」，注同。

二六七頁二行（注）　自治潔净　阮校拈此句作「絜」，校語云：「凡『絜』作『潔』者，俗也，古書祇作『絜』。」則十行本此句獨作「絜」，今亦作「潔」，且三點有後添形迹，可知阮刻本

---

〔一〕編者案：出文原無，據阮校補。

上版及後來修版時多有誤也。此本自一例作「絜」。

二六七頁三行（注）　章指言　明當修飾　「修」作「脩」。

## 天下之言性也章

二六七頁六行（注）　惡人欲用智而妄穿鑿不順物之性而改道以養之　無「之性而改道以養之」八字。

## 公行子章

二六九頁六行（注）　反以我爲簡異〔一〕也　阮校：「閩、監、毛三本同，宋、孔、韓『異』作『易』。按：『易』是也。」今按：此本同注疏本作「異」。作「異」未必非，乃與經文「不亦異乎」相合，阮説恐非。

## 君子所以異於人者章

二七〇頁三行（經）　其待我以横逆　此「横」字尚爲木旁，自本文注中起，以下「横」字皆手旁，此宋本之破體字，宋本書往往以手旁代木旁。後「横政」「横氏」亦皆作手旁。

二七二頁二行（注）　君子之行本自不致患　「患」作「意」，當誤。四考：「宋『患』作『意』，似誤。」則周所據宋已如此，而亦覺其誤也。

---

〔一〕編者案：「異」，原作「易」，據阮本改。

二七二頁三行（注）　章指言　比之禽獸　阮校：「孔、韓衍『故』字。」此本不衍。

## 禹稷當平世章

二七三頁一行（經）　由己溺之也　無「也」字。考異：「宋刻本、元時集注本皆無。」阮校未及。據翟氏説，朱子所見亦初無「也」字，「也」字乃反據注疏本添出。

## 曾子居武城章

二七六頁七行（注）　治牆屋之壞者　「壞」作「壤」，誤。四考：「宋作『壤』，似誤。」

## 齊人有一妻一妾章

二七九頁七行（經）　吾將瞷良人之所之也　無「也」字。考異：「宋本『矙』作『瞷』，句末無『也』字。」今「瞷」字諸本同，未知翟氏所據何本。翟以集注爲本，今集注原作「瞷」也，句末無「也」字，〔一〕獨此本同翟説。又按：「瞷」之爲「矙」，上章「王使人瞷夫子」文，阮氏據監、毛二本有「矙」字之説，因除監、毛外諸本皆同，故不復論。此文又有翟氏之説，而阮則更無校語及之。

〔一〕編者案：集注宋本、清吴志忠本有「也」字。

# 萬章章句上

## 咸丘蒙章

二九五頁四行（注） 故聞齊野人之言 「聞」作「問」。

二九八頁五行（經） 夔夔齋栗 「栗」作「慄」。按：「齋」，集注作「齊」，此經文之異於集注本者。「栗」字諸本皆同，阮無校語，考異則舉大禹謨原文作「慄」，而此本乃獨與大禹謨同。

二九八頁六行（注） 夔夔齋栗 「栗」亦作「慄」。

二九八頁六行（注） 戰栗以見瞽瞍 「栗」亦作「慄」，四考獨於此句云宋作「慄」。

二九八頁八行（注） 章指 此聖人軌道 「聖人」下有「之」字。

## 堯以天下與舜章

二九九頁三行（注） 天之歷數在爾躬 「歷」作「曆」。此阮刻避清代諱改「歷」，本應作「曆」。

三〇二頁二行（注） 堯子胤子丹朱 阮校：宋本「允子」無「子」字。今按：此本有。

## 人有言至於禹而德衰章〔一〕

〔一〕編者案：此章名原無，出文接於「堯以天下與舜章」下，今補。

**三〇四頁八行（經）**　繼世而有天下　「而」作「以」，同阮校。

**三〇五頁四行（經）**　太丁　**五行（經）**　太甲　「太」皆作「大」，注同。

**三〇六頁五行（注）**　章指篤志於仁　阮校：「篤志」二字考文古本作「義」字。　此本同古本。

## 伊尹以割烹要湯章

**三〇八頁四行（注）**　欲就湯聘　阮校：「宋本『聘』作『幣』。」此本作「聘」。作「幣」於文義不順。

**三一〇頁一行（注）**　歸絜於身不污己而已　「歸絜〔一〕於身」作「歸於身絜」，獨同阮校中之宋本、考文古本，餘本各不同。〔二〕

**三一〇頁四行（注）**　言意〔三〕欲誅伐桀造作可攻計之罪者　「計」作「討」。按：此非阮校所及，然疑本爲阮刻上版時之誤。

**三一〇頁五行（注）**　遂順天而誅之也　無「之」字。

## 或謂孔子於衛章

**三一〇頁八行（注）**　癰疽之醫者也　無「者」字。

---

〔一〕編者案：此及出文「絜」，原皆作「潔」，據阮本及校勘記出文改。

〔二〕編者案：依阮校，考文古本實作「歸於身潔」，與此本不盡同。

〔三〕編者案：「意」字原脱，據阮本補。

三一〇頁八行（注） 衛君齊君之所近狎人也 無「也」字。

## 萬章章句下

### 伯夷目不視惡色章

三一七頁四行（經） 横政之所出横民之所止 「横」作「撗」。

三一七頁八行（注） 孟子反覆差伯夷伊尹〔一〕柳下惠之德 「差」作「嗟」。阮校：「宋本、考文古本『差』作『嗟』，山井鼎云非。」

三一八頁七行（經） 如己推而内之溝中 「如」，集注作「若」，此經文之異於集注者。

三一九頁二行（經） 阨窮而不憫 「憫」作「閔」，考異宋本作「閔」。

三二〇頁六行（注） 集先聖之大道 阮校：「宋本『道』誤『首』。」此本不誤。

三二〇頁七行（注） 終始如一也 「終始」作「始終」。阮校：注疏及孔、韓均作「終始」。 此本獨同廖本。

三二〇頁七行（注） 始條理者金從革可始之使條理 「始之」之「始」作「治」。按：經文「始條理也」，阮

〔一〕編者案：「伊尹」二字原脱，據阮本補。

校云：「音義云『本亦作治條理，下同』。」則據宣公所見別有一本，凡此章「始條理」之「始」皆作「治」。此本則惟此句中見一「治」字，似於義爲長。

**三三〇頁八行（注）** 合三德而不撓也　「合三」作「含五」，四考宋本正作「含五」。

**三三一頁一行（注）** 智者智理物　阮校：「考文古本同，山井鼎云恐非。閩、監、毛、孔、韓下『智』作『知』。」今按：此本正同古本及注疏十行本作「智」。

**三三一頁一行（注）** 聖人終始同　阮校：「宋本『同』作『何』。」按：作「何」是阮所據宋本之誤也，此宋本不誤。

## 北宮錡章

**三三二頁二行（注）** 憎惡其法度妨害己之所爲　「憎」作「增」，誤。

**三三二頁三行（注）** 言嘗聞[一]其大綱如此矣今考之禮記王制則合矣　阮校：上句末之「矣」字，岳、孔、韓本無。今按：此本上句有「矣」，而下句之「矣」字作「也」，句調亦叶，尤似獨得趙氏注時神理。

**三三二頁四行（經）** 伯一位　無此句，此爲此本最謬。

〔一〕編者案：「聞」，原作「問」，據阮本改。

三二三頁八行（注）　卿禄居於君禄十分之一也大夫禄居於卿禄四分之一也上士之禄居大夫禄二分之一也　無「大夫禄居於卿禄四分之一也」十二字，亦謬。四考：「小字宋有，宋無，疑脱。」

三二四頁一行（注）　士不得耕　阮校：「宋本『士』作『上』，非。」此本不作「上」。按：阮所據之宋本當亦是缺蝕而成「上」，非原版之誤。

## 敢問友章

三二六頁七行（注）　五人屈禮而就之也　「就」下無「之」字，惟「也」字下本餘一格，此本獨餘二格，似本有一字之地位。

三二七頁三行（經）　晉平公於亥唐也　阮校「廖、閩同」，監、毛、孔、韓則同集注本多一「之」字。今此本亦同十行及閩注疏本並廖本無「之」字。

三二七頁五行（經）　雖蔬食菜羹　「蔬」作「疏」。考異：「舊趙注本、宋九經本、注疏本『疏』皆作『蔬』。」按：阮校未及，當是各本皆與集注本異而作「蔬」。今此本獨同集注本作「疏」。

三二八頁一行（經）　非王公尊賢也　阮校「石經、廖、閩同」，監、毛、孔、韓則同集注本多一「之」字。今此本亦同石經、廖及十行、閩本無「之」字，與集注本異。

三二八頁五行（注）　堯亦就享舜之所設　「享」作「饗」。阮校注疏本皆作「享」，廖、孔、韓作「饗」。今按：此經文本作「亦饗舜」，「享」字在宋光宗以後，本避光宗諱「惇」之偏旁，此本「享多儀」之經文及注，均不改「饗」，此獨同廖、孔、韓等本作「饗」，乃偶合，非避諱也。

**敢問交際章**

三一九頁二行（經）　萬章曰敢問交際何心也　集注作「萬章問曰」，阮校不及，因各本皆無也，此本亦無「問」字。

三一九頁三行（經）　郤之郤之　「郤」作「郤」，以下經注皆同，誤也。凡宋刻書字體不甚精究，此類未足爲病，據阮校孔、韓亦誤作「郤」也。

三三〇頁三行（經）　今有禦人於國門之外者其交也以道　無「也」字，考異宋刻本無「也」字。

三三〇頁五行（注）　而以禮道來交接己　無「交」字。

三三一頁五行（注）　君子欲受之　阮校：「孔、韓『欲』作『且』，又重『受』字，考文古本同，孔本無『且』字。」今按：此本獨同注疏各本作「君子欲受之」。

三三二頁八行（注）　孔子欲事道如何可獵較也　「事」作「仕」。

**仕非爲貧也章**

三三五頁二行（注）　辭尊富者　「富」作「貧」，誤。四考：宋誤作「貧」。

**士之不託諸侯章**

三三六頁八行（注）　固當周其窮乏　阮校：「宋本『當』作『常』。」此本不作「常」。

三四〇頁三行（注）　章指　下刺繆公之不宏也　阮校：孔、韓「宏」作「閎」，無「也」字，考文古本但無「也」字。　此本「宏」作「弘」，無「也」字。〔一〕按：「弘」爲宋宣祖諱，改「宏」改「閎」皆由諱而來，此本但缺筆，不改字。「弘」字在清代亦諱，書本中改避者歧出矣。

## 敢問不見諸侯章

三四三頁一行（經）　孔子奚取焉取非其招不往也　作「孔子奚取焉哉取非招不往也」。阮校：石經「焉」下有「哉」字，「非」下無「其」字。　然則此本與石經同也。考異：「考文補遺曰『古本焉下有哉字』。」與石經同。又「宋刻本作『尚取非招不往也』」。今按：阮校遺考文補遺，而此本亦非翟氏所見之宋本，並無「尚」字。

三四四頁二行（注）　何得而入乎　阮校：「廖、孔、韓『何』作『可』。」此本獨同注疏各本作「何」。

三四四頁三行（經）　周道如底　「底」作「厎」。阮校：「據説文，字應作『厎』。」而無本不誤作「厎」，惟此本不誤。

三四四頁八行（注）　孔子當仕位有官職〔二〕之事　「官」作「當」。

## 一鄉之善士章

〔一〕編者案：續古逸叢書本有「也」字。

〔二〕編者案：「職」原作「織」，據阮本改。

三四五頁五行（注）　鄉鄉人之善者　「鄉人」作「一鄉」。

三四六頁一行（注）　讀其書者　無「者」字。

**齊宣王問卿章**

三四七頁四行（注）　復問異姓之卿如之何也　無「也」字。

三四七頁五行（注）　諫君不從王而待旅遂不聽之則去而之他國也　作「諫君不從三而待放遂不聽之則去而之他國也」。阮校：廖、古正如此，宋本「遂」作「逐」。非此本之所謂宋本。孔、韓本「王」作「去」，「旅」作「放」。閩、監、毛本則以十行本之誤而臆改，遂作「諫君反復諫君而君遂不聽之」，則去之遠矣。

三四七頁六行（注）　章指　或遭禍殃　「禍殃」作「殃禍」。按：「禍殃」與上「忠良」爲韻，但章指文亦不純韻。

# 告子章句上

三四九頁三行（注）　謂性命難言也　「命」下有「之」字。

**生之謂性章**

三五二頁七行（經） 猶白玉之白歟 「歟」作「與」。阮校未及，豈各本皆作「歟」，獨此本同集注。

三五三頁一行（經） 猶人之性歟 「歟」作「與」。

### 食色章

三五五頁二行（經） 然則耆炙亦有外歟 「歟」作「與」。

### 公都子曰章

三五八頁四行（注） 公都子曰或人者 阮校：「閩、監、毛三本同，孔本、韓本無『者』字。」此本獨同注疏本有「者」字。

三六〇頁二行（注） 非從外銷鑠我也 「銷」作「消」。

### 富歲章

三六三頁七行（注） 乃不知子都好耳言〔一〕目之同也 「也」作「耳」。按：兩句疊見「耳」字，後人遂改下句「耳」字爲「也」。其實「目之同耳」乃謂目亦與耳同，繳足經文「惟目亦然」句也，阮校未及，當是諸本皆作「也」，惟此本猶存其舊。

三六四頁一行（經） 至於心 無「至」字。考異：「宋刻本無。」

〔一〕 編者案：「言」，原作「亦」，據阮本改。

## 牛山章

**三六五頁四行（注）**　牛山未嘗[一]盛美　阮校：「閩、監、毛同，岳、孔、韓、古『未』作『木』。」此本獨同注疏本作「未」，當誤。

**三六五頁七行（經）**　可爲美乎　阮校：「各本『可』下有『以』字，此本脱。」此本有「以」字。

**三六六頁一行（注）**　亦猶此山之有草木也　阮校：「閩、監、毛同，廖、孔、韓無『此』『也』二字。」此本獨同注疏本有「此」「也」。

## 今有無名之指章

**三七四頁三行（注）**　章指　不嚮於道　「嚮」作「鄉」。

## 人之於身也章

**三七六頁二行（注）**　樲棘小棘　阮校：「按：此是『樲棗小棗』之誤，不可不正。『小棘』之語尤爲不通。」今按：阮於經文「樲棘」已引爾雅引孟子「養其樲棗」及唐宋人本草改爲「樲棗」。然錢氏大昕養新録謂「樲」與「棘」對上「梧」與「檟」，是二物。則經文「棘」字未必誤，但注則誤矣。此本亦同誤。

---

〔一〕編者案：「嘗」，原作「當」，據阮本改。

三七六頁八行（注） 亦以懷其道德也 作「亦爲懷道者也」。阮校：「廖作『亦爲懷其道者也』，孔、韓作『亦爲懷道德者也』，考文古本作『亦以懷其道德者也』，足利本作『亦以懷其道者也』。」無一相同，此本又異。

## 鈞是人也章

三七七頁七行（經） 此天之所與我者 阮校：「廖及閩、監、毛同，岳、孔、韓『此』作『比』。朱子文集云『舊官本皆作比字，注中此乃亦作比方』。又集注云：『舊本多作比，而趙注亦以比方釋之，今本既多作此，而注〔一〕亦作此乃，未詳孰是。』按云：朱子誤矣。趙注既云『比方』，安可因近本之訛而疑〔二〕之。上文官有二，故比方之而先立其大者，文意甚明。」今按：此本亦作「此」，是此本非朱子之所謂舊本，實朱子所謂今本也，版刻於孝宗時，固與朱子同時矣。

三七七頁八行（經） 則其小者不能奪也 「不」作「弗」。考異：「宋刻本、舊趙注本、注疏本俱作『弗』。」翟之所謂注疏本乃指監、毛，蓋未見十行本。既有如許作「弗」字之本，而阮校未及，當是漏校，非未見也。

---

〔一〕編者案：「注」字原無，今據集注補。
〔二〕編者案：「疑」，原作「擬」，據阮本改。

**三七八頁二行（注）** 此乃天所與人情性　阮校：「廖、閩、監、毛同，岳、孔、韓『此乃』作『比方』。」此本作「此乃」，説已見前。

**有天爵者章**

**三七九頁一行（注）** 章指古修天爵　「修」作「脩」。

**欲貴者章**

**三七九頁六行（注）** 凡人之所貴富貴　「富」下無「貴」字。

**三七九頁六行（注）** 能貴人又能賤人　阮校：「孔本無『又』字。」此本同注疏本有「又」字。

**三七九頁六行（注）** 人之所自有也者　阮校：「廖、孔、韓、古無『也』字。」此本固無「也」字，然又無「之」字。

**三八〇頁二行（注）** 不願人之膏粱矣　無「之」字。

**羿之教人射章**

**三八一頁七行（注）** 彀張弩付的者　作「彀張也弩向包的者」。阮校：「十行本『付』字模糊，閩、監、毛如此，廖、孔、韓作『彀張也張弩向的者』，考文引『彀張』云『古本下有也字』。又引『弩付的者』云『付作向』。」今按：此本同古本而多「包」字。各本異同多矣，獨未見「包」字，則此本之異也。四考：宋本有「包」字，疑「向」之誤而複。

三八一頁七行（注） 用思要時也 阮校：「廖本『時』作『專』，孔、韓『要』作『專』。」〔一〕此本獨同注疏本，作「用思要時也」。

# 告子章句下

## 任人有問章

三八四頁七行（注） 寧可謂寸木高於山邪 「邪」作「耶」。

三八四頁七行（注） 金重於羽謂多少同而金重耳一帶鍚之金豈重一車羽邪 阮校：「孔、〔二〕韓、古『車』作『輿』。」此本脱「謂多少同而金重耳一帶鍚之金豈重一輿羽」十八字，「邪」作「耶」。四考宋脱此十八字。

三八四頁七行（注） 翅辭也若言何其不重也 阮校謂後人添「不」字，遂不可解。此本亦有「不」字。按：有「不」字亦未必難解，謂取食色之重者與禮之輕者比之，何其不重食色也，不必依阮去此字。焦正義同阮説。

---

〔一〕編者案：原作「廖本『要』作『專』，孔、韓『時』作『專』。」據阮校改。

〔二〕編者案：據阮校，孔本同十行本出文。孟氏誤從下讀。

### 曹交章

三八六頁三行（經）　然則舉烏獲之任　無「然」字。考異：「宋刻本無。」

三八七頁五行（注）　堯言仁義之言　「仁」作「行」。

### 小弁章

三八八頁六、七行（經）　無他[一]　兩「無他」，「他」皆作「佗」。

三九〇頁二行（注）　而慕其親不殆　阮校：「岳、古、足利『慕』上有『思』字。孔、韓與岳同，「殆」作「怠」，是也。」此本有「思」字，「殆」仍作「殆」。

### 孟子居鄒章

三九三頁七行（經）　他日　「他」作「佗」。

三九四頁二行（經）　之齊不見儲子　「不見」二字作雙行，誤脱一字而補之耳。

三九四頁八行（注）　聞義服故悦也　阮校：「閩本同。監本『服』上剜增『而』字，毛、孔、韓、古同監本。按：當作『聞義則服』，用弟子職語。」此本亦增「而」字，不作「則服」。阮引弟子職語謂當改「則」字，其實此處就文釋義，並不必用成語，阮説難信。

---

〔一〕編者案：「無他」原作「他無」，據阮本改。

三九五頁一行（注）　儲子爲相得循行國中但遥交禮爲其不尊賢　「遥」作「遊」，當誤。四考：「宋作『遊』。」又云：「金『禮』作『越』。」金謂永懷堂本，葛與金同校刊也。

## 先名實者章

三九五頁六行（注）　名者有道德之名　阮校：「閩、監、毛同，孔、韓、古下有『也』字。」此本獨同注疏本。

三九七頁二行（經）　秦繆公用之而霸　集注「繆」作「穆」，此亦經文之異於集注本者。

三九八頁一行（注）　故曰處淇水而河西善謳　「淇水」作「於淇」，四考宋本作「於淇」。

三九八頁三行（注）　國俗化之則効其哭　「効」作「效」。

三九九頁二行（注）　未及稅冕而行出適他國　阮校：「廖、孔、韓、古本『稅』下有『解祭之』三字。」此本有「解祭之」三字，而「他」字作「佗」。

## 五霸者章

四〇一頁四行（經）　束牲載書　「束」作「束」，誤。注作「束縛」，是明爲「束」也。

四〇二頁五行（注）　敬老愛小　「小」作「少」，四考：宋作「少」。

四〇二頁六行（注）　客羈旅勿忘忽也　「客」上有「賓」字。阮本「客」字上加「〇」，是明有校語，而卒無之，上版時之脱誤也。汪文臺云：「毛本有『賓』字。」

四〇三頁三行（注）　其罪在不能拒逆君命故曰小也　「拒」作「距」。

## 魯欲使慎子章

**四〇五頁八行（注）**　欲使慎子輔君以仁也　無「也」字。

**四〇五頁八行（注）**　章指　既其用兵　阮校：「孔、韓『既』作『及』，古本作『賤』。」此本仍作「既」。

## 今之事君者章

**四〇六頁二行（經）**　今之事君者皆曰　無「皆」字。阮校：「閩、監、毛、孔同，古本、足利本無『皆』字。」考異：「舊趙注本、宋石經本、注疏本皆有『皆』字。」

**四〇七頁三行（注）**　章指善爲國者必藏於民　阮校：「孔、韓、古『必』作『以』。」此本作「必」。

## 白圭章

**四〇七頁六行（經）**　萬室之國一人陶　「國」作「邑」。按：下文「且不可以爲國」，當以「國」字爲合。考異：「宋刻本作『邑』。」周氏四考：石經作「國」。

**四〇八頁二行（經）**　無諸侯幣帛饔餐　「饔」作「飱」。阮校：「『饔』當作『飱』。」「飱」字當爲刊版時之誤，當從此本。

**四〇八頁四行（注）**　黍早熟故獨生之　下有「也」字。

**四〇八頁八行（注）**　而欲効夷貉　「効」作「效」。

**四〇九頁三行（注）**　章指　圭欲去之　「去」作「法」，是也。

## 魯欲使樂正子章

**四一〇頁五行（注）** 魯君使之執政於國　「君」下有「欲」字。

**四一〇頁七行（經）** 有知慮乎　「知」作「智」，集注同各本作「知」。

**四一一頁七行（注）** 四海之内　「内」作「士」。

**四一一頁八行（注）** 詑詑〔一〕賤他人之言　「他」作「佗」。

## 陳子曰章

**四一三頁七行（注）** 矜〔二〕其困而問之　「問」作「周」。

## 舜發於畎畝之中章

**四一四頁八行（注）** 管仲自魯囚執於士官　「仲」作「夷吾」。

**四一五頁三行（注）** 增益其素所以不能行之者也　「增」作「曾」，「之者也」三字無，同廖、孔、韓、古本。

**四一六頁二行（注）** 驕慢荒怠　「怠」作「忽」。

---

〔一〕編者案：「詑詑」，續古逸叢書本作「訑訑」。

〔二〕編者案：「矜」，原作「衿」，據阮本改。

# 盡心章上

## 盡其心者

四一七頁五行（經）　則知天矣　「矣」作「也」，考異宋刻本作「也」。

## 莫非命也章

四一八頁七行（注）　故不立於巖牆之下　無「於」字，焦亦無。

## 求則得之章

四一九頁六行（注）　求在外者也　無「者」字，焦亦無。

## 萬物皆備於我矣章

四二〇頁二行（注）　當自强勉　阮校：「岳本及各本同，宋本作『勉强』。」此本乃作「强勉」。

## 行之而不著焉章

四二〇頁七行（注）　章指　達之爲道　作「達之以爲道」。

## 人不可以無恥章

四二〇頁八行（注）　論語曰　阮校：「各本同，考文古本作『論曰』。按：趙注多作『論』。」今按：此本同各本作「論語曰」。

## 古之賢王章

**四二三頁五行（注）** 隱各有方　「方」蝕作「万」。

## 孟子謂宋句踐章

**四二四頁一行（注）** 章指　修身立世　「修」作「脩」。

## 霸者之民章

**四二五頁七行（經）** 皡皡如也　考異：「音義曰『皡皡，張云：與昊同』。戴侗六書故曰『皡之從白，日之訛也，俗作皡，非』。」今按：此本自同各本作「皡」。翟氏所云乃正文字之體，非有此異同本也，但音義云「與昊同」，則知其字義當從「日」旁。又引六書故原作「皡之從白，日之訛也，俗作皡，非」，謂「皡」又爲「皡」之俗字，而「皡」又先訛「日」爲「白」耳。經解本考異又訛兩「皡」字均同。

**四二六頁二行（注）** 殺之不怨故曰殺之而不怨　作「殺之不怨故曰殺人而不怨也」。按：此本同阮校中之廖本、考文古本，而孔、韓則大異，作「殺非不教故殺之不怨也」，論文義必從孔、韓乃可通。又據阮校，注疏本皆同作「殺之不怨故曰殺之而不怨」，最無義理。宋本、岳本下「之」作「人」，蓋已同廖、古而少「也」字。

## 人之所不學章〔一〕

四二七頁八行（經）　孩提之童無不知愛其親者　阮校：「按：『者』字古本皆同，注疏本亦不誤，今書塾朱子集注本『者』作『也』，不可不正。」考異又引宋各家四書本亦皆作「者」，此本「者」作「者」。

四二八頁三行（注）　施之天下人也　阮校：廖、古「也」作「而已」，孔、韓同作「而已」，而「施」又作「推」。　此本同廖、古，不同孔、韓。

## 舜之居深山之中章

四二九頁一行（注）　若江河之流　阮校：「各本同。孔本上有『辟』字，案：此采音義也。音義出『辟若』，云『下辟若同』，下『辟若』當指章指『辟若神龍』言，故知此文上舊有『辟』字。浦校同。」此本已無「辟」字。

## 人之有德慧術知者章

四二九頁七行（注）　人所以有德行智慧道術才知者　「知」亦作「智」。

## 伯夷辟紂章

〔一〕編者案：此章名原無，出文接於「霸者之名章」下，今補。

四三四頁二行（經）足以無飢矣　集注本「足」作「可」。〔一〕據阮校，閩、監、毛作「可」。集注本後人誤改從之，或閩、監、毛誤從集注，此亦經文之異於集注者。又按：考異出「可以無饑矣」，謂「飢」字注本〔二〕亦誤作「饑」，今又不然，是雍、乾間讀本又與今異。轉輾翻刻，以意改竄，歷年久，固不可究詰矣。

## 孟子曰仲子章

四四三頁四行（注）何可以其小廉信以爲大哉　「小」作「不」，誤。四考：「宋『小』作『不』，恐誤。」

四四三頁四行（注）章指　行有小大　「小大」作「大小」。

## 桃應章

四四三頁六行（注）則皋陶何如　「何如」作「如何」，焦本亦作「如何」。

四四四頁一行（注）夫舜惡得禁之　阮校：「各本同，宋本『夫』作『大』。」此本不作「大」。

## 孟子自范之齊章

四四五頁三行（注）豈非盡是人之子也　阮校：「宋、古『豈』作『皆』，孔、韓『盡』作『皆』。」此本獨同注疏本。

---

〔一〕編者案：集注宋本、清吴志忠本作「足」。

〔二〕編者案：揆諸上下文義，「注本」似應指「集注」。

## 食而弗愛章

**四四七頁一行（注）** 章指　實者謂敬愛也　「謂」作「言」。

形色章

**四四七頁五行（注）** 章指　謂之柚梓　「梓」作「榟」。按：「榟」即「榛」字。音義出「柚榟」。阮氏所取章指得之考文古本誤「榟」作「梓」而無所訂正。音義引「柚榟」，丁云：「上以究切，似橙而酢。下音臻，從『木』『莘』，字亦作『榛』，榛似栗而小。引此二物者，皆爲内不稱外。」焦氏正義引周氏廣業孟子章指考證云：「按：『榟』字宋本及韻會『榛』字注引此文並同。考説文『亲，果實如栗』『榛，木也』，其字從亲〔一〕從木。廣雅作『辛栗』，脱『木』字。今此作『榟』，木與草兩歧，恐亦訛體，古本作『梓』尤非。柚皮厚味甘，則改從『莘』。陸璣詩疏、本草圖經作『莘』，謂是栗之一種，實酢不中啖。榛肉作胡桃味，而實肥者少，故江南諺云『十榛九空』，趙氏以喻有表無裏，殆以此邪。」

## 道則高矣美矣章

〔一〕編者案：「亲」，孟子正義諸本同，應作「辛」。

**四五〇頁七行（注）** 章指　故曰人能宏道　阮校：「『宏』，考文古本作『大』。」按：阮刻章指本以古本爲原底。今此校語所云當以「人能弘道」句本論語，古本改作「大」，明爲避諱而然，遂參用他本而記古本爲異同也。此本作「弘」，但闕筆不改字。

## 滕更章

**四五一頁八行（注）** 當有功勞之恩　阮校：「監、毛同，宋、孔、韓『當』作『嘗』。」此本仍作「當」。按：注疏三本獨不及閩，豈閩本同宋、孔、韓耶。

**四五二頁二行（注）** 章指　師誨貴平　「平」作「乎」，誤。

## 君子之於物章

**四五三頁一行（注）** 當愛育之而不加之仁　作「當愛育之而不知人仁」。阮校：「監、毛、韓同十行本，〔一〕宋、古『加之』作『知人』，岳、廖、孔作『如人』，足利作『當愛育之而不得與人同』。」按：從岳、廖、孔最長，足利太兩歧，恐經改竄，此本同宋、古。又按：此亦不言閩本，當是閩本闕此卷。

---

〔一〕編者案：阮校原文無「十行本」三字，乃孟氏引時改述；「本」，原訛作「中」。

# 盡心章句下

## 不仁哉梁惠王也章

**四五五頁六行（經）** 公孫丑問曰　集注無「問」字，此亦經文異於集注本。〔一〕

**四五八頁四行（經）** 南面而征北夷怨　集注「夷」作「狄」，此亦經文之異於集注者。

## 有人曰章

**四五八頁六行（注）** 四夷怨望遟　「遟」作「遲」。

**四五九頁二行（注）** 虎賁贅衣　「贅」作「綴」，四考宋作「綴」。

**四五九頁二行（注）** 我來安止爾也　「止」作「正」，四考宋作「正」。

**四五九頁三行（注）** 頟角犀厥地　此五字句作「犀至地」三字，四考：「宋本無『頟角』字。」又四考所據之本，原作「頟角犀至地也」，則云「無『頟角』字」，即作「犀至地」可知。是真昔人所見之宋本，但非孫宣公作音義時之本耳。音義出「頟角屖厥地」，引丁云：「『頟』即『額』字。『屖』音『西』，義與『棲遲』同，息也、久也。字從尸下辛，

---

〔一〕編者案：續古逸叢書本亦無「問」字。

或作『犀牛』字，誤也。」阮校：閩、監、毛作「額」作「犀」，宋、孔、韓作「頟」。據阮校，則所據宋本有「頟」字，即有「頟角」二字，與此本不同，即與宋本之四考不同。又引段玉裁說以音義爲誤。考異引謬誤雜辨信僞泰誓，謂孟子添「稽首」二字已難解，注更昏不可曉云云，此不足道。段氏引國語鄭語「惡角犀豐盈」及戰國策中山策司馬憙告趙武靈王陰姬「眉目準頞權衡犀角偃月」等文，又云「今人謂之天庭，古謂之犀角。相書『伏犀貫頂』」諸說，證其爲「犀牛」之「犀」。又引文選注作「撅地謂人叩頭，若以角發地」。又引說文：「厥，發石〔一〕也。」今按：段引選注乃王元長曲水詩序注，其邱希範與陳伯之書及陸佐石闕銘兩注皆作「厥」，注文「趙岐曰『厥角，叩頭，以額角犀厥地也』」。漢書諸侯王表：「漢諸侯王厥角稽首。」應劭曰：「厥者頓首，角者額角也。」焦氏正義從段茂堂說謂音義丁氏蓋不知「厥」即「蹶」，而以「厥地」爲「其地」，故改「犀」爲「屖」，而以爲「止息其地」，不知上云「若崩」，下云「稽首」，一時衆聲之轟然而首之上下不已，何「止息」之有。山海經「相柳之所抵厥」，郭云：「抵，觸；厥，掘也。」孟子「若崩厥稽首」。文選羽

〔一〕編者案：「石」，原作「不」，據阮本及說文改。

獵賦「蹶〔一〕浮麋」，應劭亦云：「蹶，頓也。」是「厥」「蹶」古字通。從上諸説，趙注意乃明。然此本則轉不可曉，惟確爲宋本有此誤本耳。

**梓匠輪輿章**

**四五九頁七行（注）** 章指　善人修道　「修」作「脩」。

**吾今而後知殺人親之重也章**

**四六〇頁八行（注）** 與自殺其親何異哉　「殺」作「害」，四考宋本作「害」。

**古之爲關章**

**四六一頁四行（注）** 章指修理〔二〕關梁　「修」作「脩」。

**周於利者章**

**四六二頁三行（注）** 章指務利蹈姦　「姦」作「奸」。

**好名之人章**

**四六二頁五行（注）** 伯夷季札之類是也　阮校：「『伯夷』，宋本作『子臧』。」「『類』，孔、韓、古作『疇』。」此本正作「子臧」，而「類」作「儔」，微異阮校。

---

〔一〕編者案：「蹶」，原作「厥」，據焦循孟子正義改。

〔二〕編者案：「理」，原作「裡」，據阮本改。

## 聖人百世之師也章

**四六五頁六行（注）** 喻聞尚〔一〕然　「喻」作「踰」。阮校：注疏本作「喻」，而宋、廖、孔、韓、古作「諭」。今按：作「諭」亦與「喻」字同，要皆難解。且末章「由堯舜至於湯」章注中有「踰聞前聖所行，追而遵之」之句法，尤可證此必爲「踰」，此則舊本之可貴矣。四考：「宋本作『踰』。」

**四六五頁六行（注）** 而〔二〕況於親見而薰炙之者乎　作「況親見熏〔三〕炙者也」。阮校：注疏本同，毛又訛「乎」作「子」；廖作「況親見勳炙者也」，古則「勳」作「熏」，與此本同；孔、足利作「況於親見薰炙者也」，韓同孔、足利而「薰」作「勳」；音義出「勳炙」，云：「字與『熏』〔四〕同。」因謂作「薰」「熏」者並非古本。　今按：作「勳」不過合音義本耳，謂古必作「勳」，亦殊難言。

## 孔子之去魯章

---

〔一〕編者案：「尚」，原作「當」，據阮本改。

〔二〕編者案：「而」字阮本及續古逸叢書本均無。

〔三〕編者案：「熏」，原作「勳」，續古逸叢書本作「熏」，依文義，孟氏所見本亦當作「熏」，據改。

〔四〕編者案：「熏」，原作「薰」，據阮校及音義改。

四六六頁三行（注）　章指　篤於父母國之義也　阮校：「孔、韓、古無『於』字。」此本有「於」字。按：阮校並及古本，未知此所用者又爲何本。

## 貉稽章

四六七頁三行（經）　亦不殞厥問〔一〕　集注「殞」作「隕」，阮校：「韓作『隕』，注同。」

## 孟子謂高子章

四六八頁八行（注）　章指　舍而弗〔二〕修　「修」作「脩」。

## 齊饑章

四七一頁一行（注）　今欲復使我如發棠時　「今」作「人」。

## 口之於味也章

四七一頁七行（注）　四體謂之四肢四肢懈〔三〕倦則思安佚不勞苦　兩「肢」字皆作「枝」。四考「四體」句「肢」作「枝」乃宋本，不言下句。

四七一頁二行（經）　知之於賢者也　集注「知」作「智」，此經文之異於集注者。

---

〔一〕編者案：「問」，原作「聞」，據阮本改。
〔二〕編者案：「弗」，續古逸叢書本作「不」。
〔三〕編者案：「懈」，續古逸叢書本作「解」。

**四七二頁三行（注）** 仁者得以恩愛施於父子義者得以義理施於君臣好禮者得以禮敬施於賓主知者得以明知知賢達善聖人得以天道王於天下　第三句脱「者得以禮」四字。

**四七二頁六行（注）** 則修仁行義修禮〔一〕學知　兩「修」字皆作「脩」。

**浩生不害章**〔二〕

**四七三頁五行（經）** 聖而不可知之之謂神　少一「之」字，考異：「宋本少一『之』字。」

**有布縷之征章**

**四七五頁六行（注）** 章指　君之道也　「之」作「子」。按：經文本言君子用其一，緩其二，焦本亦作「子」。

**諸侯之寶三章**

**四七六頁一行（注）** 求索和氏之璧　「氏」作「民」，訛。

**孟子之滕章**

**四七七頁四行（注）** 屨扉屨也　阮校：「十行本模糊，閩、監、毛如此，宋、孔、韓『扉』作『屝』，音義出『屝』字，作『扉』者誤。」此本亦誤作「扉」。

〔一〕編者案：「禮」，原作「理」，據阮本改。

〔二〕編者案：此章名原無，出文接於「口之於味也章」下，今補。

**四七七頁七行（經）**　夫子之設科也　「子」作「予」。阮校：注疏本作「子」，宋、岳、廖、孔、韓皆作「予」，注云「夫我設教授之科」，僞疏亦云「夫我之設科」，則皆認經文爲「予」字。僞書出於朱子同時，自朱子集注作「夫子」，後來僞疏上十行本時，已承朱子説訛作「夫子」，後來注疏本又承之矣。

## 人皆有所不忍章

**四七九頁三行（注）**　義不可勝用也　無「也」字。

## 堯舜性者也章

**四八一頁四行（注）**　謂加善於民也　無「也」字。

**四八一頁七行（注）**　行其節操自不回邪　脱「操自不回」四字，四考：〔一〕「宋本脱此四字。」

**四八二頁一行（注）**　章指　修身俟終　「修」作「脩」。

## 説大人章

**四八二頁三行（經）**　勿視其巍巍然　阮校：注疏本作「巍」，廖、孔、韓作「魏」，音義出「魏魏」，丁

---

〔一〕編者案：「四考」，原作「考異」，乃孟氏誤書，據改。

云當作「巍」；是經文本作「魏」，作「巍」〔一〕非也，按：依說文本無此〔二〕字。此本同注疏本作「巍巍」。

**四八二頁六行（注）**　榱題數尺　「榱題」作「振屋」。阮校：「廖、孔、韓、古作『振屋』。」此條本同阮校，無庸拈出，惟其義難以驟解，特録焦氏正義爲之解焉。焦氏謂「振屋」乃「屋旅」之訛倒，「屋旅」即「屋梠」，「屋梠」即「檐」，「檐」即「榱頭」所在。

## 養心莫善於寡欲章

**四八四頁一行（注）**　若晉國欒黶之類也　無「國」字。阮校：「廖、孔、韓、古無『晉』字。」當是校語之訛，實是無「國」字，焦本亦無「國」字。

## 孔子在陳章

**四八五頁四行（經）**　吾黨之小子　「小子」作「士」。阮校：除注疏外，各本皆作「士」。集注作「小子」，〔三〕此亦經文之異於集注者。

〔一〕編者案：「魏」「巍」字本互倒，據阮本改。

〔二〕編者案：「此」，阮校作「二」，本謂說文無「魏」「巍」二字也。孟氏引作「此」，似說文無「巍」有「魏」，以成阮氏「作巍非也」之說。阮氏此按語上有「〇」，係補案也，謂說文竟二字皆無之。

〔三〕編者案：集注宋本、清吴志忠本作「士」。

**四八六頁三行（注）** 故思之也 無「也」字。

**四八六頁六行（注）** 師也辟 「辟」作「僻」，四考宋本作「僻」，「論語亦作『僻』」。

**四八八頁六行（經）** 萬子曰 集注獨作「萬章曰」，〔一〕此亦經文之異於集注者。

**四九〇頁三行（注）** 莠之莖葉似苗 阮校：除注疏本外，岳、廖、孔、韓皆無「之」字。 此本同注疏本有「之」字。

**四九〇頁三行（注）** 色似朱朱赤也 阮校：除注疏本外，廖、孔、韓少一「朱」字。 此本同注疏本重「朱」字。

**由堯舜至於湯章**

**四九三頁二行（注）** 章指 雖有此限 「此」作「斯」。

〔一〕編者案：集注宋本、清吴志忠本作「萬子曰」。

# 孟子篇叙〔一〕

**四九三頁五行（注）** 孟子篇叙　阮刻本無篇叙，據校勘記序有篇叙，蓋在單行校勘記中，而未刻入注疏後也。今據焦本，校大字本。

**四九三頁五行（注）** 趙氏孟子篇叙者　無「趙氏」二字，據文義不當有。〔二〕

**四九三頁七行（注）** 故次之以公孫丑　無「之」字。「滕文公」「告子」「盡心」皆無「之」字，應一律無此字。

**四九三頁八行（注）** 故次之以離婁之明也　無「之」字。

**四九四頁二行（注）** 與天道通　「道通」作「通道」。

**四九四頁三行（注）** 章〔三〕所以二百六十有九者　「九」作「一」，焦氏正義謂當作「一」，此本正作「一」。

**四九四頁三行（注）** 不敢比易當期之數　焦氏正義：「『當』，孔本作『常』，音義云『當期音朞』，則本作

〔一〕編者案：四字原無，今補。

〔二〕編者案：「趙氏」自是後人所加，然焦氏叢書本孟子正義「趙氏」二字已排在行底，「孟子篇叙者」則提行頂格，經解本誤解叢書本，乃將「趙氏」冠於「孟子篇叙者」前，非焦氏本意。

〔三〕編者案：「章」，原作「韋」，據孟子正義改。

『當』字，今正之。」此本正作「當」。

校勘記序又云音義亦校訂附後，注疏本亦不及。

# 後記

華東師範大學　王耐剛

東漢末趙岐孟子章句是現存最早的孟子注本，在孟子學史上有極爲深遠的影響，故四庫全書總目謂「蓋其説雖不及後來之精密，而開闢荒蕪，俾後來得循途而深造，其功要不可泯也」。趙岐，字邠卿，原名嘉，字臺卿，京兆長陵（今陝西咸陽）人。其生平事蹟主要見於後漢書本傳及其所自撰孟子題辭一文。

據宋會要輯稿、玉海等知，孟子章句之初次校刻在宋真宗大中祥符時，由孫奭主持，五年（一〇一二）十月開始校勘，至次年四月完成，並送國子監鏤板，至七年正月完成。但是這個版本並没有流傳至今日。尤袤遂初堂書目「經總類」著録「舊監本孟子」，未知是否是這個版本。

孟子章句之宋刻本，較具代表性的有孝宗時蜀刻本、廖瑩中世綵堂刻本、福建書坊刻音注本，較爲可惜的是，這三種版本皆已不存，今人祇能依靠翻刻本、影印本想見其面目。蜀刻本有民國時商務印書館續古逸叢書及四部叢刊影印本，廖氏世綵堂本則有義興岳氏荆溪家塾本與盱郡翻刻本兩個元代翻刻本，坊刻音注本則有日本室町時代翻刻本，據島田翰古文舊書考，日本翻刻本乃貞和元年（一三四五年，元至正五年）以前刻本。我們此次影印趙氏孟子章句，乃是據續古逸叢書本影印，下略述之。

一

此書每半頁八行，行十六字，注文雙行，行二十一字。左右雙欄，白口，版心記卷次（「孟子幾」「孟幾」或「子幾」）頁次。版心下多刻「關西」，另有數頁刻「王朋」「民」，當爲刻工姓名。每卷首行題「孟子卷第幾」，次行爲改卷篇題，每卷尾題與正文相隔一行，題「孟子卷第幾」，下題「趙氏注」，是北宋監本經注之舊式，由此可見此本與監本之關係。若正文之末在該頁倒數第二行，則尾題在最後一行；若正文之末在該頁最後一行，則在末行之尾標「卷末」二字。此書避諱較爲嚴格，玄、畜、殷、恒、讓、樹、構、慎等字皆缺末筆，而敦、擴等字皆不避諱，可見此書刻板之時代不可能早於孝宗朝。

四部叢刊影印本扉頁牌記云：「上海涵芬樓借清内府藏宋刊本景印。原書板匡營造尺七寸四分，寬五寸六分。」據此可知，此本原書板框高二三點六八釐米，寬一七點九二釐米。另外，原書爲清宮藏書，但天禄琳琅書目及後編均未著録此書。傅增湘藏園訂補郘亭知見傳本書目云：「此書清宮舊藏，曾借出影印，收入續古逸叢書中。後忽爲人竊出，余嘗見數卷於張岱杉許，已離析矣，可惜之至。」〔一〕張岱杉即張弧，民國時曾任財長。

此本原書自内府流出後部分歸於張弧，而在此之後則下落不明，至今或已不存。但在入藏清内府之前的流傳則有跡可循。續古逸叢書影印本卷二、卷六標題下有「至正二十五年正月」印，卷十一頁十七前頁有一印記，左側一行已經不易辨認，右側一行可識者爲「不許借出」，當是元人的收藏印記，張元濟影印續古逸叢書緣起據此云：「驗其印記，尚是元時松江儒學官書。」〔二〕原書後歸李開先。戴震孟子趙注跋云：「有章丘李氏所藏北宋蜀大字章句本，毛斧季影鈔者，並得趙岐孟子篇序。」〔三〕阮元主持編纂的孟子注疏校勘記卷首「引據各本目録」有北宋蜀大字本，注云：「章丘李氏所藏，今據何焯校本。」陳鱣經籍跋文亦云孟子經注舊刻有「李中麓所藏北宋蜀大字本」。〔四〕

〔一〕清莫友芝撰，傅增湘訂補藏園訂補郘亭知見傳本書目，中華書局，二〇〇九年版，第一四〇頁。

〔二〕張元濟影印續古逸叢書緣起，張元濟全集第一〇卷，商務印書館，二〇一〇年版，第二四七頁。

〔三〕清戴震戴震集，上海古籍出版社，二〇〇九年版，第二〇五頁。

〔四〕清陳鱣經籍跋文，見宋版書考録，北京圖書館出版社影印清道光十七年（一八三七）蔣光煦刻本，二〇〇三年版，第二六一頁。

戴震及阮元所説的章丘李氏，即陳鱣所説的李中麓，也就是李開先。李開先（一五〇一—一五六八），字伯華，號仲麓，亦作中麓，章丘是其籍貫，朱彝尊静志居詩話云其「藏書之富，甲于齊東」。〔一〕之所以知收藏此書的章丘李氏是李開先，是因爲毛扆爲影宋鈔三經音義所撰寫的跋文：

余在京師得宋本孟子音義，發而讀之，其條目有「孟子篇叙」，注云「此趙氏述孟子七篇所以相次叙之意」，茫然不知所謂。書賈又挾北宋板章句求售，亦係蜀本大字，皆章丘李氏開先藏書也。卷末有篇叙之文，狂喜叫絶，令僮子影寫携歸，附於音釋之後，後人勿易視之也。虞山毛扆識。〔二〕

由毛扆此跋，可知以下幾點：第一，毛扆曾經收藏過宋蜀刻大字本孟子音義，與其經由書賈所見此本皆爲李開先舊藏，也就是戴震、阮元所説的章丘李氏，陳鱣大概也是據此跋而知章丘李氏爲李中麓；第二，毛扆亦以此本爲北宋蜀刻本，後人遂本之亦云其爲北宋本；第三，毛扆曾命人影鈔，但可能只是此書篇末的篇叙部分，故云「附於音釋之後」，毛氏是否影鈔章句全書，從此不易推定。

〔一〕清朱彝尊著，黄君坦校點静志居詩話卷十二，人民文學出版社，一九九〇年版，第三三二頁。

〔二〕此跋見蘇州圖書館藏古籍善本提要，鳳凰出版社，二〇〇四年版，第一一六頁。又見於黄丕烈影宋本三經音義跋文中。

據何焯云「毛斧季從真定梁氏借得宋槧本影鈔」，[一]則毛扆所影鈔之章句是出自梁清標處。

章丘李氏藏書後來流出，范鳳書中國私家藏書史云：「首先在萬曆初，其藏書相當一部分與江都葛氏書合萬卷歸明宗室朱睦㮮。餘者康熙間散出，半爲昆山徐乾學傳是樓所得。詞曲精本盡歸毛扆。」[二]結合毛扆跋文書賈求售一語，可以推測此書亦大概是康熙間流出的。又毛扆跋五色綫云：「辛酉夏日，余訪書于章邱李氏（原注：中麓先生之後）。」[三]辛酉是康熙二十年（一六八一），因此我們推測此書是康熙間從李開先後人手中流出大致是合理的。

又何焯云：「聞真定梁氏有北宋刻本，安得一旦遇之，盡爲是正乎。」[四]真定梁氏，即梁清標（一六二一—一六九一），字玉立，一字蒼巖，號蕉林，真定乃是其籍貫。據何焯所云，梁清標亦藏有「北宋本」。此本卷一鈐有「蕉林藏書」印記，由此可以判斷，何焯所謂真定梁氏所藏北宋本亦即此本。今按，此本卷後有孟子篇叙，與毛氏汲古閣影鈔本孟子音義後所附孟子篇叙字體、行款全同。由上文所引毛扆跋文可知毛氏影鈔源自李開先舊藏，因此我們可以肯定此本即是毛扆在書

---

〔一〕何焯語亦見戴震孟子趙注跋，戴震集第二〇五頁。

〔二〕范鳳書中國私家藏書史（修訂版），大象出版社，二〇〇九年版，第二〇三頁。

〔三〕明毛晉撰，潘景鄭校訂汲古閣書跋，上海古籍出版社，二〇〇五年版，第一三二頁。

〔四〕傅增湘藏園群書經眼録，中華書局，二〇〇九年版，第五頁。

賈處所見的李開先舊藏「北宋本」孟子章句。進而可以推知，李開先所藏就是梁清標所藏，蓋此本自李開先處散出後爲梁清標所收藏。

總而言之，此蜀刻大字本孟子章句與孟子音義皆爲李開先舊藏，而音義後歸毛扆，章句則歸梁清標。

上文已經指出此本避諱的情形，孟森先生宋槧大字本孟子校記亦云：「今大字本審其時代刊於南宋孝宗時，北宋諸帝諱皆避，南宋則僅避高、孝兩朝。高宗名構，『搆怨』『搆兵』之『搆』避嫌名而缺筆；孝宗名昚，故『術不可不慎』及『慎子爲將軍』之『慎』亦皆缺筆。至光宗諱惇，宋書版避諱例『享』作『饗』，『郭』字亦缺筆作『郭』，今本『享多儀』及『七里之郭』『城郭不完』皆不缺筆，『使虞敦匠』之『敦』音義皆同，又同偏旁，亦無缺筆，是不避光宗諱也。至寧宗諱擴，『擴而充之』不避。理宗諱昀，『舉百鈞』『井地不均』『鈞是人也』不避。度宗諱禥，『雖有鎡基』不避。度宗以後，宋不國矣，可不復論。」〔一〕因此，從避諱字來判斷，此書之刻板不可能早於孝宗朝，因此絶非北宋本。

梁氏藏書不知散失於何時，而關於此書在梁氏之後至入清内府之前這段時間流傳的說法則歧而

〔一〕孟森宋槧大字本孟子校記，國立北平圖書館館刊，第九卷第四號，一九三五年，第八一頁。

不一。一説梁氏後人獻此書於官府，以備四庫館採擇。桂馥晚學集卷六與龔禮部麗正書云：「當四庫館初開，真定梁氏獻孟子趙注章旨及宋槧説文解字，官府以孟子、説文非遺書，不爲上，有識者鈔其章旨流布世間，説文則仍歸梁氏。」〔一〕四庫館初開在乾隆三十七年（一七七二），〔二〕乾隆皇帝亦屢下徵求天下書籍之詔，那麽如果桂馥之説可信的話，梁氏獻書的時間當在乾隆三十七年或者其後不久。而乾隆三十七年時，梁清標早已辭世，所以獻書的當是其後人。孔繼涵孟子趙注序云：「乾隆己丑之春，晤梁孝廉用梅於京邸，詢其宋本趙注孟子，許假而未與。」〔三〕乾隆己丑是乾隆三十四年（一七六九），梁孝廉用梅是梁清標五世孫，王鳴盛贈梁生序云：「真定梁生用梅，力學有文，屢試省闈不售，今秋已雋矣，又屈置副乘。……生爲故相國蕉林先生諱清標之五世孫，相國群從昆弟清寬、清遠，同時官九卿。生之曾大父及尊甫仍世通籍，有烏衣雀桁蘭錡貂蟬之美。蓋河北

〔一〕清桂馥晚學集卷六，續修四庫全書第一四五八册影印清道光孔憲彝刻本，第六九七頁。

〔二〕四庫館開館之時間，諸家説各不同，有乾隆三十六年、三十七年、三十八年三説，一般認爲是乾隆三十七年，詳參張升四庫全書館研究第一章「四庫館開、閉館的時間」，北京師範大學出版社，二〇一二年版。

〔三〕見清王昶編湖海文傳卷二十一，續修四庫全書第一六六八册影印清道光經訓堂刻本，第五八七頁。按，湖海文傳所載孔氏此文與孔氏刊本孟子章句書後所附孔氏跋文文字略有不同，跋文於「晤梁孝廉用梅于京邸」下有「真定大學士之孫也」一句，而文傳無之，據下文引王鳴盛之文，則文傳删去此一句更近情實。

數巨族者必首及焉。」〔一〕那麼獻書之人可能是梁用梅。

又桂馥言梁氏所獻者有「孟子趙注章旨及宋槧説文解字」並未言明梁氏所獻者僅是章指或是章句全書，但從下文所云「官府以孟子、説文非遺書」可知，梁氏所獻者爲章句全書。如果僅有章指的話，應該不會説是「非遺書」，因爲在清代尤其是清初，章指並不常見，所以很多學者都在對章指進行輯佚。

又桂馥言「有識者鈔其章旨流布世間，説文則仍歸梁氏」，從桂馥此語來推斷，孟子趙注章旨一書似乎並没有歸還梁氏，所以桂馥言「説文仍歸梁氏」，而不及孟子。是否是進獻内府了呢？由於缺乏文獻證據，我們不得而知。王國維曾推測説：「今觀此帙，則當時雖未著録，實已進御矣。惜四庫例不録單注本，遂令此書顯而復晦。」〔二〕

第二種説法則見於傅增湘藏園訂補郘亭知見傳本書目，其卷三云：「真定梁氏有北宋本，後歸王侍郎之樞。」〔三〕王之樞，曾爲康熙四十四年（一七〇五）乙酉科鄉試江南考官，清秘述聞卷三云：

〔一〕清王鳴盛西莊始存稿卷十五，嘉定王鳴盛全集第十册，中華書局，二〇一〇年版，第二七八頁。

〔二〕王國維觀堂題跋選録（經史部分），載文獻一九八一年第三期，第二〇九頁。

〔三〕清莫友芝撰，傅增湘訂補藏園訂補郘亭知見傳本書目，第一四〇頁。

「侍講學士王之樞字恒麓，直隸定州人，乙丑（康熙二十四年，一六八五）進士。」〔一〕曾官吏部右侍郎（見東華録）。又江慶柏清代人物生卒年表據康熙二十四年乙丑科會試進士履歷便覽載其生年爲康熙五年（一六六六），卒年不詳，字雪石。傅氏云此書真定梁氏後歸王之樞，應該是據困學紀聞注中所引方樸山説。方氏云：「真定梁氏所藏，是北宋槧本，今在侍郎王公之樞家。其本篇有篇序，章有章指，即義門所云僞疏所割者也。諸經注亦往往與今刊本異。余在京師，曾于同年王虚舟處閲之，得以校正訛繆。」〔二〕

二

前文所引諸家之説，皆以此本爲蜀刻大字本。其依據主要是字體與版刻風格。此本字體與今日所見的宋代蜀地刻書字體相類，而與浙刻、閩刻字體則有較大的差別。傅增湘藏園群書經眼録著録日本静嘉堂文庫所藏周禮注，云：「此本字體古勁，近柳誠懸。與蜀大字本蘇文忠、蘇文定、秦淮

〔一〕清法式善等撰清秘述聞三種，中華書局，一九八二年版，第九三頁。
〔二〕宋王應麟著，清翁元圻等注，欒保群等校點困學紀聞，上海古籍出版社，二〇〇八年版，第一〇〇四頁。

海諸集極相近，黄氏定爲蜀大字本，洵然。」〔一〕而此孟子章句之字體、行款等皆與日本静嘉堂文庫所藏周禮、上海圖書館所藏春秋經傳集解、遼寧圖書館所藏禮記相同。張麗娟宋代經書注疏刊刻研究指出：「上述四種蜀刻大字本有共同的版刻面貌：行款皆爲八行十六字，注文雙行二十一字，白口，左右雙邊。紙墨精好，字大如錢，字體風格一致，具有典型的蜀刻風格。撇捺筆畫長而鋭利，故王國維稱孟子『字體作瘦金書』。……以上圖中四本出現的相同字來比較，如『上』字第三筆向上挑，『以』字中間連筆等，寫法極其相似。從避諱字看，各本避諱皆謹，避至孝宗『慎』字而『敦』未見避諱，當刻於孝宗時期。四經僅禮記刻工較多，周禮多單字刻工，雖未見相同刻工，但高度一致的刊刻風格及避諱至『慎』字的情況，説明其刊刻時地一致，定爲南宋孝宗時期四川地區刻本，當得其是。」〔二〕

但王國維認爲續古逸叢書影印之孟子，並上文所提及周禮、禮記、春秋經傳集解（此爲王國維所未見）及古逸叢書所影印之爾雅原本乃是監本，而非蜀刻本。其覆五代刊本爾雅跋云：「凡諸經與此本（引者按，指此覆五代刊本爾雅）同行款者，如吴門黄氏所藏周禮秋官二卷、虞山張氏所藏

〔一〕傅增湘藏園群書經眼録，第三七頁。
〔二〕張麗娟宋代經書注疏刊刻研究，北京大學出版社，二〇一三年版，第一〇三至一〇四頁。

禮記殘卷、內府所藏孟子十四卷，蓋亦宋監本，若翻監中之本，前人皆誤以此爲蜀大字本，故聊復辨之。」〔一〕

王氏五代兩宋監本考亦云：「監本行款據日本室町氏所刊爾雅（古逸叢書有復刊本）末有『將仕郎守國子四門博士臣李鶚書』一行。其本避南宋諱，當是南渡後重翻五代監本，或翻北宋時遞翻之本。其書每半葉八行，行大十六字，小二十一字，與唐人卷子本大小、行款一一相近。竊意此乃五代、南北宋監中經注本舊式。他經行款固不免稍有出入，然大體當與之同，如吳中黃氏所藏周禮秋官二卷、昭文張氏所藏禮記殘卷、內府所藏孟子章句十四卷，皆與李鶚本爾雅同一行款，疑亦宋時監本，若翻監中之本。又後來公私刊本，若建大字本、興國軍本、盱江廖氏及相臺岳氏本，凡八行十七字之本，殆皆淵源於此。」〔二〕

又王氏跋吉石盦叢書二集所收音注孟子云：「宋本每半頁八行，行大字十六，小字廿一，行款版式與日本仿宋大字爾雅同。爾雅末有李鶚款，乃南宋監中復五代監本，則大字孟子亦當是南宋監

〔一〕王國維觀堂集林卷二十一，中華書局，一九五九年版，第一〇三五頁。

〔二〕王國維五代兩宋監本考，見宋版書考録，第五二八頁。

本。」〔一〕

又續古逸叢書本孟子趙注跋云：「内府藏宋刊大字本孟子章句十四卷，每葉十六行，行大十六字，小廿一字，與日本復宋大字本爾雅注行款正同。爾雅後有李鶚書款一行，其源出於五代監本。此本避諱至孝宗諱『慎』字止，而字體作瘦金書，當亦南渡後所翻北宋末監本也。考孟子刊本始于祥符，玉海四十三：祥符四年十月校孟子，七年正月上新印孟子及音義。然音義本每卷首行皆著章數，而此本無之。又文字頗與音義互異，則此本非出祥符本也。而行款乃與五代、北宋監本同，頗疑徽宗時監中別有刊本（席益補刻成都石經孟子，亦在此時）。此本字作宣和體，殆從彼本出也。」〔二〕

由上述諸跋文知，王國維認爲此孟子爲翻刻監本之思路乃是：此本行款、版式及字體與日本仿宋大字本爾雅同，而爾雅據卷末李鶚題款及避諱字知是南宋覆五代監本，則此孟子亦當是南宋監本。又此本字仿徽宗瘦金體，故當是翻刻宋時監本。

〔一〕王國維觀堂題跋選録（經史部分），載文獻一九八一年第三期，第二〇九頁。

〔二〕同上。按，王國維跋語中謂校勘孟子在真宗大中祥符四年十月，按據上文所引宋會要輯稿崇儒及王應麟玉海藝文，可知四年乃是五年之誤。

這裏有幾點需要説明：

首先，王國維所説的「蜀刻本」並不是單純指地理意義上的蜀刻本而言，而是有時間含義在内的。王氏辨古逸叢書本爾雅非蜀刻本乃是針對王明清揮麈録及楊守敬日本訪書志之説。王明清揮麈録云：「毋昭裔貧賤時，嘗借文選於交游間，其人有難色，發憤異日若貴，當板以鏤之遺學者。後仕王蜀爲宰，遂踐其言刊之。印行書籍，創見於此，事載陶岳五代史補。後唐平蜀，明宗命太學博士李鍔書五經，仿其製作，刊板於國子監，監中印書之始。今則盛行於天下，蜀中爲最。明清家有鍔書印本五經存焉，後題『長興二年』也。」〔一〕古逸叢書本爾雅卷末有「將仕郎守國子四門博士臣李鶚書」題記，故楊守敬日本訪書志據此及王明清説，認爲後唐長興監本諸經乃是據毋昭裔蜀刻本而作，而此本爾雅注有「李鶚」銜名，與王明清所言相合，故云「此本爲翻蜀大字本」。〔二〕王國維則認爲，王明清揮麈録長興監本源自蜀本之説與事實不符，因此並不可信。其五代兩宋監本考云：「監本九經固發端於吴蜀印板文字，然王仲言以爲仿蜀毋昭裔文選製作則大不然。昭裔相蜀在孟昶明德二年（九三五），至廣政十六、十七年（九五三—九五四）尚在相位。仲言謂其相王蜀已非事

〔一〕宋王明清揮麈録餘話卷二，上海書店出版社，二〇〇一年版，第二四〇至二四一頁。

〔二〕清楊守敬撰，張雷校點日本訪書志，遼寧教育出版社，二〇〇三年版，第二八頁。

實，其刊文選在相蜀後，不得在長興（九三〇—九三三）之前。又通鑑載昭裔開學館、刻九經在廣政十六年，孔平仲珩璜新論亦云周廣順中，蜀毋昭裔請刊印板九經，正田敏九經板成之歲，昭裔所刊當仿其制（原注：此即蜀大字九經，與石經無涉）。近人或廣王仲言之説，謂蜀本九經先於監本，尤乖事實。」〔一〕王氏辨古逸叢書本爾雅非如王明清、楊守敬所言源自五代後蜀刻本，其説甚確，我們也可知王國維所言「蜀刻本」的確切含義。但需要指出的是，黄丕烈、傅增湘、張麗娟等學者指日本静嘉堂文庫所藏周禮、上海圖書館所藏春秋經傳集解、遼寧圖書館所藏禮記爲「蜀刻本」，與王國維所言「蜀刻本」不同，黄、傅、張等人僅僅指蜀地而言，並無時間概念在内。

其次，王國維監本之説亦不是毫無問題。第一，首先從版刻字體來看，此本的字體與傳世閩浙諸刻有明顯不同，而與蜀刻較爲接近。又金石録卷三十云：「右後唐汾陽王真堂記，李鶚書。鶚五代時仕爲國子丞，九經印板多其所書，前輩頗貴重之。余後得此記，其筆法蓋出歐陽率更，然窘於法度，而韻不能高，非名書也。」此言李鶚書體模仿歐陽詢，而從古逸叢書影刻本爾雅注的字體來看，與歐陽詢之書風相去甚遠，所以古逸叢書叙目云：「宋諱闕『慎』字，其爲孝宗後翻無疑，日

〔一〕王國維五代兩宋監本考，見宋版書考録，第五二六頁。

本再翻之，今又從再翻本影雕，輾轉撫摹，僅存郛廓而已。」〔一〕由此可知，我們今日所見的爾雅已經很難説是李鶚所書、王明清所見本的原貌，所以並不能排除爾雅原本爲南宋時蜀地翻刻李鶚刻本的可能。第二，北宋或者南宋監本的字體風格，多近歐陽詢字體，今所存諸經單疏及所謂景祐本漢書等可證。而此孟子及周禮秋官殘卷、禮記殘卷、春秋經傳集解及古逸叢書影印爾雅注的字體與宋代監本的字體絶不相類。第三，後唐長興監本所刊諸經，據王國維五代兩宋監本考考證，有周易、尚書、詩經、三禮、三傳、孝經、論語、爾雅十二經之經注及五經文字、九經字樣二書，並無孟子，所以此本絶非如同爾雅一樣是源自五代後唐長興的監本。上文已經指出，孟子章句最早的刻本是宋真宗大中祥符年間鏤板雕造。但王國維已經指出，此本中頗有與音義不合之文字，所以此本或並非出自大中祥符所刻監本孟子章句。而王國維認爲此本與上述爾雅注出自監本相類，又據此本字體略帶瘦金筆意，故推測此本乃源出宣和時監本，然並無確證。〔二〕

王國維在五代兩宋監本考中指出五代兩宋監本經注之行款、版式承襲唐寫本，多是半葉八行，

〔一〕清黎庶昌輯古逸叢書卷首叙目，光緒十年（一八八四）遵義黎氏日本東京使署景刊本，第一册，卷首頁二前。

〔二〕日本學者小林俊雄四部叢刊孟子源流考中，將四部叢刊本孟子章句之經文與宋高宗所書石經孟子對勘，發現二者文字並不相同，因此小林氏認爲王國維之説並不可信。

行大十六字，小二十一字，此孟子正與之相合，因此我們認爲此孟子與監本有著密切的關係，但是從字體判斷，此本並非南宋監本。而從字體來判斷，黄丕烈等人之説不無道理，我們將此孟子與現存的蜀刻唐人集相比，字體確實相近，因此「蜀刻」之説有其道理。我們認爲以上兩説並不是不能相容，云其爲蜀刻本是就刻書地點而言，云其爲監本，則是就其版刻源流而言。换言之，此孟子可能是南宋時蜀地翻刻的監本。

## 三

此孟子阮元等人在修纂孟子注疏校勘記時並未得見，儘管在卷首的「引據版本目録」中提到了這個版本，但是校記中並没有提及此本的任何一條異文。張麗娟宋代經書注疏刊刻研究謂孟子注疏校勘記「所引異文與此本有合有不合，或因輾轉傳校之故」。〔一〕這大概是誤以校勘記中提及的「宋本」的文字爲此本，實際上校勘記中所提及的「宋本」是據何焯所校的丹桂堂巾箱本。下面我們以孟子注疏校勘記爲參照，來説明此本的版本特徵。

〔一〕張麗娟宋代經書注疏刊刻研究，第一〇四頁。

與校勘記中所羅列的經注諸本（岳本、廖本、孔本、韓本、考文古本足利本）和注疏諸本（十行本、閩本、監本、毛本）相比，此本的面貌無疑與經注本更爲接近，而與注疏諸本的差異較大。這種差異主要表現在以下幾個方面：

第一，章指的有無。經注各本在每章最後一條注文之後均有章指，但是注疏諸本的注中没有章指，而是將其或摘録原文或加以概括以存于疏文之首。山井鼎七經孟子考文云：「古本、足利本每章注末有章指，即題辭所謂『章別其指』者是也。今注疏本裁之不載，惟疏初摘其數句以明一章大意，於文亦甚略矣。蓋孫奭作疏時除其全文引爲疏也。」〔一〕校勘記亦云：「每章疏首數句，乃僞疏竊取趙氏章指之文，而又不全載，謬甚。」〔二〕我們以梁惠王上第一章章指爲例，説明這一問題：

章指言：治國之道，明當以仁義爲名，然後上下和親，君臣集穆，天經地義，不易之道，故以建篇立首。

孟子注疏此章疏文首句云：「此章言治國之道，當以仁義爲名也。」這是摘録此章章指前兩句

〔一〕日山井鼎撰，物觀補遺七經孟子考文補遺，叢書集成初編本，商務印書館，民國二十五年（一九三六）版，第一三五六頁。

〔二〕清阮元纂孟子注疏校勘記，續修四庫全書第一八三册影印文選樓刻本十三經注疏校勘記，上海古籍出版社，二〇〇二年版，第四七二頁。

入疏文之中，以概括本章大義。

第二，注文多寡不同。如梁惠王上「以刃與政有以異乎，曰，無以異也」「無以異也」下，經注各本注云：「王復曰，政殺人無以異也。」而注疏各本皆作：「王復曰，梃刃殺人與政殺人無以異也。」較經注本多「梃刃殺人與」五字。

又如公孫丑上「其爲氣也，配義與道，無是餒也」注，此本作「道謂陰陽大道，無形而生有形」，十行本系統注疏各本則作「道無形而生於有形」，無「謂陰陽大道」五字，且多一「於」字。

第三，注文分合亦偶有不同。例如離婁下：

> 孟子曰：「君子之澤，五世而斬；小人之澤，五世而斬。（注：澤者，滋潤之澤。大德大凶，流及後世，自高祖至玄孫，善惡之氣乃斷，故曰五世而斬。）予未得爲孔子徒也。予私淑諸人也。」（注：予，我也。我未得爲孔子門徒也。淑，善也。我私善之于賢人耳，恨不得學於大聖也。）

此本之經文分合如此，岳本、廖本、孔本、音注本與此本同。然注疏八行本、十行本、閩本、監本、毛本、殿本、阮本則與此本不同：

> 孟子曰：「君子之澤，五世而斬；小人之澤，五世而斬。予未得爲孔子徒也。予私淑諸人

也。」（注：澤者，滋潤之澤。大德大凶，流及後世，自高祖至玄孫，善惡之氣乃斷，故曰五世而斬。予，我也。我未得爲孔子門徒也。淑，善也。我私善之于賢人耳，蓋恨其不得學于大聖人也。）〔一〕

第四，其他文字歧異，如梁惠王上「齊桓晉文之事」章「無以則王乎」注，經注各本皆云「不欲使王問霸事也」，而注疏各本皆作「不欲使王問霸者之事也」。

以上所列，並不是説此本與經注各本毫無差異，如梁惠王上「孟子見梁襄王」注，此本云：「襄，謚也，魏之嗣王也。」其他經注諸本「魏」皆作「梁」，與此本不同，而注疏八行本及十行諸本却與此本相同。也就是説，我們上文分析經注諸本與注疏諸本的差異祇是總體情形上如此，並不是説經注本内部或注疏本内部各本毫無差異。王國維説：「後來公私刊本，若建大字本、興國軍本、盱江廖氏及相臺岳氏本，凡八行十七字之本，殆皆淵源於此。」〔二〕這種説法實際上就是認爲此本與後來經注各本在版本譜系上是存在承繼關係的，儘管王氏之説並無確證，但是就現存孟子經注各本的關係來看，他們確實有可能是同源的。

---

〔一〕此條除注文分合不同之外，尚有文字歧異，此姑不論。

〔二〕王國維五代兩宋監本考，見宋版書考録，第五二八頁。

雖然此本在整體上與孟子其他的經注本相似，但是仍有其校勘價值，下面我們以校勘記爲參照，並對校諸本來説明這一點。

首先，可以補充校勘記未出校的異文。例如：

梁惠王下「秋省斂而助不給」注，此本作「秋省斂，助其力不足也」，「不足」校勘記未出校，八行本、十行本、閩本、毛本、明熊氏刊本、武英殿本、阮刻本孟子注疏解經皆作「不給」，岳本、廖本、孔本、音注本孟子章句亦作「不給」。從上羅列的異文來看，校勘記之所以没有出校，是因爲各本皆無異文，而此本則提供了一條異文，從文義判斷，似可兩通。

又如公孫丑上「行一不義，殺一不辜而得天下，皆不爲也，是則同」，此本注云：「孟子曰，此二人君國，皆能使鄰國諸侯尊敬其德而朝之，不以其義得之，皆不爲也，是則孔子同之矣。」「二人」，岳本、廖本、音注本、注疏八行本與此本同，孔本、十行本、閩本、毛本、熊氏刻本、阮刻本作「三人」。校勘記未出校。按，此處比較孔子與伯夷、伊尹，「二人」指伊尹、伯夷，故下注云「是則孔子同之矣」，作「二人」近是。孟森先生校記云：「按，下文云『是則孔子同之矣』，趙之解『是則同』句如此，是所『得百里而君之，皆能朝諸侯有天下』等語，專就伯夷、伊尹言之，

則作『二人』爲合趙注本旨，各本作『三』皆訛也。」〔一〕

又如公孫丑下「今之君子，豈徒順之，又從爲之辭」，注云：「順過飾非，就爲之辭」，岳本、廖本、孔本、音注本，注疏八行本、閩本、毛本、熊氏刻本、殿本皆與此本同，注疏十行本、阮刻本「就」作「或」，似誤。此條校勘記亦未出校，對校二本，可知惟阮刻本有誤，此或手民之誤。

又如離婁上「孟子曰，存乎人者，莫良於眸子，眸子不能掩其惡」，此本注云：「眸子，目瞳子也。存人，存在人之善惡也。」岳本、廖本、孔本、音注本、注疏八行本、閩本、毛本、熊氏刻本、殿本皆與此本同，注疏十行本、阮刻本「惡」誤作「心」。

其次，此本之文字有與校勘記所列諸本皆不同或與多數版本不同者。例如：

離婁下「地之相去也千有餘里」，此本注云：「土地相去千有餘里以外也。」此與諸本皆不同。岳本、廖本、孔本、音注本、考文古本、注疏八行本、十行本、阮刻本作「土地相去千有餘里，千里以外也」，較此本多「千里」二字。閩本、毛本、熊氏刻本、殿本則作「土地相去千有餘里，千里之外也」，亦較此本多「千里」二字，「以外」作「之外」。而據阮元校勘記，韓本與岳本等同，北監本與閩本等同，皆與此本不同，是此本與衆本皆不同。而從文義上判斷，似可兩通。

〔一〕孟森宋槧大字本孟子校記，載國立北平圖書館館刊，第九卷第四號，第八九頁。

這種情形的異文較少，一則説明此本與其他經注本在版本系譜上有着淵源關係，一則説明，阮元校勘記雖然没有使用此本，但是由於其廣泛搜羅，在經注本的選擇和使用上已經大致全面，能夠反映不同版本系統趙注的面貌。

此本之價值如上所述，但並不是説此本毫無問題。如公孫丑上「曰，伯夷、伊尹何如。非其君不事，非其民不使」，考諸各本可知，此本「非其君」上脱經文「曰不同道」四字，及此經文之注「言伯夷之行不與孔子、伊尹同道也」一句。

又如離婁下孟子論子産「惠而不知爲政」，注云：「以爲子産有惠民之用而不知爲政。」「惠民之用」，岳本、廖本、孔本、音注本諸經注本與八行本、十行本、閩本、毛本、熊氏刻本、武英殿本、阮刻本諸注疏合刻本皆作「惠民之心」，從文義上判斷，當以「心」字爲是。

此本雖不無瑕疵，但這並不影響此本在校勘上的價值。

四

最後，我們簡要説明一下孫奭孟子音義，此書乃北宋大中祥符年間，孫奭等人以趙岐孟子章句爲本，參考張鎰孟子音義、丁公著孟子手音、陸善經孟子注而成，具體時間則與校刊孟子章句時間大致相同。孫奭，字宗古，博平（今山東茌平）人，太宗端拱中九經及第，仁宗時官至兵部侍郎、龍圖閣學士，事跡詳宋史本傳。四庫全書總目謂「訓釋之功，在漢爲趙岐，在宋爲孫奭」，可見此書之價值。

孟子音義成書以來一直都在流傳，但並不廣泛，因此現存版本也並不複雜，主要有以下幾種：毛氏汲古閣影宋鈔本、通志堂經解本、盧文弨抱經堂刻本、孔繼涵微波榭叢書本、韓岱雲刻本、士禮居叢書本、粤雅堂叢書本、羅振玉吉石盦叢書本等。這些版本之間，差異不多，以通志堂經解本較爲常見。

上述諸本之中，毛氏汲古閣影宋鈔本時代較早，黄氏士禮居叢書本、羅振玉吉石盦叢書本皆由此出。

黄丕烈重雕蜀大字本孟子音義跋云：

孟子音義二卷，近時非無傳本，然欲求宋本面目，邈不可見矣。余偶得影宋鈔本，爲虞山錢遵王述古堂藏書，即以付梓。其用爲校勘者，復假香嚴書屋藏本，係汲古閣影宋鈔，與此同出一源。卷中有一二誤字，兩本多同，當是宋刊原有，且文義顯然，讀者自辨，弗敢改易，致失其真。毛本有斧季跋云：「余在京師得宋本孟子音義，發而讀之，其條目有『孟子篇叙』，注云『此趙氏述孟子七篇所以相次叙之意』，茫然不知所謂。書賈又挾北宋板章句求售，亦係蜀本大字，皆章丘李氏開先藏書也。卷末有篇叙之文，狂喜叫絶，令僮子影寫携歸，附於音釋之後，後人勿易視之也。」據斧季所云，是最後一葉本非音義所有，故毛本於此葉首一行有「孟子卷第十四」六大字，錢鈔已削之，非其舊矣。因著於此。再香嚴本尚有孝經今文音義、論語音義各一卷，與孟子音義合裝一册。兹就余所有刻之，餘二種尚須倩工模寫，願以異日。聞此三種宋刻真本在揚州某家，五硯樓主人曾見之，親爲余言云。嘉慶己巳仲夏之月四日，黄丕烈書於學耕堂。〔一〕

由此跋我們可以得出以下幾點信息：

第一，黄丕烈士禮居所影刻孟子音義出於述古堂影鈔本。錢曾讀書敏求記卷一之上著録孫奭孟子音義二卷，云：「今觀此書後附孟子篇叙，音義曰『此趙氏述孟子七篇所以相次叙之意』，則知

〔一〕清黄丕烈撰，余鴻鳴、占旭東點校黄丕烈藏書題跋集，上海古籍出版社，二〇一三年版，第六八五頁。

外篇乃後儒撰集，雖亡來已久，不存可也。篇叙世罕見之，藏書家宜廣其傳，勿易視之。」〔一〕又讀書敏求記校證引黄丕烈云：「丁卯得鈔本，是影宋，每格旁注云『虞山錢遵王述古堂藏書』。」〔二〕據此，黄丕烈得到錢曾述古堂影鈔本的時間是嘉慶十二年（一八〇七）。又藏園群書經眼録亦著録影宋寫本孟子音義二卷，云：「闌外有『虞山錢遵王述古堂藏書』小字一行，亦大末吾氏據述古堂影宋本影鈔者也。有『大梅秘玩』朱文印。」〔三〕藏園訂補郘亭知見傳本書目提及此本時云「清大末吾氏傳鈔錢氏述古堂影寫宋刊本」，可見此「大末吾氏」是清人。羅振玉吉石盦叢書二集中也收録了孟子音義，是據黄丕烈影刻錢本影印的。丁丙善本書室藏書志卷四著録日本翻刻本孟子音義，云其版框外亦有「虞山錢遵王述古堂藏書」十字，可見是日本翻刻的錢本。今錢氏原本蓋已不存。

第二，錢氏述古堂鈔本之外，又有毛氏汲古閣影宋鈔本，爲周錫瓚香巖書屋所藏，與孝經今文音義、論語音義合爲一册，且有毛扆跋，跋文見前。周氏藏書散出之後，歸汪士鐘藝芸書舍，今藏蘇州圖書館。與黄丕烈士禮居叢書本對勘，知二者文字相同，可見錢氏述古堂鈔本與毛氏汲古閣鈔

〔一〕清錢曾原著，管庭芬、章鈺校證，傅增湘批注，馮惠民整理藏園批注讀書敏求記校證，中華書局，二〇一二年版，第七八頁。

〔二〕清錢曾原著，管庭芬、章鈺校證，傅增湘批注，馮惠民整理藏園批注讀書敏求記校證，第七七頁。

〔三〕傅增湘撰藏園群書經眼録，第八〇至八一頁。

本孟子音義係出同源。

第三，黄氏書跋中還提到了原刻本的相關信息：「聞此三種宋刻真本在揚州某家，五硯樓主人曾見之，親爲余言云。」五硯樓主人是乾嘉時著名藏書家袁廷檮。據此跋知袁廷檮曾見孟子音義的宋刻原本，但是僅云在揚州某家，至於是何人，則語焉不詳，現在更是渺不可尋。

關於此影宋本原本的刻板地點，多數學者認爲是蜀大字本，從毛扆以來一直如此。此本的文字風格與我們在本文第一章所討論的蜀刻本孟子章句一致，應該可以看作是同一地區的刻本。此本的刻板時代，或以爲是北宋本，如陳鱣經籍跋文就説此本是影寫北宋蜀大字本。我們認爲，推斷影鈔本的底本爲北宋本是不可靠的。我們在上文已經指出，續古逸叢書影印本章句與此本同爲李開先所藏，而從避諱字來看，章句中已經避高宗、孝宗名諱，因此李開先所藏章句並非北宋本。此音義同爲李開先藏本，且其中有「構」字缺筆的情形，見音義卷上梁惠王章句下「魯鬨」條，「劉熙曰，鬨，構也」，此處「構」字缺筆。又如高宗嫌名「彀」字，音義中凡三見：告子上「彀，古侯切」，此條「彀」字缺末筆，又盡心上「彀率……謂彀張其弩」條，二「彀」字皆缺末筆。雖也有不諱者，如前揭「魯鬨」條中有云「構兵以鬥也」，其中「構」字轉不缺筆，可見此影鈔本的避諱也並不是十分嚴格，但是這無疑可以證明，此本絶非如陳鱣所云是北宋本。

上所云蜀刻本時代雖早，但以流傳之廣而言，則推通志堂經解本。

通志堂經解本孟子音義是其在清代的第一個刻本。經解於康熙十九年（一六八〇）刊刻完成（書首有徐乾學康熙十九年序），因此提及通志堂經解中某書的版本時，一般被認爲是康熙十九年版。〔一〕通志堂經解本孟子音義一般認爲亦是出自於宋本。朱學勤批注本四庫全書簡明目録云：「通志堂刊，用李中麓北宋本。」〔二〕我們在上文已經指出，所謂「李中麓北宋本」就是毛晉汲古閣影鈔本音義的底本。繆荃孫孟子音義跋云：「孟子音義二卷，向以納蘭氏通志堂所刻爲最先，後黄氏丕烈復刊述古堂景鈔蜀大字本，是爲士禮居本，二者皆仿宋刻也。」〔三〕續修四庫全書總目提要經部所載倫明爲成都尊經書院刊孟子音義撰寫之提要云：「孟子音義有徐乾學通志堂刊本，黄丕烈士禮居刊本，皆覆宋本也。」〔四〕我們認爲這是可信的，徐乾學在通志堂經解卷首的序文中説：「因悉余兄弟家所藏

〔一〕認爲孟子音義是康熙十九年版，這一説法大體是正確的，因爲通志堂經解卷首有徐乾學康熙十九年庚申序文。但徐氏序中云：經解「經始於康熙癸丑，踰二年訖工」。康熙癸丑是康熙十二年（一六七三），據此則通志堂經解刻成於康熙十四年。故而張任政清納蘭容若先生性德年譜云：「先生所撰經解各序，均在丙辰、丁巳二年間，至健菴之序則在庚申，計已逾癸丑六年，所云『踰二年訖工』，殆指經解，其序跋或於竣工後所刊者。」

〔二〕清朱學勤標注朱修伯批本四庫全書簡明目録，北京圖書館出版社，二〇〇一年版，第一四二頁。

〔三〕繆荃孫著孟子音義札記，見張廷銀等主編繆荃孫全集雜著，鳳凰出版社，二〇一四年版，第四四三頁。

〔四〕中國科學院圖書館整理續修四庫全書總目提要經部，中華書局，一九九三年版，第九二〇頁。

本覆加校勘，更假秀水曹秋嶽、無錫秦對巖、常熟錢遵王、毛斧季、温陵黄俞邰及竹垞家藏舊版若抄本，釐擇是正，總若干種，謀雕版行世。門人納蘭容若猶慫恿是舉，捐金倡始。同志群助相成，次第開雕。」由此可知，徐乾學在編纂通志堂經解的過程中除了使用其傳是樓藏書之外，也借用了其弟徐元文、徐秉義的藏書，除此而外，更是向曹溶、秦松齡、錢曾、毛扆、黄虞稷、朱彝尊等清初著名藏書家借書。這説明通志堂經解中的書主要源自這些藏書家的收藏。又葉德輝郋園讀書志云：「如林栗周易經傳集解三十六卷，浙江採集遺書總録載有秀水曹氏倦圃寫本，云『崑山徐氏業已開雕，或以栗嘗與朱子爲難，遂毀其版』。」〔一〕這亦可證明末清初諸藏書家與通志堂經解編撰之關係。而上述所云，可以爲朱學勤、繆荃孫、倫明之説張本。

通志堂經解本除了康熙十九年刻本之外，又有乾隆五十年（一七八五）補刊本及同治十二年（一八七三）粵東書局重刊本。另外四庫全書系統的孟子音義也是出自通志堂經解本。

關於上述兩個版本的文字品質，有兩種不同的評價，一是認爲影宋本文字優於通志堂經解本及後來諸本。一則與上述觀點相反，認爲影宋本不及通志堂經解等本。

---

〔一〕清葉德輝撰郋園讀書志，上海古籍出版社，二〇一〇年版，第二二頁。按，葉氏所云，見浙江採集遺書總録甲集。

前一種觀點，大概以陳鱣爲代表。陳氏經籍跋文云：「今以昆山徐氏、餘姚盧氏、曲阜孔氏、安邱韓氏諸刻互證，惟此本爲善。如梁惠王下『天降下民』音義『今尚書太誓』，此本作『大誓』，與尚書僞孔傳及王肅注合，蓋『大誓』即大誥之『大』也。萬章下『將比』音義『丁毗志切』，此本作『毗失切』，與廣韻五『質』之『毗必切』合，作『毗志』者，涉下文而誤；或作『毗先』者，先與失形近致誤也。約舉二端，以見梗概。」〔一〕讀書敏求記校證亦云：「北宋蜀大字本，與論語音義、孝經音義同一板式。黃蕘圃重刻，較崑山徐氏、餘姚盧氏、曲阜孔氏、安邱韓氏諸刻爲善。」〔二〕

後一種觀點，則以段玉裁爲代表。段氏與黃蕘圃論孟子音義書云：「玉裁白：自浙東歸，得見足下所刻蜀大字本孟子音義，跋語識其原委，乃述古堂影抄。僕謂孫宣公此書，僅長於邵武士人，而繆漏不少，姑不具論。此蜀本粗讀之，亦未盡善。」〔三〕段氏其後就用孔繼涵微波榭本、韓岱雲刻本與此本互相參核，指出了此本的不少疏誤。例如段玉裁指出：「如『鄒與魯鬨』，『張胡弄切，鬥聲。從門下者，下降切，義與巷同。此字從鬥，丁豆切，與門不同。丁又胡降切。劉熙曰：鬨，鬭也，

〔一〕清陳鱣經籍跋文，見宋版書考録，第二五九至二六〇頁。
〔二〕清錢曾著，管庭芬、章鈺校證，傅增湘批注，馮惠民整理藏園批注讀書敏求記校證，第七七至七八頁。
〔三〕清段玉裁撰，鍾敬華校點經韻樓集卷四，上海古籍出版社，二〇〇八年版，第八四頁。

構兵以鬭也。説文云：『鬭也』」。孔、韓皆不誤，此刻乃作『此字從門，丁豆切』，則大失分別門、鬥二形之意，况從鬥之字凡五，皆易爲從門耶？」〔一〕段氏所云，涉及音義「魯鬩」條，録之如下：

魯鬩，張胡弄切，云：鬭聲。從「鬥」下者，下降切，義與「巷」同。此字從鬥，丁豆切，與「門」不同。丁又胡降切。劉熙曰：鬩，構也，構兵以鬭也。説文云：鬭也。（梁惠王章句下）

通志堂經解本文字如此，而蜀刻本系統的士禮居叢書本則將此條中「鬥」字及從「鬥」之字的「鬥」旁皆影寫爲「門」，確實是疏誤之處，而通志堂經解本、孔繼涵微波榭本則不誤。段氏指出的此本音義的疏誤是存在的。通過將通志堂經解本與黄氏影刻本進行對勘，我們認爲，段玉裁之説更近情實，而陳鱣所云並未深究此本存在的問題。陳氏所舉二例，第一個涉及「大」「太」二字，其實二字古通用，在蜀刻本孟子章句中，大、太、泰三字通用。第二個例子，我們先看通志堂經解本此條文字：

將比，丁毗失切，云：比地而誅，猶言比屋而誅也。亦毗志切。（萬章章句下）

士禮居叢書本文字與通志堂經解本同，孔繼涵本亦同。盧文弨本作「丁毗志切」，孟子音義校勘

〔一〕清段玉裁撰，鍾敬華校點經韻樓集，第八四頁。

記引通志堂本亦作「丁毗志切」，蓋其所據通志堂經解本爲後刻者，與我們所根據的本子不同。韓岱雲本作「丁毗先切」。音義校勘記云：「失，是也。先與失形相近，『毗志切』因下文而致誤。丁之『毗失』即廣韻五『質』之『毗必』也。」〔一〕陳氏之説蓋據校勘記而言。通過比勘，我們發現僅是盧本、韓本有誤，通志堂本、孔本不誤，而且陳氏所見通志堂本並不是佳本，因此他所舉的例子本身就有些問題，不能完全説明此本優於通志堂本、孔本、韓本及盧本。

從整體上講，影宋本確實品質不高，因此不可盲目迷信宋本。錢大昕云：「今人重宋槧本書，謂必無差誤，却不盡然。陸放翁跋歷代陵名云『近世士大夫所至喜刻書版，而略不校讎，錯本書散滿天下，更誤學者，不如不刻之愈也』，是南宋初刻本已不能無誤矣。張淳儀禮識誤、岳珂九經三傳沿革例所舉各本異同甚多，善讀者當擇而取之。若偶據一本，信以爲必不可易，此書估之議論，轉爲大方所笑者也。」〔二〕正可引爲鑒戒。但孟子音義並無宋刻本傳世，我們藉此本以窺其原貌，且可與續古逸叢書影印蜀刻孟子章句成龍配套，亦書林之佳話，故今據黄丕烈士禮居叢書本影印。但考慮到此影宋本文字質量不高，故又附以通志堂經解本，以資讎校。

〔一〕清阮元等孟子注疏校勘記附孟子音義校勘記，第五四六頁。

〔二〕清錢大昕著，楊勇軍整理十駕齋養新録卷十九，上海書店出版社，二〇一一年版，第三六六頁。

上述所言，卑之無甚高論，敬祈方家教正。

二〇一六年七月於華東師範大學。
二〇一八年元月改定。

# 師顧堂叢書已刊書目

**儀禮圖** 六卷 〔清〕張惠言 撰

**覆宋嚴州本儀禮鄭注** 十七卷 〔漢〕鄭玄 注

**武英殿聚珍版儀禮識誤** 三卷 〔宋〕張淳 撰

**張敦仁本儀禮疏** 五十卷 〔漢〕鄭玄 注 〔唐〕賈公彦 疏

**景宋單疏本周易正義** 十四卷 〔唐〕孔穎達 疏

**鉅宋廣韻** 五卷 〔宋〕陳彭年 修

**儀禮正義** 四十卷 〔清〕胡培翬 撰 楊大堉 胡肇昕 補

**景宋蜀刻本孟子趙注** 十四卷 〔漢〕趙岐 注